浙江

慈善名片

浙江省慈善联合总会 ◎ 编

红旗出版社

序

浙江拥有诸多亮丽"名片"，慈善事业亦是值得我们去书写、去宣传的"名片"。

浙江慈善因思想指引而倍显高度。作为中国革命红船起航地、改革开放先行地、习近平新时代中国特色社会主义思想重要萌发地的浙江，慈善事业一直为习近平总书记所关注所重视，也因此而发展提升。习近平同志在浙江工作期间就指出，慈善事业是惠及社会大众的事业，是社会文明的重要标志，是一种具有广泛群众性的道德实践，是新型社会救助体系的有机组成部分；他亲自出席首届浙江慈善大会，充分肯定浙江"是全国慈善事业发展最快的地区之一"，要求各方"合力推进"慈善事业发展。党的十八大以来，他多次就发展慈善事业作出重要指示。浙江慈善的发展之路，正是以习近平总书记重要指示为科学遵循，"干在实处、走在前列、勇立潮头"的时代之路。

浙江慈善因历史积淀而倍显厚度。浙江慈善文化源远流长。良渚文化孕育了浙江历史有记载以来最早的慈善家范蠡，他一生三次经商成巨富，三散家财济贫民。大运河文化陶染了中国乃至世界最有作为、最有名望的慈善家之一丁丙，他创作了中国历史上最为完整的慈善文献——《乐善录》。义利并举的价值观影响了中国远近闻名的慈善家——香港浙籍商帮代表邵逸夫，他在商业方面取得巨大成功的同时慷慨行善，一生向内地捐赠超百亿港币……历史的天空中闪烁着的无数颗慈善之星，至今仍照耀着每个浙江人的心灵。

浙江慈善因主体遍布而倍显强度。改革开放的春风，催动了浙江慈善的风帆，省妇女儿童基金会、省残疾人福利基金会、省青少年发展基金会等相继启航。1995

年，省慈善总会成立。2017年，浙江率先重组成立省慈善联合总会，既开展募捐、救助，又承担起行业性、联合型、枢纽型机构职能；2020年，浙江率先推出"慈善千万工程"，将工作网络延伸到村（社区），已基本构成覆盖城乡的五级慈善网络；浙江高效推动社会组织发展，目前慈善组织、志愿者数量位居全国前列，其中"公羊会""钱海军""红日亭""阳光爱心"等一批品牌和标识形成，慈善之花在之江大地上竞相绽放、遍地结果。

浙江慈善因品质转型而倍显亮度。浙江慈善守正创新，求实励精，奋楫前行，实现了由"生存慈善"向"发展慈善"转变，"传统慈善"向"现代慈善"迈进，"精英慈善"向"大众慈善"拓展，在发挥第三次分配作用、增进民生福祉等方面起到了积极作用，为谱写中国式现代化浙江新篇章贡献了慈善力量。省慈善联合总会、正泰集团、桐昆集团、郭文标、兰小草等一大批单位和个人荣获中华慈善奖和浙江慈善奖，省慈善联合总会还被党中央、国务院授予"全国脱贫攻坚先进集体"称号。浙江慈善已成为浙江经济社会高质量发展的标志之一。

浙江慈善因仁爱播撒而倍显温度。在省内，全省慈善总会系统积极参与慈善领域山海协作，沿海经济强县慈善总会"一对一"或"多对一"结对帮扶山区26县，合力推进全省慈善事业协同发展。在省外，全省慈善总会系统积极参与东西部扶贫协作，助力相关地区脱贫摘帽，巩固拓展脱贫攻坚成果；特别是在面对突发灾害时，积极参与应急赈灾工作，为汶川大地震、甘肃地震、河南水灾、国内新冠疫情防控等重大自然灾害和突发公共卫生事件贡献出了磅礴而温暖的浙江慈善力量。

在省慈善联合总会成立30周年之际，我们集省、市、县（市区）三级慈善组织之力编纂、出版本书，旨在从历史、经济、社会、文化等维度，全景展现浙江慈善事业。这既是为了回望来路、总结以往，也是为了践行当下、造就未来。期盼本书能够为浙江高质量打造"善行浙江"示范区起到良好的启迪和促进作用。

陈加元　裘东耀

2025年2月

目录 CONTENTS

温 州

湖 州

衢州

舟山

附 录

之江善潮奔流不息　时代新章同心共谱

在岁月长河中，浙江舟楫破浪而行，从遥远的上山遗址摇曳而来，在南湖上泛起希望的涟漪，越山向海，驶向远方，奔赴未来。

浙江，地处中国东南沿海、长江三角洲南翼，现有陆域面积 10.55 万平方千米、海域面积 26 万平方千米，辖有 11 个设区市，90 个县市区，常住人口 6627 万人，2023 年全省地区生产总值达 82553 亿元，居全国第四；全省一般公共预算收入达 8600.02 亿元，居全国第三。

浙江，素有"七山一水二分田"之称，"七山"组成了坚挺的脊梁，"一水"构建了奔腾的血脉，"二分田"孕育了文明的胚芽。放眼东望是壮阔浩瀚的大海，曲折绵延的海岸线总长 6715 千米，星罗密布的海岛 4300 余个，均居全国之首。浙江人民在躬耕陇亩、渔猎稻作中，铸就了勤勉务实的特质、顽强拼搏的意志、开放包容的胸襟、敢为人先的胆魄，不仅创造了辉煌的经济成就，还形成了独特的文化底蕴，滋养了"义利并举、崇德向善"的慈善基因，书写了每个时代的慈善篇章。

深切关怀温暖人心，殷切期望催人奋进。浙江，是中国革命红船起航地、改革开放先行地、习近平新时代中国特色社会主义思想重要萌发地，是向世界生动展示中国式现代化大美画卷的"浙江之窗"。

2002 年 10 月至 2007 年 3 月，习近平同志在浙江工作了六个年头。他以心系人民的情怀，始终关心慈善工作：2004 年，向浙江省首届"十大慈善之星"评选表彰大会发来贺信；2006 年，亲自出席首届浙江慈善大会，充分肯定浙江慈善事业的稳步发展，期许浙江慈善工作百尺竿头、更进一步；2007 年，在《浙江日报》的《之江新语》栏目中发表《在慈善中积累道德》一文，提出"树立慈善意识、参与慈善活动、发展慈善事业，是一种具有广泛群众性的道德实践"[1]的重要论述。历届省委、省政府认真贯彻习近平同志的重要指示精神，高度重视、大力支持慈善事业发展，坚持"一张蓝图绘到底"。截至 2022 年，连续高规格举办七届浙江慈善大会并颁发浙江慈善奖，有效发挥激励和引导作用，形成良好的示范效应，营造全民向善的慈善氛围。

党的十八大以来，习近平总书记多次对慈善工作以及与慈善工作密切相关的民政事业、社会保障、志愿服务、第三次分配等发表重要讲话，作出重要指示批示，为发展慈善事业提供了根本遵循，指明了前进方向。"统筹完善社会救助、社会福利、慈善事业、优抚安置等制度"，"重视发挥第三次分配作用，发展慈善等社会公益事业"，"发挥第三次分配作用，发展慈善事业，改善收入和财富分配格局"，将慈善事业提升至坚持和完善基本经济制度、推进国家治理体系和治理能力现代化的重要层面，同时，将慈善事业明确为"构建初次分配、再分配、第三次分配协调配套的制度体系"，要求"引导、支持有意愿有能力的企业、社会组织和个人积极参与公益慈善事业"，"支持发展公益慈善事业"，赋予了慈善事业发展新的使命。

习近平同志担任中共中央总书记以来，带着对浙江人民的深切关怀，对浙江发展的殷切期望，先后六次亲临浙江考察指导，对浙江作出一系列重要指示批示，深情厚望既一脉相承又前后贯通。从"干在实处、走在前列、勇立潮头"到打造"重要窗口"，始终激励着浙江慈善"勇当先行者、谱写新篇章"，不断破解难题、持续探索新题、加快创造例题，为全国慈善事业高质量发展提供浙江样板。

慈心善举引领风尚，古韵今风浸润大地。中华文化源远流长，并且形成了恢宏的文化体系，慈善是其中必不可少的重要分支。自东晋南北朝以来，浙江经济始终保持着较高的发展水平，在此基础上形成了历史悠久、人文荟萃、积淀深厚的文化

---

[1] 哲欣:《在慈善中积累道德》,《浙江日报》2007 年 1 月 17 日, 第 1 版。

底蕴，孕育了浙江人"乐善好施、扶危济困"的美好品质，在岁月轮转中生生不息、代代相传，逐渐成为浙江人民的共同价值追求，演绎出无数可歌可泣的慈善佳话，涌现出众多雪中送炭的慈善人物。

百善之基，起于垒石。时光回溯至南梁普通二年（521年），武康县馀不镇（今湖州市德清县），一座名为孤独园的院落悄然兴起，它犹如一颗慈善的种子，成为浙江有文字记载以来最早的敬老院。及至唐宋，官营居养院、安济坊、慈幼局、漏泽园、举子仓应运而生。步入明清，养济院、育婴堂等官方慈善机构如雨后春笋遍布各地，义行善举蔚然成风。随着政局变动、财政紧缩，自然灾害与战乱频繁，官方慈善机构渐显疲态、渐趋衰落，接婴所、施药局、积善堂、同仁局、普济堂、义仓、义庄等民间慈善机构在士绅官府的推进支持下迅猛发展，单一救济和综合救济并肩同行，共同书写爱的传承与不朽。民国时期，受西方慈善思想影响，浙江开始出现社会慈善团体，慈善机构快速发展，官方与民间慈善机构共同发力。中华人民共和国成立初期，扶贫济困、安老救孤、恤病助残、赈灾救难等被纳入社会福利事业，政府救助推动了慈善事业发展。改革开放后，以"仁爱""慈悲"为本质内涵的传统慈善，经过时代的不断变迁发展，萌生了具有现代意义的慈善理念，焕发出新的生机与活力。20世纪90年代，我国现代慈善事业进入了蓬勃发展的历史进程，全省各地慈善组织纷纷成立，截至2023年底，全省慈善组织已达2066个，每一处点亮善意的星星之火，连缀在一起便是浙江大地上绵延千载的璀璨灯火。

上善之水，源于涓流。从春秋时期心怀苍生、"三聚三散"的范蠡，到"先天下之忧而忧，后天下之乐而乐"设立义庄，以工代赈的范仲淹，再到创办首个官办民助慈善医院——"安乐坊"的苏轼，以及"分应独善心兼善，家守清贫书不贫"的丁丙；从深受浙东学派"义利并举、四民同道"文化熏陶，同时吸纳西方慈善理念，跨地区、亲缘、行业，以商会公所为桥梁广施援手、接济苍生的浙商精英王一亭、包玉刚、邵逸夫、王宽诚、叶澄衷等，再到长年累月低调坚持的爱心人士"顺其自然""兰小草""金粟缘人""木寸老人"等，既为当地慈善事业的发展竭心尽力，发挥了榜样标杆作用，又助推了浙江乃至全国慈善事业的发展。古往今来，善脉绵延，闪耀着人性光辉的慈善精神，如同不灭的灯塔，引领着后来者继续前行，在慈善的道路上不断书写着新的辉煌。

守正创新勇担使命，奋楫笃行展现担当。浙江慈善的"点点星光"中，闪烁着中国式现代化的"星辰大海"，"无边光景一时新"的浙江慈善之窗里，映照着"明天的中国"崭新篇章。党有号令，浙慈必行，浙江慈善工作始终坚持中国共产党的领导，紧紧围绕省委、省政府的决策部署，主动担当，积极作为。聚焦群众所盼、紧扣先行所需，加快构建新型慈善体系，不断打造现代慈善发展格局，逐步营造人人向善文化氛围，为中国式现代化注入慈善动能。

创新突破，内生驱动。慈善工作只有怀抱着强烈深厚的责任感、快人一步的紧迫感、从不懈怠的危机感，迎难而上、开拓创新，才能在千帆竞逐中，把握先机，走在前列。

浙江慈善以组织创新为动力，1995年2月8日，省慈善总会应运而生。2017年12月20日，省慈善总会和省慈善联合会改革重组成全国首个两翼一体的慈善组织——省慈善联合总会，既发挥慈善组织募集善款、救助服务的功能，又肩负行业组织促进发展、监督自律职责。经过多年发展实践，双轮并驱、两翼齐飞的模式受到中华慈善总会、中国慈善联合会的肯定，也受到兄弟省份慈善总会的认可，杭州、宁波、湖州、衢州等地纷纷借鉴学习这一创新模式，并结合当地特色，探索适合自身发展的慈善之路。

浙江慈善以千万工程为载体，从1994年8月，全省第一个市级慈善总会在嘉兴成立，到1997年7月，全省第一个乡镇慈善总会绍兴市禹陵乡慈善总会的成立，标志着全省慈善组织开始向乡镇延伸。2007年，浙江率先在全国实现了省、市、县三级慈善网络全覆盖。为进一步夯实基层基础，2020年推出了"慈善千万工程"，在乡镇（街道）建立慈善分会，在村（社区）建设慈善工作站。截至 2023 年底，全省共建成慈善分会 1506 个（含行业分会），基本实现乡镇（街道）全覆盖，建成村（社区）慈善工作站 17111 个，建成率 69.4%。横向到边、纵向到底的全省"五级慈善网络全覆盖体系"逐渐成形。各级慈善会充分发挥在信息共享、资源配置、平台支持、统筹协调等方面的桥梁纽带作用，逐步形成层次清晰、分布合理、特色鲜明的慈善组织生态格局。

浙江慈善以多元联动为支撑，推动建立政府、慈善组织、企业、学界、媒体等各个领域的合作伙伴关系，形成跨界协作、行业赋能的良好局面。积极响应长三角一体化发展战略，与沪苏皖慈善会（基金会）共同建立长三角慈善一体化联席制度，设立专项基金，联合宣传典型，举办公益论坛，组建专家智库，构建了慈善组织协同发展的创新路径。改革重组后设置了专家咨询、行业发展、行业监督、认证评估、资产管理、助学、助残、助幼、助老、应急 10 个专业委员会，发挥各专委会自身优势，各尽其责、各展其能，以改革思路和创新办法开展各项慈善工作。

以法护航，以规筑基。慈善事业的高质量发展，离不开法律法规与制度建设。自 1988 年起，慈善领域法规迭出，并不断完善成熟，从 1999 年 6 月通过的首部公益慈善相关法律《中华人民共和国公益事业捐赠法》，到 2016 年 3 月十二届全国人大四次会议通过的首部《中华人民共和国慈善法》，再到 2024 年 9 月 5 日正式施行新修改的《中华人民共和国慈善法》，为慈善事业全面快速、健康有序发展营造良好的法治环境。2018 年 11 月 30 日，浙江省十三届人大常委会第七次会议审议通过《浙江省实施〈中华人民共和国慈善法〉办法》，这是慈善法颁布实施后全国制定的首部慈善领域省级地方性法规。2020 年《关于加快推进慈善事业高质量发展的实施意见》、2021 年《浙江省慈善募捐管理指引（试行）》和 2022 年《浙江省慈善事业引导资金管理办法（试行）》等法规相继出台，确保浙江慈善事业在法治化、规范化的发展道路上行稳致远。11 个设区市紧随其后，推动出台具有地方特色的慈善法规和政策制度，例如《宁波市慈善事业促进条例》等，实现依法行善、以法促善。为更好适应《中华人民共和国慈善法》修改后慈善组织运行的新要求，省慈善联合总会积极探索、创新实践，设立省本级及会员单位慈善组织"首席合规专员"，并开展合规管理试点工作，以加强慈善组织规范治理，促进慈善工作透明廉洁。

善款募集，多向发力。随着慈善组织规模的不断扩大，各地精心策划推出各类机制灵活、内容新颖、各具特色的捐赠活动，不断拓宽"慈善＋"运用的新业态和新场景。一大批国有企业和民营企业积极承担社会责任，发挥带动引领作用，为慈善工作的开展提供了稳定的善款来源。以新质生产力赋能慈善事业提质增效，开展助力"两个先行"浙江慈善专场、"善行浙里"等活动，动员社会各界参与慈善事业，形成"处处有善、时时可善、事事行善、人人慈善"的风尚。组织省内社会组织在互联网公益平台开展联合募捐，截至 2023 年底，互联网公益平台累计筹款近9000 万元，近 900 万人次参与捐赠，并组织实施慈善项目。探索"慈善＋金融"新模式，丰富善款募集渠道，联合金融机构探索慈善信托，集合慈善组织项目管理能力以及金融机构资金保值增值优势，截至 2023 年底，全省备案慈善信托 580 单，财产总规模超过 19.02 亿元，均居全国第一；2002 年与中信银行杭州分行共同发行浙江首张"中信慈善卡"，受到社会各界充分肯定。1995 年至 2023 年底，全省慈善会系统共接收善款 481.84 亿元，捐赠支出 390.75 亿元，其中，省本级共接收善款14.57 亿元，捐赠支出 12.65 亿元。

以文化人，润泽民心。秉持着对慈善文化的高度重视，于 2020 年成立了全国首个省级慈善文化研究院，联合社会力量全面系统地开展慈善文化研究，从历史溯源到现代发展，从本土特色到国际视野，从理论研究到实践应用，有机融合慈善文化与社会实践，使慈善文化真正走进人们的生活，激发人们的善念，影响人们的行为。紧扣重要时间节点，先后举办"中华人民共和国成立 70 周年""建党百年""喜迎二十大""喜迎亚运"4 次慈善书画大展，连续举办 10 届"西湖论善"以及多季"新春公益答谢晚会"，持续开展慈善嘉年华、文艺小分队、书画雅集、送戏下乡和"慈善六进"活动。建立多个慈善书画联谊基地，开展社会化、基地化、常态化的书画联谊活动，以书画为媒介，传递慈善之心，不仅丰富了人们的精神文化生活，更在潜移默化中提升了大众对慈善文化的认知和理解。全省慈善会系统齐心编撰《浙江慈善志》，开创国内省级慈善志编纂的先河；编辑出版《迈向现代慈善》，传播浙江慈善发展经验，帮助慈善从业者把握浙江慈善发展脉络，更好地指导工作实践；每年发布《浙江城市慈善发展指数报告》，填补全国省级慈善指数研究的空白。

慈心济世善举为民，凝心聚力善行致远。浙江慈善始终坚持以人民为中心，在扶贫济困、助老扶幼、应急救灾、教育助学、临病助医、社会治理、乡村振兴、科技环保等领域推出一个个具有影响力、实效性、可复制的品牌项目，逐步构建全方位、多层次、精细化的慈善救助帮扶体系，让百姓的获得感更加充足、安全感更有保障、幸福感更可持续。

抗疫救灾，勇挑重担。面对 2020 年突如其来的新冠疫情，省慈善联合总会紧急行动、广泛动员、线上线下、共同发力，全省慈善力量在首场抗疫战中募集资金 13.37 亿元，募款量除湖北以外全国第一，是唯一一个被浙江省委、省政府授予"浙江省抗击新冠肺炎疫情先进集体"荣誉的慈善组织。面对省内外的水灾、洪灾以及地震等灾害，第一时间启动救灾应急预案，精准对接应急需求和慈善资源，为受灾群众恢复生产生活秩序提供支持和帮助。2008 年，"5·12"汶川特大地震暴发，全省慈善会系统迅速行动，动员全社会慈善力量，号召各方爱心人士募集资金、运送物资、提供人力支持，助力当地恢复正常生活。短短 4 个月，全省接受捐赠办公室（民政部门）、慈善机构累计募集款物达 27.6 亿元，并持续开展灾后重建工作，为受灾地区迅速恢复生产生活贡献了力量。2019 年，台风"利奇马"在台州登陆，造成严重灾害和重大损失，全省慈善机构积极行动，一个月内共接收善款 2.26 亿元，为项目重建、灾后慰问汇聚温暖力量。

对口帮扶，落地见效。聚焦东西部协作，积极发挥行业统筹作用，与四川、西藏、青海、新疆等省（区）搭建对口帮扶项目精准对接平台，采集需求并汇总成册，涵盖了助医、助学、基础设施建设等多方面，例如"亮眼行动""慈善阳光班""一村一幼"，动员社会力量踊跃认领资助，为对口帮扶地区高质量发展贡献浙江慈善力量。成立东西部扶贫协作联盟，联合地方政府、高校院所、金融机构、产业集团、公益慈善组织等，搭建"产学研政资服"一体化平台，在项目开发、产业对接、劳务协作、人才支援、资金扶持等方面开展一系列合作，如"浙川春苗""新湖乡村幼儿园"。自 2018 年以来，全省慈善会系统及会员单位向对口地区捐资捐物 19.88亿元，落地实施助学、助困、助残、助老等近千个公益项目，直接受益人数近 600万人次。2021 年，省慈善联合总会、海亮集团、普陀山佛教协会等 31 个集体，被党中央、国务院授予"全国脱贫攻坚先进集体"称号。

山海情深，携手同行。2021 年，牵头建立全省慈善会系统的"山海协作"模式，发布《山海协作慈善宣言》，组织 50 个沿海经济强县（市、区）的慈善总会及17 家头部慈善组织，以"一对一"或"多对一"形式，结对帮扶山区 26 县及海岛 5县，引导慈善资金及慈善项目向山区海岛县倾斜。三年来，全省慈善组织共向山区26 县及海岛 5 县捐款捐物 2.64 亿元。同时，省本级"慈善一日捐"筹集的善款全部用于支持山区 26 县的济困、救孤、恤病、助老、助残等方面的慈善项目，形成城乡融合、资源共享、山海互济的良好格局，奏响"慈善山海协作曲"。

关爱民生，成效显著。围绕中心大局，紧扣群众所需，优化传统项目，挖掘新型项目，激发内生动能，扩大帮扶效应。全省慈善会系统凝心聚力、勠力同心，精准聚焦"一老一小"，推出"山区夕阳红""海岛支老"等助老项目以及"为了明天——关爱儿童""浙里护苗同心筑梦"等助幼项目，惠及受助群体近 70 万人次；助力乡村振兴，开展"浙江农信慈善基金"造血型扶贫基地项目，根据农村及当地特色，省、市、县三级联动，共同扶持建设养殖业、种植业等各类基地。以基地为核心，辐射带动周边困难群众增收致富，促使项目效益最大化，成为新时代"三农"工作的有力抓手。关切群众所盼，持续开展"元旦、春节慰问"活动，切实发挥慈善组织为困难群众排忧解难的积极作用。组织开展"善居工程""残疾人危房改造"，提升困难家庭居住环境及生活质量，让慈善之光照耀每一个角落。在推进慈善帮扶与政府救助的有效衔接、优势互补中，各地涌现出一批富有特色的慈善项目，如"春风行动""暖巢行动""四季沐歌""绿源助学"等，为温暖社会、凝聚人心提供了强大力量。浙江的慈善项目始终秉持继承和创新相统一的发展理念，步伐稳健、求真务实、善作善为，为增进民生福祉、促进社会和谐提供了有力支撑，得到了社会各界的褒扬与点赞。

同舟共济扬帆起，乘风破浪万里航。浙江慈善将坚持以习近平新时代中国特色社会主义思想为指导，全面贯彻落实党的二十大和二十届三中全会精神，深入学习贯彻习近平总书记考察浙江重要讲话和重要指示批示精神，坚定拥护"两个确立"、坚决做到"两个维护"，在省委、省政府的坚强领导和大力支持下，锚定新定位、勇担新使命，先行探路、实干争先，全面打造"善行浙江"，为全面建设社会主义现代化国家、全面推进中华民族伟大复兴、奋力谱写中国式现代化浙江新篇章贡献慈善力量！

—浙江慈善名片—

HANGZHOU

杭州

雷峰塔

慈善之爱细无声　绽放幸福暖杭城

　　江南忆，最忆是杭州。"东南名郡"杭州，位于浙江省北部，钱塘江下游，京杭大运河南端。作为中国著名的七大古都之一和首批国家历史文化名城，杭州以"接天莲叶无穷碧，映日荷花别样红"的西湖秀美山水和"东南形胜，三吴都会，钱塘自古繁华"的深厚文化底蕴，让人流连忘返。今朝之杭州，山水登临美，人物邑居繁，在这 16850 平方千米的热土上，有着常住人口 1252 万人。2023 年，杭州成功举办亚运盛会，实现地区生产总值 20059 亿元，位列全国第 8 位。

　　杭州自古就被称作"人间天堂"，乐善好施、扶危济困的慈善精神世代相传，为杭州这座历史文化名城奠定了浓郁的善城文化基因。多年来，在慈善赛道上的率先发力，这座他人眼中的旅游城市积聚起越来越多的活力与生机，向世界递出"善城杭州"新名片。

　　泽善至美，兼济天下。纵观杭城古今发展，慈善是绕不开的一个话题。早在春秋战国时期，这里就有了用于赈济灾民的"义仓"。北宋时期，苏轼在杭州任职期间创办了"安乐坊"，这是我国历史上第一家官办民助的医院，开创了中国慈善医疗先河。明清时期，胡雪岩作为清末著名的商人和慈善家，在杭州创办了"胡庆余堂"，免费为贫困百姓提供医疗。他还在饥荒时期大量捐粮施粥，救助了无数饥民。同时，丁丙作为著名的藏书家和文化慈善家，在动荡年代抢救了大量珍贵文献，为中国文化的传承作出了巨大贡献。诸多历史人物救灾济民的慈善之举，在杭城百姓中传颂至今，慈善文化在漫长曲折的探索中聚沙成塔，召唤并指引着人们激发善心、广施善行。纵观古今，慈善犹如一座丰碑，在杭州的历史发展进程中留下了浓墨重彩的一笔。1994 年 12 月，杭州市慈善总会正式设立，始终坚持"依靠社会办慈善、办好慈善为社会"的服务理念，累计接收善款超 13 亿元，使用善款近 12 亿元，受益群众超 150 余万人次，为全面建成小康社会作出了突出贡献。2022 年 9 月 26 日，杭州市慈善联合会成立，与杭州市慈善总会实行"两块牌子、一套班子"运行管理，进一步发挥行业性、枢纽型、平台型组织功能，为慈善参与第三次分配营造了良好的环境。

向善而行，创优环境。全面贯彻《中华人民共和国慈善法》，深化慈善事业体制机制改革，杭州连续五年位列浙江省城市慈善发展指数首位，全力打造"全国一流市域慈善发展生态圈"。杭州是国内慈善信托备案最早的城市之一，目前备案规模已突破 16 亿元，占全国备案规模的 21%，位居全国各大城市（含直辖市）首位，先后被列为浙江省慈善信托专项改革试点城市、全国慈善信托高质量发展观察点。杭州在落实税收优惠、完善财产登记制度、加强潜在风险监管等领域积极创新实践，2022 年 3 月全国第一张慈善信托公益事业捐赠票据出自杭州，2023 年 6 月全国第一单不动产慈善信托落地杭州，被列入 2023 年中国信托业十大新闻之一。杭州在全国率先开展慈善信托常态化评估，发布《杭州市创新型慈善信托案例集》，对慈善信托存续量、执行量等绩效核心数据进行数字监管，引导慈善信托加大支出，年均支出在 1 亿元以上，累计受益人数超 200 万人次，形成了可复制、可推广的慈善信托发展杭州经验。杭州在全国首次发布上市企业 ESG 战略慈善影响力榜单和指数。抓住《国家碳达峰试点（杭州）实施方案》关于"鼓励杭州上市企业、上市公司开展碳排放信息披露，发布 ESG 报告"的契机，杭州市慈善总会（杭州市慈善联合会）、杭州市企业上市和并购促进会、中央财经大学绿色金融国际研究院等单位，在 2024 杭州市"钱塘善潮"嘉年华活动启动仪式上首次联合发布该项榜单和指数，营造了企业发展和慈善发展双向奔赴的良好氛围。同时，组建战略慈善专业服务团，设立战略慈善研究专项基金，有针对性地走访上市企业，量身定制战略慈善项目。在全省率先开展慈善增值服务改革。在杭州市企业服务中心设立慈善专区，提供慈善展示、慈善捐赠、慈善救助 3 项基本服务，并开展落地捐赠在线开票、税收抵扣指引、慈善产品合作推进等 3 项特色服务。"小窗口"设立一年，新增企业冠名慈善基金 20 个、新设立慈善基金 1.49 亿元，率先探索走出一条慈善助企的新路径。在全省率先构建新型慈善服务网络。出台《杭州市民政局关于加快构建新型慈善体系四级服务网络的通知》《杭州市新型慈善体系服务网络标准化建设指引》等文件，明确镇街慈善服务站（点）功能定位与职责划分，市慈善基地"善创空间"品牌赋能基层慈善服务站（点）建设，形成了"幸福合伙人""公益格子铺"等社区慈善工作模式。《杭州市慈善条例》被列入 2024 年度地方性法规正式立法项目。坚持问题导向和目标导向，坚持监管与促进并重，推动出台具有鲜明地方特色的慈善政策，加快全市慈善事业"一盘棋"高质量发展，为我市慈善事业规范化、法治化建设迈出了重要一步。高规格召开第一届杭州慈善大会。2023 年 12 月 13 日，省、市委主要领导出席第一届杭州慈善大会，对获得第一届杭州慈善奖荣誉的 102 个先进集体和个人进行隆重表彰，这一奖项是全市慈善领域的最高奖项，在杭州慈善发展历史上具有里程碑意义。打造具有鲜明特色的慈善文化地标。2023 年 8 月杭州大运河慈善文化研究院正式成立，2024 年 4 月首个杭州慈善文化园正式开园，2024 年 6 月西湖景区启动全国首个慈善景区创建，形成了"慈善一日捐""春风行动""公民爱心日"全民代表性慈善品牌活动，善城杭州人人慈善的文化底蕴更可感更可及。

行善有道，惠民为本。杭州肩负着先行探索慈善新路径的重任。2023 年，

慈善服务专区正式入驻杭州市企业综合服务中心

全社会慈善捐赠量达到 32.58 亿元，进一步切好"慈善蛋糕"，着力构建"慈善＋扶弱济困""慈善＋公共服务""慈善＋造血奔富"的多元发展格局。实施"慈善促富"三年行动。设立弱有众扶、守护夕阳、点亮未来、现代社区、医保无忧 5 个慈善信托项目，2023 年撬动慈善资金投入 6000 余万元、2024 年撬动

富义仓

慈善资金投入 7500 余万元，聚焦"一老一小一困"民生服务有效提质。实施"区域共建"专项行动。深化推进区县（市）结对帮扶，2022—2023 年落实协作支持资金 8.21 亿元，支持乡村振兴战略实施。同时，积极对口支援贵州省黔东南州，湖北省恩施州和四川省广元市、甘孜州、雅安市等地。实施"身边慈善"品牌行动。依托新型慈善服务网络，推进慈善资源有效下沉，着力探索"慈善组织＋慈善平台＋慈善项目＋慈善服务"的有效运作模式，创建慈善学校、慈善超市、慈善乡村、慈善街区等特色慈善基地 112 个，培育农业产业慈善造血基地 15 个，年度帮扶困难群众逾 1 万人次，人均增收 1.4 万元，推进基层慈善规范发展。积极开展"志愿善城"服务，年度累计参与志愿服务超 285 万人次、时长超 1458 万小时，形成了较好的慈善惠民社会效应。

在杭州，我们目睹了一座城市的温度与力量，这里不仅有江南水乡的韵味与浓厚的文化气息交织与共，还拥有数字经济先发优势和宜人的生活环境，但杭州的魅力远不止于此，这座城市不断凝聚着全社会向善的力量。未来，杭州将深入学习贯彻习近平总书记关于慈善工作的重要论述，争当慈善"示范生"，推动杭州慈善事业高质量发展，全力打造人人慈善新生态，持续擦亮"善城杭州"金名片。

省级慈善示范基地——"尚善之家"公益服务中心

上善之城　慈心筑梦

　　上城区，坐落于杭州市中南部，区域面积 122 平方千米，常住人口 139 万人，2023 年实现地区生产总值 2668.5 亿元。千年文脉，慈善风华。上城区与钱塘江相伴，依偎于西湖的柔美怀抱之中，京杭大运河如同一条历史的绸带，悠然穿越，赋予了这片土地无尽的灵性与文化的深邃。作为南宋吴越文化及钱塘江文化的交汇点，上城区不仅承载着历史的厚重，更在新时代慈善事业的画卷上留下了浓墨重彩的一笔。2002 年 11 月 8 日，上城区慈善总会应运而生，通过"春风行动"的温暖吹拂与定向捐赠的精准施策，至今已筹集善款高达 3.65 亿元，惠及困难群众超过 20 万人次，支出善款约 1.13 亿元。其卓越贡献不仅赢得了"成长型十佳社会组织"的荣誉，更在 2020 年 10 月荣获 5A 级社会组织称号。

　　精准布点，共绘蓝图。上城区依托区级平台优势，1 个区级慈善基地、14 个慈善服务站、62 个慈善服务点构建起一个覆盖广泛、深入基层的慈善服务体系。特别是"尚善之家"公益服务中心，作为慈善基地的典范，以"慈善店铺"的运营模

"与亚运同行 让梦想起航"项目

式，成功举办各类公益活动 923 场，惠及人群超过 3.2 万人次，公益产品销售额突破 52.32 万元，实现了慈善与商业的和谐双赢。上城慈善通过"善居工程"的温馨改造，为特殊困难家庭筑起爱的港湾；病贫无忧暖心基金的设立，则为因病致贫的家庭撑起了一片蓝天；"善立方"公益格子铺的打造，将慈善元素融入社区生活，为群众提供"有温度、有层次"的微服务，进一步构建"慈善 +"综合服务新模式。

帮扶结对，聚焦民生。从"我为年夜饭添道菜"的温情传递，到"孝慈椅"的细致关怀，每一个项目都紧贴民生需求，传递着社会的温暖与关爱。定向实施的"上城情·四川行"和提升剑阁寺社区养老服务能力项目，以慈善为纽带，助力经济落后地区的发展，为结对区域的教育与民生发展增添动力；"我为年夜饭添道菜"项目，采购来自"山海协作"单位四川剑阁、广元等地的优质农产品作为"爱心礼盒"发放给困难群众，实现扶贫与扶农的双向奔赴。"孝慈椅"通过一张张公园式长椅，从细微处给予老人更多的关爱和守护，让"孝慈"文化在每一次小憩中传递。

上城慈善事业的发展体现在对历史与现代的融合上，既传承了深厚的文化底蕴，又积极拥抱现代理念，形成独特的慈善文化。未来，上城慈善将继续秉承扶危济困、乐善好施的宗旨，携手社会各界，为推动省域现代化"两个先行"贡献力量。

春风常驻　善美拱墅

拱墅区位于杭州市中北部，区域面积 119 平方千米，常住人口 118.8 万人，2023 年实现地区生产总值 2091.5 亿元。与经济发展相同步，人民的幸福感和获得感也与日俱增，拱墅区积极推动全域公共服务融合优享，大力发展慈善事业，在全省公共服务"七优享"工程中位居第一，连续三年蝉联"中国最具幸福感城区"。

"千年大运河，繁华武林门"是拱墅最鲜明的底色标签。拱墅慈善文化源远流长，古有光绪年间丁丙等人纾解民困，后有以国内首家慈善专科医院——微笑行动慈善医院等为代表的爱心组织和企业，以捐赠数百件珍贵文物筹建杭州首家侨史馆和杭商博物馆的蒋兆悦先生等为代表的慈善人士。扶贫济困、乐善好施的优良传统在此赓续传承。2002 年 8 月 6 日，拱墅区慈善总会被正式批准成立，2021 年获评 5A 级社会组织。拱墅区充分发挥慈善第三次分配作用，围绕打造"潮公益·善生活"品牌，全面实施保障型救助，为四级救助圈困难家庭提供七大类 35 项救助政策，累计接收善款超 2 亿元，使用善款近 1 亿元，受益群众超 25 万人次。

近年来，拱墅区紧紧围绕高水平建设"善城杭州"工作要求，不断优化慈善生态体系，创新慈善公益模式，全力打造"潮公益 善生活"品牌。6 家单位荣获首届"杭州慈善奖"，武林路幸福里慈善街区获评市首批特色慈善基地品牌。"一核三线多点"功能布局基本建成。拱墅依托"大运河幸福家园"建设，整合政府、企业、社会组织等力量，打造功能集成、业务融合、群众有感的综合型、标志型区级慈善基地，招募 25 家社会组织入驻，全年开展公益活动近 500 场，惠及超 1.5 万人次。武林路幸福里慈善街区等 3 条慈善街区投用，18 个街道慈善爱心家园实现全覆盖，2024 年 4 月全市首个慈善文化园落地拱墅。在全省率先完成慈善组织认定"一站式"办理试点。联合财政和税务部门，实现慈善组织票据领用资格认定、开票项目认定、税务登记、免税资格认定和税前扣除资格"一站式"认定，助推公益捐赠"零跑动"。上线"春风里·慈善爱心家园"智慧系统。拓展困难群众慈善救助、爱心物资募集义卖等线上慈善多元服务功能，打造"物质 + 服务 + 专业"慈善扶助模式，构建"党建引领资源链接、三级联动、协同参与、社会融入"的多元化政府救助和慈善帮扶工作体系，积极探索慈善和救助的融合发展。实施"幸福合伙人"计划。区慈善总会制定《拱墅区慈善总会社区慈善基金管理制度》，详细规定社区慈善基金在设立、管理机构等方面的事项。湖墅街道已成立首家区级社区慈善基金，通过挖掘辖区企业和社会组织资源，启动"幸福合伙人——墅联益家亲"机制，首批撬动慈善基金 20 万元，用于困难家庭帮扶、特殊群体关爱、社区治理等公益服务项目 5 个。

杭州市首个慈善文化园落地拱墅

开展"春风常驻"慈善救助。拱墅出台《关于全面实施"春风常驻"共建共享美好生活的若干规定》，持续二十余年开

山凤凰关爱基金暑期研学活动在拱墅顺利开营

展"春风常驻"慈善救助，实现民政、教育、人社、卫健、残联等救助服务联动，每年募集善款用于助老、助学、助残、助医等困难群体救助服务。打造"山凤凰关爱基金"品牌慈善项目。创新"信托 + 基金"运作模式，为贵州省黔东南州黎平县困难家庭在校女生提供各类帮扶。开展"春风常驻 情暖四季"活动。通过四季不同的主题活动，将慈善与日常生活紧密结合，提高居民的参与度，传递温暖与关爱。区慈善总会设立 50 万元专项扶持资金对"春风常驻 情暖四季"善创项目进行激励扶持。设立全市首个现代社区慈善信托——邻聚里红银社企互助成长基金慈善信托。用于社区党建联建、公益帮扶、民生微实事等服务，让"家门口"的慈善成为一道亮丽风景。

未来，拱墅将继续守正创新，在推动慈善模式改革创新上下功夫，让慈善成为生活的旋律，让公益成为时代的潮流。

西善有你　幸福汇来

　　西湖区位于浙江省东北部，区域面积 312.43 平方千米，常住人口为 117.1 万人，2023 年实现地区生产总值 2087.4 亿元。西湖区不仅是杭州的政治、经济、文化和旅游中心之一，还是首善之区。西湖区慈善事业秉承千年首善之地的基因，承古韵之善，启今朝之新，书写着慈善事业的华彩篇章。

　　西湖慈善，源远流长。自古以来灵隐济公和尚行善积德，葛寅亮修建慈母桥造福乡民，梅滕更在宝石山脚创建广济医院，妙手仁心、救死扶伤。慈善文化深入人心，区内慈善组织日益壮大多元，2003 年，西湖区慈善总会应运而立，标志着西湖区慈善事业步入专业化、规范化的发展轨道。2023 年，西湖区慈善总会更名为西湖区慈善联合总会，成为 5A 级社会组织，汇聚全区单位会员 280 家，促进全区慈善事业高质量发展。截至 2023 年末，总会系统累计共接收社会各界的捐款捐物达 1

西湖区慈母桥

亿余元，向 25 万余人次困难家庭发放助困、助医、助学、反哺、应急等各类救助 5200 余万元。

亮点工作，三元并举。2023 年，在善居、养老、困境儿童帮扶等领域实施项目 6 个，投入近 220 万元。区

"梦想胶囊"项目之儿童心理健康嘉年华

县携手助力淳安发展，在慈善服务共享、资源融合、人才培育等领域投入 166 万余元，"生态云稻田""百县百品助农行动"成为助农的生动实践。"品牌项目"树立新形象。以"春风行动""善粮公社""梦想胶囊"等品牌项目为载体，打造了一系列群众满意的慈善典范。"创新机制"激发新动能。探索慈善信托、网络捐赠等模式，打造在线捐赠服务平台，累计设立 424 万元慈善信托，实现慈善资源与群众需求的便捷精准对接。

活动项目，成效显著。积极推进"西善有你"活力慈善、民生慈善品牌建设，打造"善粮公社""小哥学院"等品牌项目，发挥慈善资金的社会效应。2023 年募集善款近 2000 万元，惠及困难群众 3 万余人次。其中，"善粮公社"项目，荣获"杭州市特色慈善基地品牌"称号。持续开展中华慈善日及慈善月主题活动，以区慈善联合总会为执行枢纽，引领各镇街开展慈善活动，2024 年度全区累计 1 万余人次参与，彰显首善之区温度。选典树优，正向激励。连续召开两届西湖区慈善事业发展大会，累计 100 余单位（人）获评。

展望未来，西湖区慈善事业将围绕"首善家园"建设目标，以"精准、高效、透明"为导向，进一步健全慈善体系，优化慈善生态，强化慈善监管，打造智慧慈善。同时，弘扬"人人慈善"的现代慈善理念，激发全民慈善热情，让慈善成为社会新风尚。

滨至慈归　善达天下

在秀丽的钱塘江畔，滨江区如同一颗璀璨的明珠，镶嵌在繁华的都市边缘。滨江区区域面积 72.2 平方千米，常住人口 54.3 万人，2023 年实现地区生产总值 2467.9 亿元。这里，不仅是科技创新的热土，更是慈善之光温暖照耀的家园。

自古以来，滨江人民便以乐善好施闻名遐迩。从古代的义仓制度，到近现代无数次的公益慈善行动，开放包容、勇于创新这些特质与慈善精神相融相生。杭州高新开发区（滨江）慈善总会于 2001 年应运而生，多次位列浙江省区县市慈善发展指数第一。总会结交善缘、开辟善道、传播善念、收获善报，截至 2023 年底，共筹募善款 2.58 亿元，支出 1.59 亿元。滨江区慈善事业的历史，如同一部厚重的书卷，记录着滨江儿女对社会的深情厚谊。干丽君便是其中的典型人物，她是西兴街道西陵社区的一名普通居民。儿子曹辉先天残疾，2016 年因病去世，干丽君夫妇感恩于政府和社会多年来的关照，决定将省吃俭用攒下的 6 万元拿出来反哺社会，帮助更多需要帮助的人。同年，干丽君获浙江慈善奖。这样感人的个人事迹，正是众多善行中的一抹亮色，汇聚成爱的海洋。

近年来，滨江区慈善事业蓬勃发展，展现出盎然生机。杭州高新开发区（滨江）公益慈善创新创业服务基地，自 2018 年的 600 平方米起步，如今已华丽转身，扩大至 1493 平方米，成为一个集助联体、社会组织（党群）服务中心、慈善超市等多元功能于一体的综合性服务阵地，还以服务基地为核心，组织开展"1+N"慈善基地创建，打造 1 个"滨创益 +"综合服务阵地，创建 4 个慈善基地示范品牌，其中"社会观护慈善基地"被评为杭州市首批特色慈善基地。

区慈善总会更是聚焦重点项目的实施，立足滨江实际，以增强社会影响力、促

2021 滨江区"益起·善"公益慈善毅行活动

进跨界合作为目的，与辖区内企业、政府机关单位共同推进合作项目。浙江大华技术股份有限公司成立滨江区首个 500 万元留本冠名基金，用于滨江区结对帮扶地区资助及滨江困难家庭的救助；金绣国际吴琳女士成立"金绣国际慈善基金"，为滨江区有精神疾病的残疾人提供生活照料、居室改造、心理慰藉等方面的帮扶；总会与滨江区民宗局合作成立滨江区少数民族困难学生关爱基金（红石榴基金），关心爱护在滨江区就读的少数民族困难学生。

站在新的历史起点上，滨江区就像一艘扬帆起航的船，满载着"善播民间、善达天下、善于创新"的工作理念，深化慈善体系建设，大力弘扬慈善文化，让善的种子在每个人心中生根发芽！

滨江风景

萧山区

潮起大爱　善为人先

　　人文炳焕好义善干，善行之风世代相承。萧山区——钱江南岸，慈善热土，贺知章故里，区域面积931平方千米，截至2023年末，常住人口214万人，实现地区生产总值2230.7亿元。忆往昔，潮起潮落江塘变幻，铸就了互帮互爱共患难的淳朴民风；看今朝，改革浪潮汹涌澎湃，孕育出"潮起大爱，善为人先"的慈善精神。萧山区慈善总会自2002年12月30日成立以来，励精图治二十余载，募集善款近20亿元，发放救助款近15亿元，救助107万人次，萧山慈善事业高质量发展得到中华慈善总会、省慈善联合总会主要领导充分肯定，两次被授予5A级社会组织称号，各项工作始终走在全省同级总会的前列，有10家单位、个人和项目荣获中华慈善奖等国家、省级荣誉称号。

　　构建机制夯实基础，慈善工作走实创新。慈善工作每年写进区委全会和政府工作报告，区委、区政府每年召开慈善工作会议，区委书记或区长出席会议并讲话。实施广募集的筹集机制。五年一轮善款募集方式实施以来成效显著，有近16亿元留本冠名慈善基金，总会募集年到账资金保持在1亿元以上。探索精准化的帮扶机制。实施"救助普惠化、创优项目化、造血实体化"三化联动，"六助一赈"开展至今发放救助款近 13 亿元，救助 106 多万人次，每年推出 30 个救助品牌项目精准帮扶，7 个造血型慈善基地助力脱困增自信；形成网格化服务机制。549 个村社慈善工作站"一站一品"特色服务品牌正在形成。营造融合式的宣传机制。全省首个企业冠名的传化慈善艺术团开展全省巡演，编撰的《萧山慈善志》即将付梓出版，《善行萧然》读本广泛赠阅，微电影《传承责任化为爱》获省级奖项，《萧涌善潮》电视片滚动播放，广播、电视、报纸、新媒体等平台慈善宣传深入人心。

救助项目品牌带动，救济纾困成效显著。"善行萧然·情暖万家"项目每年投入近 2000 万元，连续 8 年助力 10 多万困难家庭欢欢喜喜过大年；"芹"暖致富路扶困助残基地帮扶困难残疾户增收近 400 万元；慈善大棚项目得到中华慈善总会主要领导高度肯定；"焕新家"项目使近千户低保家庭改善居住环境，新闻上了《人民日报》、新华每日电讯；投入 700 多万元在藏区实施的"重塑人生脊梁"项目，获浙江和四川省领导批示并数次在央视报道；"长者食堂"助餐项目为老年食堂建设投入超 500 万元；"慈善助学·筑梦未来"项目投入 1515 万元为 93 所学校安装 5129 台空调。

萧山慈善工作将以做优"善行萧山"慈善品牌为目标，善心永驻，行善不息，勇立潮头，全力谱写中国式现代化区（县）域范例新篇章。

2016 年 4 月，萧山区慈善总会组织"酷跑萧山"活动，募集的善款全部用于困难美德标兵家庭救助

余善同行　幸福共享

　　余杭区位于杭嘉湖平原和京杭大运河南端，区域面积942平方千米，常住人口140.5万人。2023年，余杭实现地区生产总值2936.4亿元。在这片充满文化底蕴的土地上，良渚古韵与都市风貌交相辉映，慈善的种子早已生根发芽，成为连接过去与未来，促进社会和谐的重要力量。

　　5000多年的"良渚文化"、2000多年的"运河文化"、1000多年的"径山禅茶文化"，多种文化的浸润，慈善先贤的感召，余杭的慈善基因得以代代相传。2001年7月，余杭区慈善总会在这种传统精神的感召下应运而生，总会以基层慈善服务体系建设为抓手，打造了"余善同行"慈善品牌。截至2023年底，共募集善款9.9亿元，发放善款7.56亿元，帮扶救助相关群体68万余人次。先后获得全国"暖心工程"突出贡献奖、浙江慈善奖项目奖、浙江省慈善工作先进集体、5A级慈善组织、浙江省慈善事业引导资金激励最佳慈善组织等荣誉。

　　区慈善总会积极探索慈善工作新模式，推进社会慈善资源向基层倾斜，建立"全域共进"的慈善组织体系，打造集智慧慈善场景、慈善组织孵化等功能于一体

余杭区

余杭区智慧公益慈善综合体

的智慧公益慈善综合体，全面建成区、镇街、村社三级慈善组织网络体系。构建"精准直达"的慈善数字网络，建设"智慧慈善"数字平台，上架慈善项目 146 个，推进人人可参与的"指尖慈善"。弘扬"人人慈善"的互助风尚，探索跨行业、多元化的捐赠模式，落地全省首单不动产权益类慈善信托。开展社区慈善，推进永泰村全国社区慈善试点工作，汇聚慈善力量，营造慈善氛围。

区慈善总会以困难群众需求为导向，创新帮扶形式，不断扩大受益群众覆盖面，确保"一个不少、一户不落"。成立至今共开展千余个慈善项目，如以厨房环境改造为切入点开展的"靓厨行动"慈善项目，为区内低保困难家庭打造一个干净、整洁的厨房环境，截至目前共有 300 余户困难家庭参与厨房改造，提升生活幸福感。成立了良助慈善基地，开展蔬菜种植项目，首期帮扶 9 个困难户，每年户均增收 2 万元，实现慈善救助从"授人以鱼"到"授人以渔"。立足区内慈善救助的同时辐射有慈善救助需求的地区，开展"同心童梦·爱在稻城——牧区学校学生营养改善计划"，助力学子健康成长，彰显余杭慈善"温度"。

余杭将继续弘扬慈善文化精神，坚持以数字化改革为牵引，统筹社会资源，更好发挥慈善第三次分配作用，争创余杭样板，推动慈善事业高质量发展。

临平山上东来阁

善行如潮　有爱来临

　　五月临平山下路，藕花无数满汀洲。临平区位于杭州市东北方向，区域面积286 平方千米，常住人口 112.7 万人，2023 年实现地区生产总值 1067.3 亿元。源远流长的大运河是临平的母亲河，滋养无数生灵，善行如潮，临平慈善事业在大运河的润泽下，逐步发展成熟，走向新的辉煌。

　　在运河文化熏陶下，临平慈善昌盛。元末明初之际，塘栖运河两岸居民来往均靠竹筏渡河，每年溺毙死伤事故有三四起。在塘栖经商的陈守清目睹险情后挺身而出，带头捐出自己毕生积攒下的钱财，发动镇上商民捐款。他还沿着京杭大运河北上，四处化缘募集资金，最终建成广济桥。除了家喻户晓的陈守清的事迹，这里广为流传的还有范武修建永和堤、姚虞琴情系桑梓反哺家乡的故事。临平区慈善总会于 2021 年 9 月 5 日正式揭牌成立，截至 2023 年底，共募集资金 1.12 亿元，支出善款 0.58 亿元。总会荣获临平区对口支援石渠县"合作典范奖"，并被浙江省慈善联合总会评为先进会员单位。

　　近年来，临平区聚力"古今运河 善行临平"慈善文化品牌建设。加快慈善阵地建设。创新打造临平慈善文化综合体，集中国社会学会公益慈善专委会杭州办事处、杭州大运河慈善文化研究院、临平区慈善总会、临平区助联体于一体，集中展现慈善文化。组织慈善文化活动。组织开展多元化慈善活动，从慈善之夜到元宵晚会，从慈善大讲堂到慈善微义展……用实际行动传播现代慈善理念。开展慈善文化研究。总会与杭州市慈善总会联合创办杭州大运河慈善文化研究院，刊发慈善杂志、主持慈善论坛、开展清廉慈善笔会，推动慈善理论与实践的结合。

"理想小屋""为爱充电""靓厨行动" 3 个项目获评第一届"杭州慈善奖"。"靓厨行动"通过对厨房墙面、台面等进行改造，并赠送燃气灶等厨房设备，完成全区58 户困难家庭的厨房改造。"为爱充电"从发放帮扶资金转变为充值电费，让困难家庭敢开空调，为全区 1600 余户困难家庭充值电费 150 万元。"理想小屋"为困难家庭的儿童打造舒适的学习和生活空间，并通过个性化陪伴、心理帮扶等给予关怀支持，全区已改造完成 71 间。

善行如潮，有爱来临。接下来，临平区慈善总会将深入贯彻落实临平区委一届八次全体（扩大）会议提出的"打响'善行临平'慈善品牌"工作要求，讲好临平慈善文化故事，推进慈善领域改革创新，加强数字慈善应用，广泛凝聚社会合力，推动临平区慈善事业高质量发展。

钱塘善潮嘉年华暨慈善之夜主题活动上的节目：小品《将慈善进行到底》

善助钱塘　携手同行

钱塘区是杭州市最年轻的市辖区之一，取名自钱塘江，北以钱塘江界线为界，南与萧山区、绍兴市柯桥区接壤，区域面积 531.7 平方千米，常住人口 80.2 万人，2023 年实现地区生产总值 1270.4 亿元。

一步步走来，见证历史，向善而行。2004 年 12 月 29 日，杭州经济技术开发区慈善总会成立。2020 年 7 月 23 日，杭州钱塘新区慈善总会成立。截至 2023 年末，总会募捐收入累计达 1 亿元，各类善款支出累计达 8924 万元。

邵建明，明盛控股集团有限公司董事长，钱塘区义蓬街道地地道道的农民企业家，同时也是钱塘区慈善总会第一届理事会副会长。他创办的明盛控股集团先后获得浙江省慈善联合总会颁发的"汶川 5·12 地震"赈灾捐赠慈善爱心奖，杭州市委、杭州市人民政府"社会责任建设"先进企业，杭州市萧山区委、萧山区人民政府"欠发达村帮扶工作"先进单位，钱塘区慈善总会"慈善突出贡献奖"等荣誉。2023 年 12 月 11 日，明盛控股集团获杭州慈善奖。

2020 年 6 月，原杭州经济技术开发区慈善总会、原黔东南州慈善总会、凯里

金沙湖

聚益阁慈善基地幸福集市为居民义诊

市慈善总会三方签订了东西部扶贫协作协议。原杭州经济技术开发区慈善总会拨付262.5 万元，用于设立"凯里市困境儿童营养午餐补贴"项目。该项目定向资助凯里市在册的 625 名困境儿童，每人每月补助餐费 350 元，持续 12 个月。该项目于2021 年 12 月获黔东南慈善奖；2023 年 12 月获杭州慈善奖。

2024 年，慈善总会依托现代社区慈善信托开展年度慈善信托项目申报工作，设立 11 个慈善信托项目，共计 60 万元，最大限度发挥慈善资金社会效益。同时整合公益慈善、社会工作等专业服务资源，打造"情聚佳节 爱润夕阳""雏鹰向阳 守护最好的童年"等 6 个慈善项目，共计服务 8354 人次。联动辖区内爱心力量——养晴元眼科医院打造"亮睛睛计划"爱心项目，通过全面排摸辖区内登记在册的120 余名困境儿童视力状况及配镜需求，确定 18 名须配镜儿童，在工作人员分批陪同下，由专业验光师为孩子们提供免费视力检测与配镜服务，不断增强困难群众的获得感、幸福感。

展望未来，钱塘区委、区政府提出要提高站位，集聚慈善之能助力区域发展；务求实效，汇聚慈善之光惠及百姓福祉；多方联动，凝聚慈善之力共建大爱钱塘。

富阳风景

富阳样本　聚力向善

　　富阳区位于浙江省西北部，区域面积 1821 平方千米，常住人口 85.7 万人，2023 年实现地区生产总值 960.9 亿元。富阳素有乐善好施的优良传统，古有孝子周雄，今有"清贫富翁"蒋敏德，济贫救灾、修桥造路等善人善行数不胜数。明洪武五年（1372 年），富阳设立了孤儿院。中华人民共和国成立后，由民政部门负责慈善工作，1994 年成立富阳市慈善协会，2004 年成立富阳市慈善总会，2014 年更名为杭州市富阳区慈善总会，2024 年更名为杭州市富阳区慈善联合总会，提升行业联合会职能。截至 2023 年底，总会共募集善款 6.59 亿元、救助帮扶支出 5.23 亿元。

　　富阳坚持党委领导、行业协作、公众参与的"大慈善"理念，出台慈善事业优待激励政策，义利并举让慈善爱心长红；推进募捐基金化，近 7 年累计发起慈善基金 483 个，筹集资金 3919.94 万元；培育壮大慈善组织和人才队伍，至 2023 年共有 1 家综合慈善基地、5 个特色慈善基地、3 家慈善超市、25 个慈善服务站、28 家慈善组织、18.6 万名志愿者；建立"富小慈"慈善服务平台，开展线上资金募捐、项目认领和财务公开；成立乡镇（街道）慈善服务站，加快推进村（社）慈善服务点建设，将"慈善触角"延伸至群众家门口；2023 年在助力"两个先行"浙江慈善专场活动中，网络募捐金额和参与人次排名全省第一；区狼群应急救援服务中心荣获

2022 年度全国学雷锋"最佳志愿服务组织"称号。

富阳通过创建"善在身边"品牌，实施富小慈"善行济困""天使护童"等六大系列行动，打造了一批具有良好社会影响力的慈善项目品牌，慈善服务实现量质并举。旨在减轻困难家庭就医负担的"社会助医"项目，筹集善款 1200 余万元，向 1911 户困难家庭发放救助资金 516.5 万元，该项目入选 2023 年度浙江省社会救助领域创新实践优秀案例。为老人助浴的"知音守护"项目，已为 6000 余人次的家庭困难且中度以上失能老人提供上门助浴服务，项目负责人徐芝英荣登 2024 年第二季度"中国好人榜"。"致敬英雄"抗美援朝老兵关爱服务项目，为老兵提供服务时长超过 12400 小时，一张 87 位抗美援朝老兵的全家福照片，引发全国人民致敬潮。

慈善阳光耀富春，扶贫济困暖人心。富阳将继续把慈善事业作为助力第三次分配的重要途径来抓，不断创新慈善品牌、促进行业自律、弘扬慈善文化，真正做到靶向发力，打造既重视做大"慈善蛋糕"，又注重分好"慈善蛋糕"的良性循环机制，奋力推进富阳慈善事业高质量发展，让知善向善、行善乐善在富春大地蔚然成风、涌动不息。

富阳区综合慈善基地开展学雷锋志愿服务活动

临安钱镠像

临安弘慈　　基因永续

　　临安区位于浙江省西北部，区域面积 3118.72 平方千米，常住人口 65.2 万人，2023 年实现地区生产总值 686.5 亿元。临安文化深厚，是吴越国创始人钱镠的出生地和归息地；儒佛道遗迹众多，天目山是影响东南亚的佛教圣地。吴越钱王文化、天目山文化、浙西民俗文化是临安的"文化名片"，其深植的慈善元素促进了社会和谐，彰显了临安人民的善行精神。

　　临安区慈善总会作为临安区慈善事业的领航者，不仅承载着历史的慈善基因，更在传承中不断创新，为慈善事业的发展贡献卓越力量。总会自 2002 年成立以来，一直秉持着"党委指导、政府助力、民间活力、全民参与"的宗旨，积极致力于联合各类慈善资源、广泛推广慈善文化、精心组织公益活动，全心全意地支持着弱势群体的生活与发展，为推动社会保障体系的完善和社会的文明进步作出了积极的贡献。截至 2023 年底，区慈善总会募集各类善款、善物价值 2 亿元，支出各类善款1.8 亿元，慈善信托备案量突破 500 万元；全区各类慈善组织数量达到 19 家；设立

18 个镇街基金，募集基金 585 万元；慈善总会联合文化体验中心推出慈善爱心套餐，融合文化与慈善，创新开展特色慈善基地建设；开展"钱塘善潮"嘉年华暨"天目慈善颂"活动，慈善书画捐赠、慈善晚会、慈善法宣传深入群众，营造浓厚慈善氛围；大力弘扬慈善文化、打造慈善典范，临安区慈善文化建设基地连续三年被评为浙江省级示范性慈善基地；建立市级首批特色慈善基地——临安新民荟慈善基地，杭州市首个慈善文化基地落户昌化东坡廊桥，积极探索扩大慈善影响力；大力实施慈善项目，推出助学、助医、助老、助困、助企等多维度天目慈善系列帮扶品牌项目，实施联乡结对等乡村振兴战略，上一年度支出慈善项目资金 245 万元。以创建 5A 级社会组织为抓手，推动行业自律，架起了党委、政府与困难群众的爱心桥，充分发挥了行业性、枢纽型、平台型组织功能作用。

时序更迭，新章待书，慈善事业正面临新时代的考验，临安区慈善总会将进一步增强责任感，主动承担新使命，在乡村振兴、东西协作、助力建设"吴越名城·幸福临安"的新征途中不断汇聚慈善力量，发挥更大慈善作用。

2024 杭州市"钱塘善潮"嘉年华活动暨临安区"乡贤慈善颂"项目启动仪式

桐庐风景

暖城桐庐　与爱相伴

　　桐庐县位于浙江省西北部、杭州市近郊。县域面积 1829 平方千米，常住人口 45.9 万人，2023 年实现地区生产总值 469.2 亿元。桐庐，这个富春江畔的"中国最美县"先后获得"国际花园城市""全国文明城市"等称号，被《国家地理》杂志推荐为 25 个全球最佳旅游目的地之一。自古以来吸引了无数文人墨客到访，留下了 7000 余首盛赞桐庐的诗篇，被誉为中国诗词之乡。桐庐人勇于创新、敢闯敢冒，桐庐发展基础扎实，是中国快递之乡。

　　桐庐慈善文化源远流长，最早可以追溯到黄帝时代，一位老人在富春江畔结庐采药、治病救人。有人想感谢他的善举，问其姓名，他笑而不语，只指指身边的桐树。后人怀念这位悬壶济世、不留姓名的善人，尊称他为桐君，将其结庐采药的地方称为"桐庐"。守望相助，是桐庐人民的底色，也是"暖城桐庐"孕育出的城市气质。桐庐县慈善总会成立于 2001 年 2 月，秉持"取之于社会、回报于社会"的宗旨，争做努力践行慈善事业的宣传者、践行者、推动者，实施了安老、助孤、助

医、助学、助残、扶贫、济困、赈灾等系列慈善项目。截至2023年底，桐庐县慈善总会共募集善款4.4亿余元、支出善款3.7亿余元，为完善社会保障体系、助推区域发展贡献力量。

桐庐县委、县政府高度重视慈善工作，围绕三次分配、乡村振兴时代主旋律，积极构建运转高效、项目精准、服务优质的体制机制，持续发布"惠民七条"，慈善事业发展取得了显著成效。从2012年起，每年发放老年人春节红包，累计发放约5亿元。2019年召开首届"桐庐人"大会，"三通一达"现场捐赠4000万元成立基金用于教育、文化、体育等公益事业。创新探索优化捐赠方式、优化产权变更流程、优化信托管理服务等"三优化"举措，全国首单不动产慈善信托成功落地桐庐。2012年，联合桐庐农商银行成立桐庐首个救助专项基金——大病致贫困难群众帮扶公益金，已帮扶桐庐大病致贫困难群众937人2675.8万元。2020年，开展"亲·清"百姓米项目，桐庐农村户籍老年人每季度可获赠优质大米4千克，该项目已发放大米6345吨约合2997万元。连续24年开展"送温暖献爱心"活动，近5年募集资金4033万元，走访慰问困难群众5.2万人次。开展"桐心护未"儿童关爱保护系列活动，通过夏令营、暑期托班、购买补充医疗保险、走访慰问、慈善助学等多种形式，切实提升儿童关爱保护工作，每年惠及2400人次。打造"一块做好事"慈善品牌，创新消费捐模式，在餐饮、旅游、婚恋等行业常态化开展"一元捐"活动。

桐庐将持续凝聚暖城力量、推动社会向善，全面推进慈善助力乡村振兴，为打造全市高质量发展重要增长极、全域高品质美丽标杆示范地贡献慈善力量。

桐庐桐君塑像

淳心汇慈　绽放善花

　　锦山秀水，文献名邦。淳安县地处浙江西部、杭州西南部丘陵地区，县域面积4427平方千米，常住人口32.1万人，2023年实现地区生产总值280.5亿元。自东汉建安十三年（208年）建县，距今已有1800多年的历史。境内溪河纵横，汇集于千岛湖，千年狮城、贺城沉睡湖中。"人行明镜中，鸟度屏风里"是诗仙李白对淳安的盛赞，杜牧、朱熹、海瑞等都在此处留下足迹。在厚重历史文化的影响下，坚韧的淳安人正探索独特的淳安慈善发展路径。2003年，淳安县慈善总会应运而生，截至2023年底，捐赠收入1.2亿元，救助支出8319.72万元。

　　慈善携手，让救助更有温度。古老的新县，最大的小县。淳安是浙江地域面积最大的县，但是经济总量和人口数量较小。慈善资源的注入，为政府救助连接了更多爱与力量。慈善助学覆盖初中、高中、大学全阶段，帮助大批淳安学子完成学业；"善居工程"聚焦住房环境提升，为困难家庭打造温暖的家；"夕阳红行动""护爱淳童"系列项目，为淳安"一老一小"群体提供物资帮扶以外的个性化服务。

　　慈善同行，为乡村注入活力。淳安的下姜村被称为"梦开始的地方"，脱贫致

千岛湖"新春第一网"淳鱼义卖支援武汉抗疫

淳安县"益教同行"慈善基地乡村孩童在踢足球

富梦、乡村振兴梦正在逐一实现。在这场轰轰烈烈的乡村发展社会实践中，社会公益慈善力量为乡村注入了源源不断的活水与力量。2022年，"大下姜"乡村振兴联合体与微笑明天慈善基金会等联合成立慈善专项基金，建立起"乡村振兴联合体 + 专项基金 + 慈善信托 + 社会企业 + 影响力投资"的可持续富民集成创新模式，荣获首届"杭州慈善奖"。

绿水青山，生态资源有效转化。普通的淳安县、特殊的千岛湖、特别的生态区。绿水青山是得天独厚的自然资源，也是淳安特色的慈善资源。千岛湖发展集团"新春第一网"25吨有机鱼义卖一空，124万元善款捐赠给浙大二院用于武汉抗疫；电影《我和我的家乡》中的网红小学游客不断，游客们留下爱心足迹金，助力学校特色办学，成功打造淳安县"益教同行"特色慈善基地；"我在千岛湖有条鱼"筹款项目，通过售卖"淳牌"有机鱼连接社会爱心力量，筹集资金用于老年助餐项目。

淳安自古"富裕"，从新安江水路运输的繁荣，到浙江甲等富裕县，到如今坐拥一流的生态环境资源和旅游资源，淳安慈善事业拥有无限可能。未来，淳安慈善将在"坚韧自强，大气开放，天人合一，奋楫争先"的新时代"淳安精神"指引下，聚力向善，笃行不怠，为淳安的高质量发展贡献慈善力量。

三江通汇　聚善建德

　　三江通汇，共唱以善兴市歌。建德市，地处浙江西部、钱塘江上游，新安江、兰江和富春江流经全域，汇聚于严州古城梅城镇。区域面积 2321 平方千米，常住人口 44.3 万人，2023 年实现地区生产总值 450.1 亿元。1800 年前（225 年），吴王孙权封孙韶为侯，取名建德，意寓"建功立德"，以德立市从此扎根建德。从南宋郡守宋钧捐帑倡建宋公桥，到明朝进士徐节以诚信借贷赈灾民，再到如今王伟、项金芳等一批平民善人连续十余年捐资助学，善行义举在建德生生延续、代代相承，以善立德、以德兴市成为建德经济和社会发展的根基。2000 年 11 月，建德市慈善总会应运成立，截至 2023 年底，共募集资金 3.2 亿元，善款支出 3 亿元。2019 年，建德发布全省首个"德文化系列标准"，"德文化"传承馆、慈善基地在同年相继开馆和运营，形成一个个善德兴市的标志性成果。2020 年，建德成功创建全国文明城市，建德市慈善总会获评 5A 级社会组织。三江聚爱、以善立德，推动着建德慈善事业开枝散叶。

　　三项品牌，共筑富民强村路。"春风行动"常抓常新。24 年来，从冬送温暖夏送清凉，到助残助困助学助医，"春风行动"每年慰问低保特困、下岗失业、癌症特病等困难群体 1 万余人，并打造出"阿里助医""农商助学""暖心无忧"防贫基金等助学助医品牌项目 11 个，每年帮扶困难学子 400 余名圆梦校园、助医 180 余人。一大批曾经受助的学子，工作后毅然投身慈善公益实践反哺社会。"幸福方桌"暖胃暖心。为解决留守老人"一口热饭"的难题，建德按照财政补一点、村社贴一点、社会捐一点、个人掏一点、自产助一点"五个一点"运行模式，在全市 16 个乡镇共建成老年食堂和助餐点 246 个，为失能困难老人送餐上门，日均就餐 1 万余人，助餐服务惠及全市所有留守老人。目前，"幸福方桌"正探索从"爱心助餐桌"向"走亲连心桌""和美乡风桌"进阶，小餐桌蕴含"大治理"，"幸福方桌"暖胃更暖心。"联乡结村"富民强村。市慈善总会发挥平台优势，每年承接村企结对、区市协作、对口援助等跨市域项目 90 余个 700 余万元，参与帮扶企业和社会组织 50 余家。2023 年援助四川乡城县"浙里驿站"项目，以农旅产业带动周边藏民就业增收，成为当地乡村振兴又一标志性成果。

三张名片，共育古韵今风。进行"慈善文化基地"建设。建德积极探寻古韵建德，发掘打造一批慈善地名和典故，如六眼井、龙山书院、宋公桥等。明永乐年间大旱，商人马景福赈济灾民、免除欠债、出资挖井等善举，被打造成浮雕故事向世人展示，其挖掘的六眼古井被严州知府万观题"德沛甘泉"保存至今，成为建德探寻慈善文化的一处标志。连续7年评选"建德好人"142名，使其成为建德"德"文化传播的亮丽名片。村医吴光潮扎根农村卫生室36年，为村民看病坚持只收一元诊费，数十年不涨价，奉献爱心守护村民健康，被当地人亲切地称为"一元村医"，事迹传遍全国。唱响"慈善故事"。以慈善奖

被严州知府万观题"德沛甘泉"的六眼古井

建德市寿昌镇周村村"益启爱"乡贤促富慈善扶贫基地

评选表彰为载体，积极宣传善人善事。"建德市中医院慈善救助"项目获第三届浙江慈善奖；在杭州市首届慈善奖评选中，王伟、沈子恒分别获得慈善楷模奖和个人捐赠奖，鑫莱农村造血型慈善扶贫基地和"种太阳"项目获慈善项目奖，方敏获志愿服务奖；赖忠泽、朱启华等一批工薪阶层爱心人士十余年捐资助学赈灾事迹，被表彰宣传。

三江通汇、聚善建德。在建德这座温情有爱心的城市里，慈善的力量仿如三江之水，源源不断地润泽着每一个角落。建德人正用崭新的姿态，以善为帆，以德为舵，用爱心善举续写着美好未来，让温暖与爱心永远在这片土地上熠熠生辉。

西湖善客　传递慈善

　　杭州西湖，是浙江也是杭州首个世界文化遗产，年游客量达 3000 万人次。西湖风景名胜区有着突出的文化价值与慈善基因，源远流长的慈善文化，孕育出爱和希望。千百年前，唐朝白居易、北宋苏东坡等先贤秉承为民之心，疏浚西湖、纾解民困。现今全国首发的"春风行动"在杨公堤西、隐秀桥南播种大爱、传递真情。2005 年 9 月，杭州西湖风景名胜区慈善总会诞生，慈善文化再次发扬光大，总会先后荣获浙江省慈善爱心奖、杭州市慈善事业促进工作集体嘉奖等荣誉。

　　近年来，杭州西湖风景名胜区慈善总会依托世界遗产地资源优势，搭建三级慈善服务网络、创新公益募捐方式、深耕慈善品牌项目、汇聚慈善力量，发展慈善事业，累计募集 3610 万余元，支出 1325 万元，慈善救助 3.2 万人次。钱塘江边"六和钟声"17 年"声"生不息，西子湖畔"免费凉茶"13 载爱意不绝，"爱心早餐""爱心年夜饭""暖心慰问"，这些慈心善举充分彰显了西湖景区的人文价值与情怀，西湖的慈善品牌越发响亮。

　　2024 年，西湖风景名胜区充分发挥"人间西湖"的资源优势，启动全国首个慈善景区创建工作，实施"西湖善地"党建赋能、"西湖善行"公益服务、"西湖善学"文化传播、"西湖善捐"品牌集善、"西湖善购"流量聚善、"西湖善礼"数字激励六大善行动。党建引领，打造西湖善客驿站。丰富环湖党群驿站志愿服务和慈善公益内涵，重点环湖打造 6 个"西湖善客驿站"，实施"西湖善客驿站 + 公益先锋岗 + 专业化志愿服务组织 + 公益项目 + 西湖善客"的有效运行机制。全域赋能，形成慈善品牌矩阵。以"西湖善客 西湖 Thank you"为特色慈

西湖善客驿站

"六一趣徒步，亲子善同行"活动

善品牌主题，推出"西湖善客·公益课""西湖善客·消费捐""西湖 Thank you·我们的家人""西湖 Thank you·我们的节日"等 11 个慈善品牌项目。寓善于景，发布慈善旅游线路。深度挖掘西湖慈善文化景点 18 处，开设慈善文化展览，发布慈善旅游线路，推出"旅游＋慈善"打卡体验活动，提升西湖美誉度。流量聚善，推出西湖消费捐。围绕"经营＋慈善"理念，大力实施"西湖消费捐"。2024 年发动消费捐爱心企业 5 家，推出东坡肉、叫花鸡、西湖龙井冰激凌、东坡学士饮用天然泉水等消费捐爱心商品 4 款，以游客量有效提升慈善参与量。

点滴善举，汇聚大爱，点亮希望，共创未来。杭州西湖风景名胜区慈善总会将秉承扶贫济困的优良传统和"善行浙江""善城杭州"的慈善精神，创新慈善发展方式，深化慈善文化建设，全力将杭州西湖打造为全国首个"全域可善""全域有善""全域向善"的旅游目的地和人人慈善的先行区、示范区，为西湖景区在高质量发展道路上增添慈善的力量，为全国慈善事业高质量发展提供西湖经验。

浙江省公羊会公益救援促进会

浙江省公羊会公益救援促进会（以下简称"公羊会"），是一个以应急救援、助老助残、弘扬中华传统文化等公益事业为己任的社会组织，由新的社会阶层人士、公益事业领军人物何军等人于 2003 年在浙江杭州创立。截至 2023 年底，公羊会通过公开募捐取得的收入为 1034.89 万元，累计已向社会捐赠现金及各类物资总价值 1009.34 万元。公羊会多年来致力于国际人道救援、扶贫帮困、生命安全自救技能普及、中华传统文化推广等慈善工作。

公羊救援队是公羊会下属的一支专门应对灾害事故应急响应的国际化专业救援队伍。建队以来，参加了四川汶川、青海玉树、四川雅安、云南鲁甸、云南景谷、浙江丽水、四川九寨沟、新疆塔什库尔干、四川康定、台湾台南、台湾花莲、重庆万州、河北涿州等地区的近 30 次大型救援活动，以及尼泊尔、巴基斯坦、厄瓜多尔、意大利、印度尼西亚、墨西哥、泰国、老挝、俄罗斯、莫桑比克、土耳其等国家的 18 次跨国出境救援活动，累计完成 298 次国内外应急救援任务，救援 8188 人。

"脱困有方 生命互助"，公羊会致力于大众的安全自救、互救能力提升教育，以针对普通人开展的安全防范和灾难紧急处置技能教育为特色，通过体验感极强的安全技能培训，打造了"超级救生员"生命安全急救脱困技能特训营课程，目前已为社会公益培训了 20000 多名学员。

公羊会"幸福公益摄"项目，专门为社区及偏远地区结婚超过 40 年的老年夫妻免费拍摄结婚纪念照，聆听老人们的故事，纪念一个时代的温暖瞬间，从独特的视角，见证改革开放 40 多年来，中国巨大的社会变迁与潜藏的时代温情。至今已经为浙江、北京、上海、西藏、新疆等地的 1260 余对老年夫妇送去幸福留影。

未来，公羊会将始终牢记社会责任，凝心聚力，努力践行枢纽平台型社会组织的光荣使命，坚守"公益帮扶，智趣人生"的建会初心，引领广大会员以及志愿者，培育和践行社会主义核心价值观，"救危助难，为社会出力；扶弱帮困，为政府分忧"，愿与中华民族的伟大复兴和全人类的和谐发展同舟共济。

杭州微笑行动慈善医院

杭州微笑行动慈善医院，作为国内首家专注于唇腭裂免费治疗的医院，自 2007 年成立以来，便肩负着为低收入家庭唇腭裂儿童带来希望与笑容的崇高使命。在杭州市拱墅区民政局和拱墅区卫生局的共同管理下，医院携手中国妇女发展基金会，共同发起了母亲微笑行动公益项目，致力于用爱心和医术点亮孩子们的未来。

我国每年有数以百万计的新生儿降临人世，然而，每 700 名围产期婴儿中就有一名不幸患上唇腭裂。这一数字背后，是无数家庭的辛酸与无奈。杭州微笑行动慈善医院深知责任重大，多年来，他们不懈努力，为低收入家庭的唇腭裂患儿提供了宝贵的治疗机会。截至 2023 年底，已累计募集善款 1.7 亿元，支出 1.5 亿元，成功为近 5 万名患儿实施了免费手术治疗和康复服务，让他们重拾微笑，重获新生。

近年来，组织专业医疗队深入偏远地区，动员医护人员和社会志愿者共同参与。他们的足迹遍布全国 31 个省市区，用爱心和行动诠释了"每一个人都有微笑的权利和生命的尊严"的深刻内涵。项目多次获得中央媒体的关注与报道，荣获多项国家级荣誉，成为慈善事业的璀璨明珠。在医院的帮助下，许多患儿实现了命运的逆转。阿勒泰地区的 6 岁女孩在爷爷的坚持下，走出了大山，获得了治疗；东南亚的 Chadleen 在项目的帮助下完成了手术，从受助者转变为慈善志愿者，用歌声传递温暖与希望。这些动人的故事，见证了医院慈善事业的伟大力量。

医院得到了中共中央宣传部和省市宣传部门、全国妇联的高度重视与支持。他们通过免费手术、术后辅导等方式，有效解决了患儿群体的心理健康问题和家庭因病致贫的困境，推动了受益地区医疗水平的提升。医院积极响应"全面打造'善行浙江'"的号召，努力成为浙江现代慈善事业的典范。

展望未来，杭州微笑行动慈善医院将继续凝聚社会力量，汇聚爱心与智慧，让更多唇腭裂儿童绽放笑容。医院将继续谱写温暖人心的篇章，让慈善之光照亮每一个角落，让爱与希望永存人间。

杭州同心博爱公益服务中心

杭州同心博爱公益服务中心成立于 2018 年 5 月，由杭州市民政局作为业务主管部门和登记管理部门，是杭州市品牌社会组织、5A 级社会组织。秉承"联合社会力量，开展社会服务"的宗旨，专注于社会服务项目的创新设计与高效实施，并致力于搭建社会组织之间的交流与合作平台，促进资源共享与协同发展，不断推动优质公益项目扩大影响力并实现规模化效应。截至 2023 年底，累计筹款约 1283 万元，善款支出达 1189.5 万元。

杭州同心博爱公益服务中心积极推进合规管理建设工作，遵循资金募集、项目运营和实施管理的全流程规范，自主开发数字化项目管理平台，将"合规创造价值"的理念深度融入慈善项目的实施环节。作为枢纽机构，主动发掘并整合头部资源，与省内 50 余家社会组织开展深度合作，推动品牌慈善项目的成功落地实施。

在慈善创新发展上，贯彻"项目为王 + 专业提升 + 品牌运营"的理念，通过"一核五纬八善"的服务模型，打造杭州市慈善基地"善创空间"品牌，为各区县市的慈善服务工作提供强有力的平台支持。积极推动慈善创新服务的发展，成功助力西湖风景名胜区创建"全国首个慈善景区"。

在品牌项目实施上，"儿童平安护航计划"自 2020 年启动以来，累计筹集资金 600 多万元，已有 420 余名志愿者讲师参与培训，项目与 76 家合作伙伴机构携手，在 430 个学校和社区开设 9125 节安全教育主题课程，组织 62 场训练营，惠及 355216 名青少年儿童，先后荣获"杭州市志愿服务项目大赛金奖""杭州市社会组织公益服务品牌项目""杭州慈善奖"等多项荣誉。

杭州同心博爱公益服务中心以专业和专注为根基，在慈善的道路上坚毅前行。它凭借实际行动，淋漓尽致地展现公益的力量。每一个精心打造的项目，每一次竭尽全力的付出，都恰似一束束希望之光，点亮人们心中的公益灯塔，为更多人照亮前行的方向，激发更多人踊跃投身公益事业的伟大征程。

杭州市

—浙江慈善名片—

NING-BO

宁波

宁波城市俯瞰图

山水为名慈为因　海定波宁善先行

　　宁波，名起山水。唐时称明州，乃以山为名，"四明三千里，朝起赤城霞"，秀美风光跃然眼前。明时易名宁波，一为避讳，二则寓意"海定则波宁"。奉化江、曹娥江、余姚江三江并流汇于城市中心，向东注入东海，即为甬江，"甬"亦成为宁波简称。宁波地处东南沿海，是计划单列市、副省级城市，陆域面积9816平方千米，下辖6区、4县（市），常住人口969.7万人。2023年，全市实现地区生产总值16452.8亿元，位列全国第12位。

　　慈善基因，传承千年。宁波是一座镌刻着慈善基因的大爱之城。相传中华商圣范蠡曾隐居东钱湖畔，散财济世，为宁波慈善鼻祖。南宋名士史诏因多行善事，留下"八行先生"美名；其孙南宋丞相史浩与汪大猷等人一起创建四明乡曲义庄，善义之风万古流芳。四明大地义人善事灿若群星，慈善文化流传至今。史志记载："鄞人乐于趋义，善举綦多。"著名学者张其昀曾感慨："四明乡谊最重，轻财乐施，不遗余力，古有义乡之称。"宁波更有民谚曰：吃素拜佛念经，不如修桥铺路造凉亭。

　　宁波慈善第一张名片："宁波帮"。以"义利并重、工商皆本"为核心的甬商积极投身慈善公益事业，其务实创新的精神特质成为社会慈善的主要力量。宁波商帮先驱叶澄衷先生兴办叶氏义庄，在教授知识的同时亦将慈善传承发扬。沈敦和组织捐办时疫医院，创办中国第一家红十字会；严信厚、虞洽卿、乐振葆、吴锦堂等实业家，集资在家乡修桥铺路、建院办校。1984年，邓小平同志发出了"把全世界的'宁波帮'都动员起来建设宁波"的号召，掀起了海内外"宁波帮"服务家乡、报效桑梓的热潮。邵逸夫、包玉刚、王宽诚、李达三、李惠利、曹光彪等一批又一批造福乡梓的慈善楷模接连涌现。

宁波慈善第二张名片："顺其自然"。1998年9月22日，宁波市慈善总会正式成立，并于次年起在全国率先开展"慈善一日捐"活动，因此结缘了"顺其自然"并相伴至今。"顺其自然"是一位隐姓埋名的爱心使者，他（她）从1999年起每年向宁波市慈善总会捐款，从未间断，迄2023年已达1577万元。"顺其自然"每次捐赠使用的都是虚拟地址，署名则在"顺其自然"几个字里择字随机组合。"坏事不做，好事不说"是他（她）来信中的一句话，激励着无数宁波人崇德向善。在其影响下，宁波涌现出了难以计数的隐名捐赠群体。可以说，我们不知道谁是"顺其自然"，但宁波谁都可以是"顺其自然"。2015年，"顺其自然"及宁波隐名捐赠群体获得第九届中华慈善奖最具爱心慈善楷模奖。

宁波慈善第三张名片：慈善实业。进入新时代，宁波慈善正由"生存慈善"向"发展慈善"转变，在科教文卫体、环境保护、基层治理以及三次分配助推社会发展中发挥着更加积极的作用。宁波市慈善总会先后创办、主办了宁波颐乐园、宁波市华慈医院、宁波市颐康医院、宁波宁慈康复医院等8家慈善实业。这些实业中包括养老院、慈善医院、残疾人服务机构、社会工作服务机构等。各单位在为广大群众提供本职服务的基础上，积极践行现代大慈善理念。慈善资金有效补充公共服务，在应对突发公共卫生事件和自然灾害中发挥了重要作用，同时也实现了慈善组织的自我造血，为慈善事业可持续发展留下了宝贵财富。

宁波大学已成为"宁波帮 帮宁波"的标志

　　宁波慈善第四张名片："人人慈善标杆区"。"重视、创新、基层、全民"是宁波慈善快速发展的关键词。2011 年，宁波出台了全国第二部、省内第一部地方性慈善法规：《宁波市慈善事业促进条例》。2017 年起，总会全面启动慈善数字化改革，建设了集信息公开、在线募捐、项目反馈、捐赠人服务等诸多功能于一体的慈善综合服务平台；联合 13 家慈善组织研发电子捐赠票据管理平台，实现在线捐赠票据实时开具；成为全省第一家依靠自身平台开通月捐功能的慈善组织。2020 年起，总会在全市范围内深入开展基层慈善"四大工程"建设（基层慈善组织建设工程、基层善款募集长效机制构建工程、基层慈善义工品牌建设工程和慈善文化进基层工程）。至 2023 年，宁波村、社区慈善工作站，村级慈善基金，村、社区慈善文化宣传阵地五项指标覆盖率均达到 100%。全市慈善义工已超过 10 万人，服务范围涵盖了义卖义演、法律援助、医疗服务、心理咨询、环境保护、红色文化传承等领域，不断增进民生福祉，拉高慈善先行市标杆底线。在宁波，从公交车、地铁站到全市主要地段的宣传大屏，再到遍布全市的 80 个慈善空间，慈善元素可闻、可视、可感，在这里，"人人慈善"蔚然成风，你不仅能看到文明中国，更能看到慈善中国。

宁波三江口

总会支出 1200 万元援建的四川盐源县综合教学楼建成仪式

　　善果累累，未来可期。截至 2023 年，宁波市慈善总会已募集善款 13.94 亿元，救助支出 11.54 亿元；全市两级慈善总会累计募集 117.16 亿元，救助支出 97.84 亿元，帮扶各类困难群体达 673.3 万人次。全市共有 12 个机构、项目和个人荣获"中华慈善奖"，111 个机构、项目和个人荣获"浙江慈善奖"。满园春色方为春，2018 年 9 月 5 日，宁波市慈善联合会正式成立。短短 5 年时间，宁波市慈善联合会已吸纳慈善组织 140 多家；孵化慈善组织 5 家；为 15 家慈善类社会组织和项目提供场地、资金保障；成功举办 4 期慈善行业人才培养高级研修班和青年慈善人才研训营；制定出台慈善组织评估标准；开展《宁波市慈善事业促进条例》修订工作；完成并发布《宁波市慈善事业发展报告（2021—2023）》。宁波慈善正在高质量发展的道路上行稳致远、进而有为。

　　宁波，一座当之无愧的慈善之城。当你踏上这片充满活力与温情的热土时，鄞江桥、叶氏义庄、宁波大学这些闪烁着慈善光芒的公益地标将为你讲述宁波慈善的过去，而我们，将为你讲述宁波慈善更加美好的未来！

宁波鼓楼

古韵海曙　善泽千年

　　海曙区是甬城核心区，更是宁波千余年政治文化的轴心区。区域面积 595.2 平方千米，2023 年常住人口 106.5 万人，下辖 9 街道 7 镇 1 乡，是融城区、郊区、山区为一体的复合型行政区，2023 年实现地区生产总值 1646.9 亿元。

　　慈善基因古今一脉。海曙历来是乐善好施的一方沃土。地方志记载，海曙自宋朝起历代都设置有慈善机构。改革开放后，海曙慈善事业迎来快速发展。1996 年成立全市首个特困基金，1998 年成立海曙区慈善分会，2007 年成立海曙区慈善总会。各界人士积极参与慈善活动，陈绍华、王宽诚、闻儒根、孔爱菊、孙文英等"宁波帮"人士在区境内捐资建造学校、医院、剧场等。雅戈尔集团、太平鸟集团、狮丹努集团、黄斌夫妇、"平安女士"、"心愿"、姜善庭等一批热心慈善的集体和个人相继涌现，"大爱海曙"名片越擦越亮。截至 2023 年底，总会累计收入慈善资金 9.1 亿元。雅戈尔集团两度荣膺"中华慈善奖"，并获"中华慈善事业突出贡献奖""全国慈善会爱心企业"等荣誉称号。

亮点工作持续放光。一是社区慈善走在前列。马园社区慈善项目紧贴居民需求，"慈善一日捐"活动参与人群多元化；五江口社区打造"吾家"特色品牌，慈善工坊助残助困；万安社区、丽欣社区紧密结合未来社区建设，拓宽慈善空间，培育义工团队保持良好运转。二是慈善"五送"广受欢迎。定期组织富有创意的慈善"五送"（送政策、送医疗、送光明、送服务、送文艺）活动，让慈善理念走进千家万户。三是"吃螃蟹"精神得到弘扬。古林镇蜃蛟村成立全省首个村级慈善基金，开创村级慈善帮扶基金先河；海曙区成立慈善信托，助推乡村振兴。总会荣获宁波市扶贫协作攻坚奖，被授予浙江省品牌社会组织称号。

重点项目齐头并进。海曙区慈善总会发布《开展"十大"救助工作的实施意见》，着力强化救助实效。爱心洗衣房、81890老年人心声联谊俱乐部等小微项目产生良好社会效果。区高山巡回医疗车项目为以山区为主的横街镇、章水镇、龙观乡提供高山巡回医疗服务，山民足不出户就能享受到更高水平的健康服务。该项目在2020年省慈善嘉年华上作为优秀案例播放展出，获2021年宁波慈善奖，龙观乡卫生院服务团队荣登2023年度中国家庭健康守门人团队榜。"八方有爱儿童大病基金"项目为大病儿童送去关爱。文昌社区"百岁粥坊"成立9年来，为高龄老人、环卫工人提供10余万份早餐，入选宁波市首批"慈善空间"，获2021年宁波慈善奖，并引起央视新闻直播间等媒体关注。对口帮扶成效显著，总会于2023年获浙江省慈善联合总会颁发的年度慈善山海协作先进单位。

展望未来，海曙将以"人人慈善"标杆区为目标，求突破求创新，为全区全面建设现代化滨海大都市卓越城区而贡献慈善人的力量。

2024年6月12日，海曙区慈善"五送"系列活动走进古林镇前虞村

慈孝江北　源汇三江

　　江北区是宁波中心城区，依山傍水，因处古运河延伸段北岸而得名，区域面积208.14平方千米，常住人口51.3万人。2023年，全区实现地区生产总值910.2亿元，居民人均可支配收入75881元。江北区拥有2500年的建城史、1200年的建县史，悠久的历史孕育发展了浓厚的慈孝文化。江北慈城古镇被称为"江南第一古县城"，是首个"中华慈孝文化之乡"和"中国慈孝文化研究基地"。习近平总书记在浙江工作期间曾嘱托，要充分发挥慈城独特的人文优势，挖掘内涵，注重保护。

　　千年古邑，源远流长。从汉代大儒董仲舒的六世孙董黯"汲水奉母"故事开始，慈城的山水人文便与慈孝结下深厚的渊源，形成了具有地方特色的慈孝民间文化，孝养、孝敬、侍病等慈善内涵丰富多彩。据记载，被历代皇帝旌表的孝子（女）就有30多个，包括唐代孝子张无择、宋代孝子孙之翰、清代王孝女等。江北慈城镇至今保存有"三孝堂"、"孝子"石牌坊、宝善堂等慈孝古迹，前人的慈风孝行以各

句章古城

种形式流传于世，为后世子孙传承发扬。

慈风善水，一脉相承。江北区慈善总会成立于 2006 年 9 月 8 日，区慈善事业从此进入了一个崭新的发展阶段。自成立以来，区慈善总会秉承着传承弘扬慈孝文化理念，不断创新和完善救助体系，在全国首创"百村慈善帮扶基金工程""慈善村""慈孝基金"等品牌项目，连续十余年持

第七届中华慈孝节"传承慈孝·喜庆重阳"活动

续开展慈孝文化主题月活动，厚植了一片新时代慈孝文化热土。2008 年，江北区李家村获评全国首个"中国慈孝文化之乡"；2009 年，江北区慈善总会"百村慈善帮扶基金"工程荣获中华慈善奖；2020 年，江北区庄桥街道、繁景社区获评第一批浙江省示范慈善分会和示范慈善工作站。

春风化雨，润物无声。多年来，江北区各级慈善组织、各界爱心人士通过不断挖掘慈善文化内涵，创新传播载体和形式，持续打造各类高质量慈善文化品牌。既有"爱在江北""情暖万家""书香进校园"等普惠民生的公益项目，也有"星星点灯"系列对口帮扶项目。其中"星星点灯"项目荣获联合国"第五届全球减贫最佳案例"。截至 2023 年底，区慈善总会累计募集善款 4.5 亿元，救助支出 3.63 亿元，慈孝冠名基金规模达 1.1 亿元，累计开展各类公益项目 450 余项，受益人数超 41 万人次。

源汇三江，百川入海。新时代、新使命，江北区慈善总会将在全省"两个先行"新征程中，锚定目标笃行实干、善作善成见行见效，朝着"人人慈善标杆区"方向不断迈进。

慈怀天下　善耀雄镇

镇海区位于东海之滨，地处长三角南翼，北濒杭州湾，东屏舟山群岛，是宁波主城区北部中心，陆域面积246平方千米，常住人口52.2万人，辖7个镇、街道，2023年实现地区生产总值1420亿元。

镇海有着深厚历史文化底蕴和慈善文化积淀，素有海天雄镇、商帮故里、院士之乡、人文梓荫的美誉。慈善，是镇海的亮丽名片。镇海区慈善总会自2006年11月成立以来，至2023年累计募集善款6亿多元，救助支出5亿多元，先后荣获"第二届浙江慈善优秀机构奖""宁波市品牌社会组织"等多项荣誉。

构筑慈善发展平台：做实"百川归海"募集平台。实现跨界合作促募集、设置项目促募集、定向帮扶促募集。2019年全区善款募集首次突破4000万元大关，2023年突破6000万元，2024年上半年已超8000万元，慈善实力不断壮大。做强"慈善基金"发展平台。全区慈善基金由2017年的78个增至2023年的193个，总规模超2亿元。

千万级规模基金持续发力：金属园区设立第二期1000万元慈善公益基金，镇海农商银行设立第二期3000万元帮扶基金。做大"众人拾柴"爱心平台。全力打造"侨爱"特色品牌，依托"宁波帮"发源地的优势，积极吸引镇海籍"三胞"回乡做慈善献爱心。侨胞张惠康夫妇设立"康璐慈善基金"，共捐资432.8万元；港胞张培明先生捐资人民币300万元和港币2000万元；港胞李包丽泰女士捐赠港币2000万元。区总会累计募集海外善款6000多万元。

招宝电商公益慈善基地开展助农活动

打造慈善项目品牌：实施"善居工程"住房改造行动。3年投入资金193万元，完成97户

利用众筹善款购置的老年送餐爱心车启用

困难家庭的住房改造，其经验做法在《人民日报》、"学习强国"平台上被重点报道。推进"关爱春苗"圆梦助学行动。将救助范围逐步扩大到低保标准300%范围的低收入家庭，惠及更多困难学子。抓好"兜底保障"筑基行动。2021年实现全区95个村、社区帮扶基金全覆盖，每年可用资金达900多万元，为基层精准救助和改善民生提供了强有力的后盾。完善"特殊群体"关爱保险机制。2018年联合相关部门推出见义勇为救助责任保险，营造"流汗流血不流泪"的社会氛围；2019年在全市首推"政府+慈善+保险"模式，将困难人员个人承担的所有医药费用纳入救助理赔保障范围；2020年推出志愿者专属保险，启动乡村休闲产业经营业场所公众责任保险机制。该项目每年支出95万元资金，受益群体超过5000人次。打造"众筹互助"义工服务品牌。"新三宝"服务社建立慈善众筹义工基地，开设"时间宝库"、老年学堂、"车轮食堂"、购物优惠等服务项目；"九龙湖黄背包"义工队获评2022年第七届"浙江慈善奖志愿服务奖"。服务对口帮扶大局。2019年至2023年，区总会共向普安、金阳、龙游等地支出专项帮扶资金4100多万元，获评"浙江省慈善山海协作先进单位"。

"风起于青蘋之末，浪成于微澜之间"是镇海慈善高速发展、亮点纷呈的真实写照，在区委、区政府的坚强领导下，全区慈善人将携手共进、同频共振，共同谱写镇海慈善事业高质量发展的新篇章！

2023 年 12 月 21 日，北仑启动基层慈善"六个一"行动

开放北仑　善美港城

　　北仑区是宁波舟山港的核心区，拥有 4 个深水良港、5 个国家级开发区，是浙江改革开放的先行地，以恢宏的临港工业及人文景观，屹立于东海之滨。陆域面积615 平方千米，海域面积 258 平方千米，常住人口 89.4 万人。2023 年，全区实现地区生产总值 2729.18 亿元。

　　2024 年是北仑开发建设 40 周年，北仑作为一座年轻的城市，其慈善历史并不短暂。上溯东晋医药家葛洪、北宋宰相王安石、明代御史沃频，近至中国革命互济会全国总会主任张人亚、"宁波帮"代表黄延芳、"薄荷大王"曹莘耕等，都在这片土地上留下了深刻的慈善印迹。

　　北仑区慈善总会成立于 2006 年 11 月，18 年来，携手社会各界累计募集善款11.62 亿元，救助支出 9.9 亿元，受助群众 83 万余人次，涉及公益项目 1662 项。曾先后荣获浙江省慈善工作先进集体、浙江省品牌社会组织等荣誉，2023 年度被评为浙江省慈善事业高质量发展引导区和慈善山海协作先进单位。

推进基层慈善建设。通过开展"六个一"行动（全区各街道分别建立一支慈善义工品牌队伍、一个慈善帮扶特色项目、一个慈善服务实体、一个慈善地标、一个样板慈善工作站、一批市级慈善村和社区），共有 16 支义工队伍参加服务品牌评审，9 个街道上报慈善特色项目，10 个慈善服务实体基本完成，5 个"慈善空间"市级获评，50 个慈善工作站的创建培育工作正在不断深化，为实现"善行北仑"奠定了良好基础。

创新慈善发展模式。推进慈善机制、组织、募集、帮扶、文化融合，打造具有北仑特色的融合型慈善生态圈。由区政府办公室牵头，建立包括组织部、宣传部、民政局、教育局、慈善总会等 25 个成员单位的慈善工作联席会议制度，培育了 10 个助农帮扶基地，其中岭南村"南风公益菜园"将一个 4.5 亩的闲置地块建设成农事体验场地，为村（社区）基金建立创出一条新路子。协同有关部门和社会组织开展两届复合型创投大赛，其中"善报桑榆"项目关爱着 1948 位北仑早期建设者，"膳行北仑"公益助餐项目改善了 1470 位老人的膳食条件。

深入慈善文化"六进"。成立的"弘善"宣讲团、"夕阳红"艺术团走近平民百姓巡回宣讲和演出，创作的北仑慈善之歌、出版的北仑慈善故事、发布的北仑慈善主题词在全区广为流传，开发的慈善课程进入了学校课堂，慈善屋、慈善街区、爱心公园已成为多功能慈善空间。在北仑，志愿服务引领着社会风尚，"慈善公益月月行"活动掀起全民慈善热潮。

展望未来，北仑慈善人将围绕"实力慈善、品牌慈善、文化慈善、全民慈善、阳光慈善"，积极作为、砥砺前行，为北仑奋力谱写"双一流双示范"建设崭新篇章作出慈善的更大贡献！

北仑霞浦慈善街区爱心菜场常年开展"菜享在线"便民服务项目

义乡鄞州　义风浩荡

鄞州于公元前 222 年置县，五代初改称鄞县，为古明州港（宁波）的发祥地。2002 年撤县设区，2016 年，奉化江以东区域与原江东区合并，成立新的鄞州区。鄞州地处长三角南翼，是承载宁波行政、经贸、科技服务功能的都市核心。区域面积 814.2 平方千米，辖 10 个镇、15 个街道，常住人口 169 万人。2023 年，全区实现地区生产总值 2803.3 亿元，位居全国百强区第 12 位。

鄞州慈善事业历史悠久，文献可上溯至战国时期，"义乡"美誉酝酿于北宋，形成于南宋，自古而今形成了在国内产生巨大影响的 5 个高潮，即南宋建立乡曲义田庄，清初建立救助孤贫的善堂善会和义塾义学，近现代鄞商广泛致力于救助宗亲乡里，20 世纪八九十年代"宁波帮"人士大规模帮助家乡、造福桑梓，21 世纪以来本土工商企业家回馈家乡，百姓广泛参与慈善公益事业。1999 年 9 月，鄞州区慈善总会成立，"义"文化成为鄞州历史文化最为鲜明的特色和优势，凝聚为普遍的

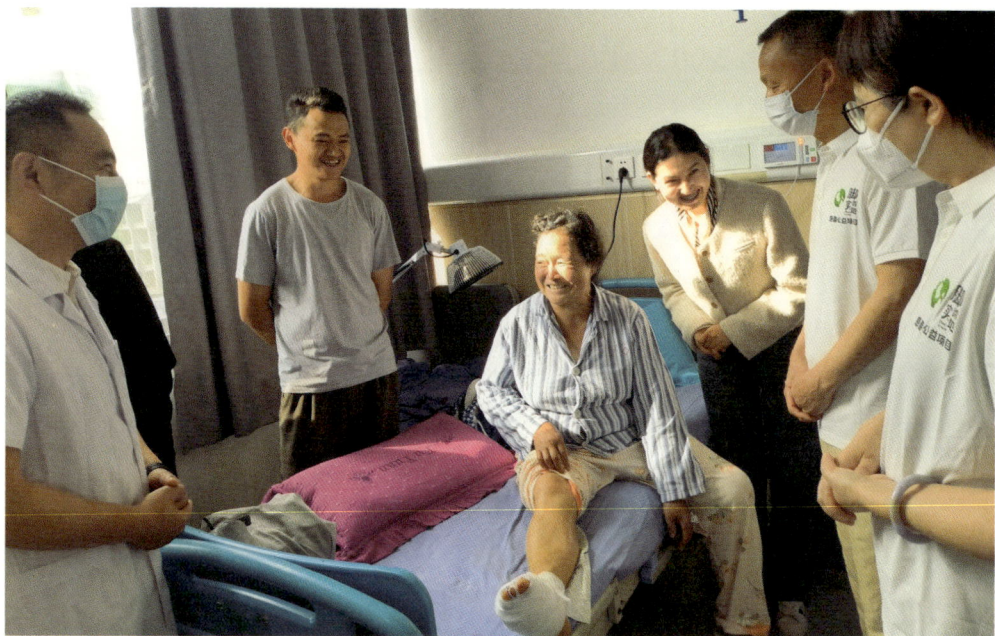

鄞州区慈善总会携手宁波市第六医院，看望云南省腾冲市"脚踏实地"慈善医疗救助项目的救助对象

公德意识。

贡献中国式现代化建设的慈善力量。"四大基金"稳步壮大，有企业留本冠名基金 278 个，规模 8.7 亿元。至 2023 年底，鄞州区慈善总会累计募集善款 22.6 亿元，发放慈善救助资金 16.9 亿元，惠及需要帮扶的家庭 89.7 万户次。持续开展慈善文化进学校、进农村、进社区、进机关、进企业活动，建设慈善空间。拥有 6 万多名义工，创新打造慈善义站。涌现出红色力量、美发美容、百合心理、蓝天救

鄞州区慈善义站开业仪式现场

援等多支义工品牌队伍。拥有 2300 余人的"红色力量"义工队成为全国首支由中国输血协会授旗授牌的民间团体。形成了"总会 + 镇（街道）慈善分会 + 村（社区）慈善工作站"三会一体格局，三级慈善组织全覆盖。全区荣获市级以上慈善荣誉 180 余项次，荣获国家级荣誉 16 项次。

担当精准帮扶、共享发展的时代使命。鄞州区慈善总会聚焦"一老一小"，开展"五助一赈"、十大行动、80 个项目。"情暖手足"（肢体畸形矫正 + 马蹄内翻足矫正）项目救助足迹遍布全国，获评中华慈善品牌项目。"创业扶一把"项目和慈善创业扶持基地，创新模式，变"输血"为"造血"："创业扶一把"项目自 2003 年至 2023 年底，累计扶助困难职工、困难农户、困难残疾人家庭 1510 户次，发放资金 1441.02 万元，荣获中华慈善事业突出贡献奖；慈善创业扶持基地 16 个，自 2012 年至 2023 年底累计支出资金 2831.8 万元，辐射帮扶困难家庭 2371 户次，两获宁波慈善奖。"血透 110"、司法援助工程、健康成长护航工程等品牌项目，社会效益显著。致力乡村振兴，近五年累计发放慈善资金 1.8 亿元，荣获"浙江慈善奖"乡村振兴奖，被评为浙江省慈善山海协作先进单位。

鄞为义乡千古传，义风浩荡领风骚。鄞州区慈善总会将奋力推进慈善事业实现新发展，为高质量打造现代化滨海大都市首善之区贡献慈善力量。

奉化雪窦山弥勒大佛

弥勒圣地　慈行绵长

　　地处东海之滨、象山港畔的奉化区，陆域面积 1277 平方千米，海域面积 91 平方千米，辖 8 个街道、4 个镇，常住人口 58.9 万人，2023 年实现地区生产总值 960.4 亿元。奉化以其持续不断的善行义举，生动诠释着"善行奉城"的深刻内涵。

　　薪火相传，温暖永续。作为"中华弥勒文化之乡"，奉化承载着布袋和尚广博无垠的慈悲胸怀；作为"红帮裁缝之乡"，奉化更是展现着"富不忘本、回馈社会"的慈善情怀。从清代育婴堂的设立到近代孤儿院的创办，慈善传统在奉化世代相传。2002 年 5 月，宁波市奉化区慈善总会正式成立，为奉化慈善事业注入了新的活力。截至 2023 年，全区正式注册登记的慈善组织共计 21 家，涵盖助医、助老、助学、助残等多个领域。

　　创新驱动，势头强劲。奉化区委、区政府将慈善事业纳入全区经济社会发展总体规划，制定出台《奉化区慈善事业发展规划》。宁波市奉化区慈善总会聚焦医疗援助、养老关怀、教育资助等多领域需求，截至 2023 年共募集善款 5.02 亿元，累计救助支出 4.44 亿元，受益困难群众达 56.5 万人次，并凭借其卓越的贡献与成效，荣获浙江省慈善山海协作先进单位、宁波市品牌社会组织、宁波市"百强示范社会组织"等荣誉称号。

精准施策，惠及民生。奉化慈善在追求广泛覆盖的同时，更将精准施策作为核心理念，围绕民生福祉，特别聚焦"一老一少"群体，成功实施"乐享夕阳"助老项目、"圆梦童心"困境（留守）儿童书房改造项目、"山海回响·点亮甘洛高山文明之路"志愿服务项目等一系列特色慈善项目。2005年启动慈善惠民门诊部项目，为全区特殊困难群体提供"三免一优"医疗补助，荣获2018年宁波慈善奖。"青鸟探巢"为失独家庭提供幸福晚年志愿服务，通过抓核心、建队伍、优方式、拓方法的"四步法"构建服务体系，获全国青年志愿服务大赛银奖，被《光明日报》深度报道。"平安亮万家"以电路改造为核心，打造家庭用电安全"全程"护卫服务模式，共为浙江奉化、吉林安图、西藏比如、四川甘洛的6878户老旧房屋解决用电问题，获评"全国最佳志愿服务项目"，入选"全国志愿者扶贫案例50佳"。

奉化慈善，如布袋和尚之胸怀，广大且温暖；如红帮裁缝之情怀，情深而意切。奉化慈善将为建设现代化滨海大都市、健康美丽新城区而持续努力。

"平安亮万家"项目为特殊孤寡老人服务

文献名邦　善行余姚

　　余姚市位于浙江省东部、杭州湾南岸，辖 6 个街道、14 个镇、1 个乡，市域面积 1526.86 平方千米，常住人口 126.5 万人，2023 年实现地区生产总值 1571.1 亿元。余姚素有"文献名邦""东南名邑"等美誉，是浙江省首批历史文化名城，慈善文化亦是源远流长。"知行合一"的王阳明倡导"为善去恶"，孜孜救世的黄宗羲提出"人本思想"，"二十四孝"之一董黯的事迹、近代宋汉章创设阳明医院为贫困者免费医疗的故事，都印证着这方土地崇德行善、乐善好施之风。

　　余姚市慈善总会成立于 1998 年初，是宁波市第一家具有公募资格的区域性慈善组织。时任全国人大常委会副委员长雷洁琼为之题词：弘扬传统美德 兴办慈善事业。截至 2023 年底，总会累计募集善款超过 13 亿元，发放救助资金 11.23 亿元，受助人数超过 76.1 万人次。全市共有 24 个项目、个人、团队获得市级以上慈善荣誉。

　　余姚构建了市慈善总会、乡镇（街道）分会、村慈善工作站三级慈善网络，重点抓好企业、公众参与面，逐步形成"慈善一日捐"、企业冠名基金、村级帮扶基金、公益定向＋互联网捐赠等相融合的募集长效机制。公职人员全员参与，企业参与面近 40%，公益定向基金年均近 5000 万元，互联网捐赠超过 300 万元。

余姚慈善超市

打造特色品牌项目，先后推出精神病患者救助、困难户安居工程、帮扶行善者等项目。全市最困难家庭救助项目每年在全市低保群体中摸排 200 户特殊困难群体，给予单体 4000 元／年，一户 6000 元／年的特殊生活补助，累计已有 600 户家庭

余姚市慈善总会开展"关爱环卫工人 传递冬日温暖"爱心义卖活动

受益。"致敬困境中的行善者"旨在帮助全市范围内曾获得劳动模范、见义勇为荣誉的个人，以及热心公益慈善事业的平凡群众，帮助他们走出困境，自实施以来共有 141 名行善者受益，支出善款 27 万元。

余姚市慈善总会义工分会成立于 2010 年，培育形成了"黄手环防走失""爱心之家助老""阳光义工公益服务""海燕公益小天使""蚂蚁公益""小卷毛公益爱心义卖"等一批具有较大社会影响力的公益服务品牌，5000 多名慈善义工活跃在这片热土上，奉献着光与热。创新开展"慈善示范学校"创建活动，提升慈善文化进校园内涵，全市已有 22 所学校获评"慈善示范学校"，慈善的种子在孩子心中生根发芽。

新时代的慈善工作任重道远，余姚将不负使命，砥砺前行，为实现中国式现代化贡献慈善力量。

慈溪文化商务区

千年福地　慈孝慈溪

东海之滨，春潮激荡起无限活力；唐涂宋地，慈孝温暖了千年时光。慈溪，设县始于唐开元二十六年（738 年），1988 年撤县建市，位于沪、杭、甬黄金节点，陆域面积 1361 平方千米，常住人口 187.2 万人，2023 年实现地区生产总值 2639.5 亿元，是宁波落实国家战略、融入长三角一体化的重要平台。上善若水，大爱无疆，慈善为城市发展注入更多和谐文明的亮丽底色。

大爱慈溪，绵延赓续。东汉年间，大隐溪旁，董黯汲水侍慈母，清清溪流见证了母慈子孝的动人故事。历史造就了慈孝文化，慈溪因此得名、因此而兴。慈溪人身负将慈孝文化发扬光大的文化使命，世代传承，推陈出新。1998 年 6 月，慈溪市慈善会正式成立，2003 年 5 月，更名为慈溪市慈善总会。截至 2023 年底，总会累计募集善款超过 20 亿元，救助资金 16.71 亿元，受助人数超 137 万人次。

慈善之举，汇流成川。从党政领导每年召开慈善大会，表彰先进、带头捐款，到基层分会深入村社发挥作用，村企结对、连点成网；从社会组织开展公益创投、资源共享、形成合力，到慈善组织逐步健全救助体系，响应及时、高效协同……涓滴之水汇成大江大河，星星之火照亮生命之光。

慈善之路，道远且长。在慈溪，人人皆可慈善，人人参与慈善，涌现出不少具有"慈溪辨识度"的创新之举。厚植于民营经济发展的沃土，慈溪市慈善总会自2002年起开始实施的"冠名捐助"，作为一种创新且行之有效的募捐形式，多次在省和国家级慈善会议和论坛上作经验介绍。公牛、方太、农商银行、大发化纤等爱心企业每年慷慨捐款数百万元冠名金。2022年，总规模2亿元的公牛慈善信托成功落地，是当时国内规模最大慈善信托。

慈善之花，向美而生。"千户万灯"残疾人困难户室内照明线路改造项目，覆盖了浙、藏、吉、黔等7个省和自治区，改造8000余户，惠及7万余人，点亮困难人群空间与心灵之光，荣获团中央全国助残示范项目、2021年中国公益慈善项目大赛五星优秀项目等荣誉。项目负责人、全国人大代表钱海军被中宣部授予"时代楷模"荣誉称号。"青鸟助飞——慈溪市农村事实孤儿自我发展帮扶项目"，为青少年健康成长赋能，6年来近380名事实孤儿获得帮扶，2023年被共青团中央授予第十四届"中国青年志愿者优秀项目奖"。公牛爱康基金、方太助学、农村困难老人关爱行动、慈善扶贫基地等慈善救助品牌项目，覆盖助医、助老、助学、助困、助残、乡村振兴等领域。在慈溪，无助的人重获力量，落难的人再拾信心，困顿的人焕然向前。

风生水起逐浪高，扬帆奋楫再起航。慈溪慈善人将继续勇往直前，为高质量建设现代化新慈溪贡献慈善力量，为争当中国式现代化县市域实践排头兵而努力奋斗！

2022年8月，由青禾爱心俱乐部承办的青鸟助飞——小海军暑期成长营活动在舟山开展

宁海桑洲茶场慈善帮扶基地

恒求善事　爱满宁海

　　宁海，宁静之海。相传东海之内皆波涛汹涌，唯有此处港湾风平浪静，故名宁海。宁海置县始自晋武帝太康元年（280年）。至2023年末，宁海陆域面积1843平方千米，常住人口71万人，2023年实现地区生产总值1001.2亿元。

　　宁海的慈善事业得到区委、区政府的高度重视和支持。2001年10月，宁海县慈善总会正式成立，截至2023年底，累计募集善款8.53亿元，救助支出6.66亿元，受助群体40.5万余人次。宁海县慈善总会是5A级社会组织，先后荣获"浙江省东西部扶贫协作社会责任奖""省优秀慈善机构奖""省品牌社会组织""宁波市先进社会组织"等荣誉。

　　聚沙成塔，集腋成裘。全体县级领导每年进行示范捐，乡镇街道、部门单位积极响应；乡贤、企业、个体工商户踊跃参与"一日捐"活动；退休干部、老党员、爱心人士上门捐赠络绎不绝，隐善群体翻倍增长。爱心企业成为捐赠主力军，各类企业捐款占总募集额的75%。其中年逾九旬的"慈善老人"王春文的基金会捐款4359万元、得力集团捐2855万元、如意公司捐2345万元、宁海农商行捐1083万元、普缘基金捐1013万元。宁海的爱心企业、个人、项目累计获得全国及省市各类慈善奖 32 项。

慈善暖阳，为爱发光。因为慈善，低收入户拿到了产业帮扶款，偏远山村的村民喝上放心自来水，家庭困难的大学生顺利完成了学业，重症家庭得到及时救助。总会的八大类 32 个品牌项目，搭建起捐赠者与受助者的桥梁，精准连接资源与需求。

一人行快，众人行远。公益人士的热心参与是宁海慈善事业蓬勃发展的动力源泉。"喘息服务"项目，每月安排活动，舒缓家长心理压力，帮助照顾孤独症儿童；"党群同心 慈善同行"志愿服务项目，组织党员志愿者 1800 余人次，上门慰问大病患者 1000 余人；"兴华善居"和"困境儿童居室改造"项目，由爱心企业和个人认领，改造居室 55 户；"蓝鲸叔叔信箱"项目，通过困境儿童和心理咨询师的信件互动，助力困境儿童健康成长。慈善义工服务项目涵盖敬老助孤、助医助残、救急帮困、扶幼恤弱等各方面，做到周周有活动、月月有服务、节日有关怀。

善举无界，大爱无疆。县慈善总会等慈善组织，积极服务区委、区政府大局，在抗击新冠疫情、抗震救灾、乡村振兴、应急救援等方面贡献慈善力量。作为县东西部帮扶和山海协作领导小组成员，县慈善总会将宁海的爱心资源重点向晴隆、普格、新疆、景宁、平阳、重庆等地倾斜，累计支出社会帮扶资金 5722.29 万元。王春文老人资助"课桌圆梦"和"湖南溆浦县五所希望小学"两个项目，入选国务院扶贫办"社会组织参与扶贫案例"。

恒求善事，常无懈倦。展望未来，将有越来越多的人和企事业单位加入宁海慈善公益的"朋友圈"，合力擦亮宁海"小城大爱"城市名片！

黄坛公园由爱心企业出资建造，成为宁海县的慈善地标之一

善行山海　携手互助

　　象山县地处浙江东部沿海中段，陆域面积1415平方千米，海域面积6618平方千米，海岸线长925千米，常住人口57.7万人，下辖10镇5乡3街道，2023年实现地区生产总值770亿元。"善行山海"已逐渐成为这座城市温暖的新标签，成为一张亮丽的城市名片。

　　象山县慈善总会自2001年5月成立以来，勇挑使命担当，构建起党政支持推动、社会广泛参与、慈善组织实施的大慈善格局。涌现出全国"优秀慈善工作者"黄菊英、"浙江好人"郑昌根等一批慈善典型，"慈善安居"工程获评中华慈善品牌项目，慈行善举在半岛大地蔚然成风。作为属地慈善工作的排头兵，县慈善总会以其坚实的三级组织网络，构筑起社会保障体系的重要补充。至2023年，累计募集善款6.62亿元，救助支出5.46亿元，惠及37.2万人（项）次。

　　在慈善的海洋里，县慈善总会以创新为舟，破浪前行，开拓募救新模式。"村村邻里慈善帮扶基金"传递村民间自募互助的温暖；向县外象山籍企业乡贤劝募，

宁波象山亚帆中心

象山县慈善总会开展 2024 "爱让我们在一起" 第七届少儿慈善春晚活动

将四面八方爱心汇聚；鼓励小微企业建立小额冠名基金，使涓涓细流汇聚成海；"互联网＋慈善"让爱心跨越时空，仅用 16 小时便为爵溪一家三口遭遇雷击事件筹集善款 50 万元，创造了"宁波爱心速度"。2021 年，针对有劳动能力和意愿的低收入农户，县慈善总会在全市率先创建"我来帮你致富圆梦"工程，设立扶持低收入群体产业发展专项贷款项目，面向低收入群体提供不用担保、不计利息的扶持性贷款，累计发放无息贷款 444 万元，为 36 户农户照亮致富之路。

　　基层慈善组织建设工程、基层善款募集长效机制构建工程、基层慈善义工品牌建设工程、慈善文化进基层工程作为宁波慈善品牌项目，为市民架起爱心奉献的桥梁。截至 2023 年底，全县镇乡（街道）、村（社区）两级慈善组织累计募集善款 1.99 亿元，其中村级募集善款 0.83 亿元。2022 年，全省基层慈善网络建设现场会在象山召开，"四大工程"项目得到省慈善联合总会的高度评价与肯定。针对全县各类弱势群体，县慈善总会先后制定"重特大病救助""圆梦助学""慈济特困家庭"等十大救助项目，救助范围覆盖各类弱势群体并实现"千元救助不出村"目标。项目累计救助支出 2.57 亿元，受助群体 28.1 万人次……这些数字背后，是无数个被点亮的爱与希望，是慈善阳光照耀下的温情故事。

　　展望未来，象山慈善之旅将更加坚定和有力。为助力"两个先行"、加快建设社会主义现代化滨海花园城市贡献更多慈善力量。

宁波市社会组织总会

宁波市社会组织总会成立于 2011 年 10 月，是由宁波市民政局主管的一家枢纽型、复合型、示范性 5A 级社会组织，至 2023 年，有会员单位 200 余家，是浙江省品牌社会组织。

总会以"打造社会组织交流合作、协同治理的共享平台"为使命，切实发挥政府和社会组织之间的桥梁纽带作用，为全市社会组织搭建了线上线下交流合作的平台。至 2023 年，总会已连续举办了 11 届宁波市公益项目设计大赛，广泛动员民营企业和社会组织支持社会公益事业，共征集公益项目 3000 余个，募集善款善物 1700 余万元，资助、奖励 300 余个公益项目，受益人数达 20 余万人次，促进社会需求和公益资源的有效对接。

总会坚持"党建引领、服务社会"的公益理念，为社会组织、党组织和党员搭建服务社会平台，积极组织参与"6·28"社会组织党员公益日活动，用心用情传递甬社公益正能量。总会依托承接的"海岛支老 一起安好"等项目，联合会员单位党组织为特殊困难群体送去了资金、物资以及专业服务，累计受益群体数千人次，书写了服务社会的温暖答卷。总会坚持"资源整合、社会协同"的思路，积极动员会员单位发挥专业特长和行业优势，推进东西部协作，达成项目对接 15 个，捐助金额 500 多万元。

未来，宁波市社会组织总会继续履行约定，向高而攀，向新而行。

宁波市

慈溪市钱海军志愿服务中心
宁波市钱海军志愿服务中心

慈溪市钱海军志愿服务中心成立于 2015 年 3 月，宁波市钱海军志愿服务中心成立于 2019 年 4 月。两家组织均以全国人大代表、"时代楷模"、全国劳动模范、全国最美志愿者、中华慈善奖"慈善楷模"钱海军为引领，主要成员为电力技师志愿者，长期致力于关心帮助残疾人、孤寡老人等弱势群体，为困难群众无偿提供电力维修改造等服务。至 2023 年，已发展 25 支志愿服务分队、10 家联动单位和 9 家共建单位，拥有在册志愿者 1200 余人。

钱海军志愿服务中心坚持"多行一步、多帮一点"，常态开展"千户万灯"困难残疾人住房照明线路改造、"星星点灯"未成年人社会体验、"灯亮万家"表后电力维修、乡村电工培养、"复兴少年宫"公益托管课堂等志愿服务和公益项目，把爱心送进千家万户。为东西部协作、乡村振兴点亮了一盏又一盏暖灯，照亮了万千群众心坎。

"千户万灯"品牌项目经历了决战脱贫攻坚阶段、巩固脱贫攻坚成果衔接乡村振兴阶段、助力乡村振兴服务高质量发展阶段三大阶段。2024 年，项目实施进入第 9 年，走千户、修万灯、暖人心，足迹已遍布浙、藏、吉、黔、川、滇 6 省及自治区，累计改造 7000 户，行程 23 万余千米，惠及 7 万余人。

钱海军志愿服务中心获评全国先进社会组织。"千户万灯"照亮计划两度获得中央财政立项支持、三次参加"中国公益慈善项目交流展示会"，获评团中央全国助残示范项目、第五届中国青年志愿服务项目大赛金奖、2021 年中国公益慈善项目大赛五星优秀项目。其相关工作持续受到中央电视台、《人民日报》、新华网、人民网、求是网、"学习强国"平台、《浙江日报》等国家、省市级官方媒体的广泛关注和报道。

钱海军志愿服务中心将继续从点亮一盏灯到温暖万户心，不断点亮希望之光，传递慈善之暖。以专业优势为社会服务贡献独特力量。

宁波市扬帆久久慈善基金会

宁波市扬帆久久慈善基金会成立于 2018 年 1 月，是一家专注养老助困领域的 4A 级社会组织。截至 2023 年底，基金会累计支出资金 670 万元，开展了 19 个持续性助老助困项目，惠及群体超过 1 万人次。

基金会围绕"激活老年人潜能，打造老年互动和资源平台，推进宁波地区积极老龄化生态"的核心目标，策划实施"久久'乐活'计划"品牌项目。历经三年两个周期的努力，项目成功孵化 29 个基层老年团队项目，开展了逾千场志愿服务活动和近百次培训活动。

"乐活老闺蜜"咖啡馆以其服务员平均年龄高达 70 岁的独特风貌，展现了积极养老的新风尚，这一创新模式荣登人民网日文版，引发国际关注；"春雨仁爱乐活健康团"成功凭借其药食同源的养生理念及其系列公益课程迅速走红，引领健康生活新潮流；李惠利医院"乐活帮帮队"的银龄志愿者们，在医疗助人领域展现出非凡活力，培育与实践模式成果在国家级期刊《社会与公益》上发表，获得学术与实践的双重认可；"共享奶奶乐活课堂"作为一项创新的老幼互助服务，有效缓解了双职工家庭面临的子女接送与照看难题，赢得了包括《人民日报》、央视网在内的多家主流媒体的广泛报道与赞誉。

从志愿服务到文化传承，从老年创业到药食咖啡，多维度的活动遍地开花，不仅丰富了老年人的精神生活，在宁波树立了积极老龄化的生动标杆，同时激发了老年个体从被动接受到主动创造的转变。"久久'乐活'计划"因其创新性和影响力，获得包括"学习强国"、中国网、央视网在内的多家权威媒体的 100 余次报道，成为宁波地区积极老龄化公益项目的典范。

展望未来，基金会将持续关注老龄化社会的矛盾和需求，不断探索新时代背景下的积极老龄社会公益实践路径，为推进中国式现代化贡献力量。

宁波市

大爱温州 善行天下

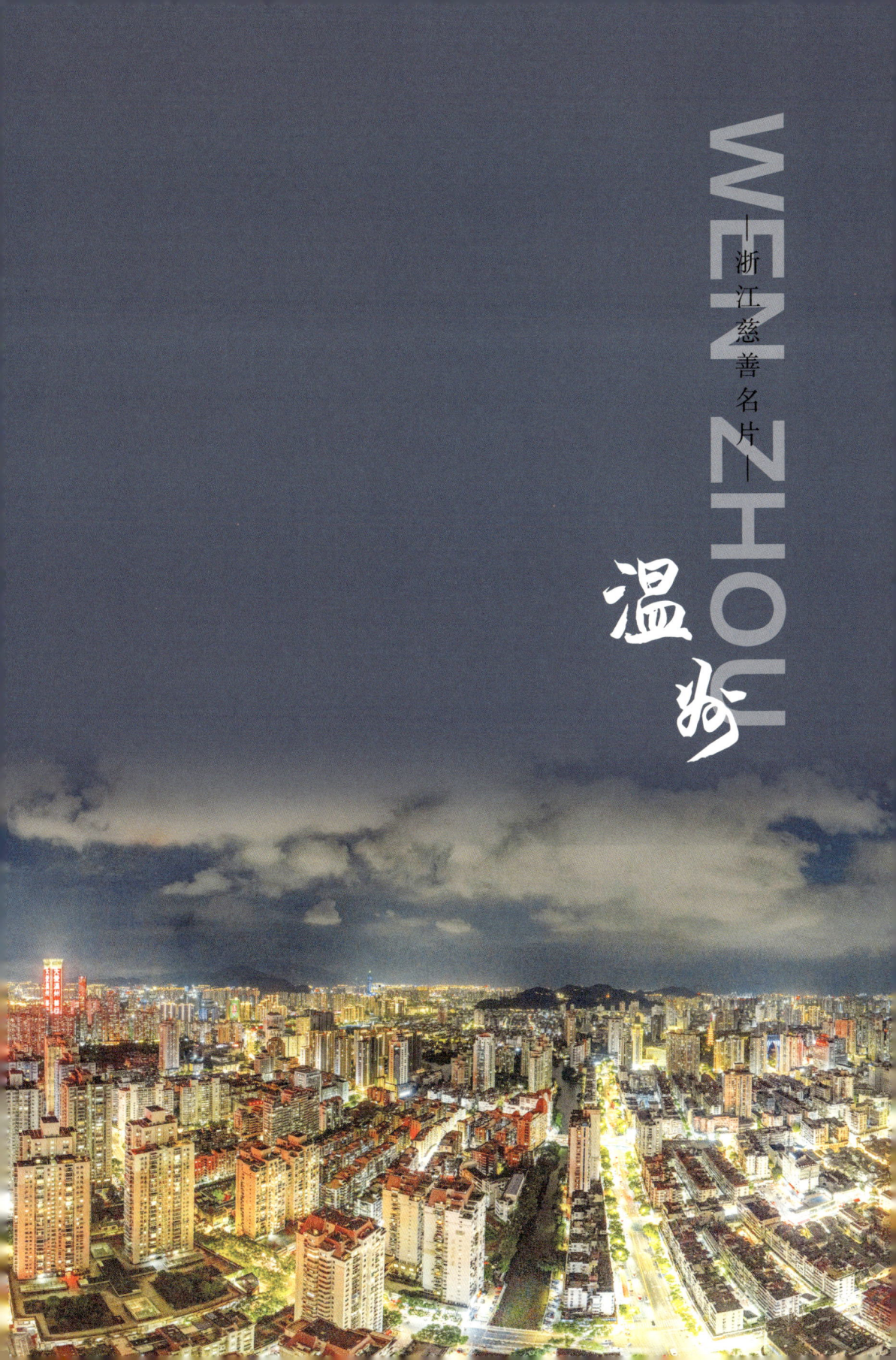

WEN ZHOU

—浙江慈善名片—

温州

温暖之州献大爱　善行天下敢为先

　　温州，位于浙江省东南部，辖 4 个区、3 个县级市、5 个县，陆域面积 12102.65 平方千米，海域面积 8649 平方千米，常住人口 976.1 万人，2023 年实现地区生产总值 8730.6 亿元。依山傍海的地理环境造就了温州的开放活力和敢为人先的精神气质，也赋予了这片土地慈善事业特有的灵性和激情。

"爱心温州·情暖万家"云慈善大宴在云天楼·丽晶外滩大酒店拉开帷幕

温州慈善有着绵延的历史传承。最早的慈善史料记载始于东晋至唐代，多为赈济救灾与兴修水利。至南宋，永嘉学派叶适等人主张的"经世致用、义利并举"事功学说，滋养了一代又一代温州人的思想。白马殿施粥，义仓荒年赈灾，养济院、育婴堂养老育孤，社学、义塾助学寒士，惠民药局、利济医院"广道便民"……崇德向善的基因一脉传承，回响不绝。

改革开放以来，富裕起来的温州人民不忘回报社会，慈善热情不断升温。2002年4月，温州市慈善总会成立。2021年7月，选举产生的第五届理事会以打造"有为慈善、品牌慈善、实力慈善、全民慈善、阳光慈善"为工作要求，广泛发动全社会慈善力量，进一步擦亮"大爱温州·善行天下"品牌，不断开创慈善工作新局面。

涓涓善流，汇成大海。温州市各级慈善组织积极拓展募捐渠道，创新募捐形式，挖掘慈善潜力。从成立至2023年底，全市慈善总会系统累计筹集78.22亿元，总救助支出63.55亿元，惠及困难群众496.34万人次，其中，市总会本级捐赠收入12.86亿元，总救助支出11.33亿元，惠及困难群众127.97万人次，充分发挥了慈善事业在第三次分配中的重要作用。近年来，温州市慈善总会荣获浙江省品牌社会组织、省优秀慈善组织、第二届"长三角慈善之星"、5A级社会组织等荣誉称号。全市获中华慈善奖的个人、集体和项目数量居全省前列。

人人慈善，微光成炬。温州民间慈善力量宏大，城市志愿者服务指数位列全国第二。从慈善地标"红日亭"坚持50多年夏送伏茶冬施粥，到全市3000多个伏茶点共同绘就"爱心伏茶地图"，孕育出温州特有的"善亭文化"；从"兰小草"王珏隐善15年捐款30万元，到万千"兰小草"接力"星雨心愿"踊跃捐款；从温州市慈善总会中医院普安分会开设百家中医慈善工坊，到苍南县壹加壹应急救援中心15年参与灾害救援3000多次，全市慈善系统934个义工组织，8.1万名义工以专业力量实现慈善资源有效聚集、高效使用。在温州城乡，从民间到媒体，以"善"为标识的志愿服务遍地开花。"崇德"公益慈善品牌创建人郑超豪，牵头创立11个民间慈善基金。雪君工作室、陈忠工作室、慈善温州等名专栏，不仅传播弘扬慈善文化，更主动策划、参与各类慈善公益项目。凡人善举绘就了"大爱温州"的风尚底色。

善于创新，敢为人先。敢闯敢试的地域精神，让温州慈善充满朝气活力。20世纪90年代，台胞何朝育、黄美英夫妇满怀"家乡情结"，捐赠1.3亿元为温州教育、卫生事业发展作出重要贡献；叶康松慈善基金会，是全国第一个以捐资人姓名冠名的非公募基金会，在扶孤、助学等慈善活动中累计捐资 2000 多万元；王振滔慈善基金会，是全国第一个以民营企业家命名的非公募慈善基金会，其"爱心接力计划"已资助全国 20 多个省、直辖市、自治区的 1.4 万名优秀寒门学子圆梦；温州市慈善总会侨爱分会，是全国第一个以海外侨胞为成员的地方慈善组织，凝聚温籍侨胞和归侨大爱回报家乡；龙湾区状元亭施粥点，领取了全国第一张"民办非企业"营业执照等。作为"中国民营经济之都"，温州民营企业不仅是创业的中坚力量，更是慈善路上的领头羊。奥康集团、正泰集团、青山控股、华峰集团、森马集团、乔治白公司等，纷纷成立慈善基金或基金会，大手笔献大爱心，大项目见大成效。青山慈善基金会在全国 20 个省份开展慈善项目，还在印尼、津巴布韦等地关注助孤、教育、医疗、救灾；华峰集团 2022 年出资 5 亿元创办学校，捐赠给当地政府；森马集团捐款捐物累计已超 6 亿元；平阳企业家徐宪德 2012 年设立"徐宪德孝老慈善基金"，累计捐赠额超 2 亿元，2022 年以来，又分别向温州理工学院、温州大学捐赠 8000 万元和 5000 万元。慈善基因已融为温州民营企业成长的养分。

善行天下，富而思源。温州人商行天下、智行天下，也善行天下。分布全国各地的温州商会凝聚在外温商的力量，建立助学基金、慈善基金，开展富有成效的慈善项目。如温州市在沪温商慈善基金会积极开展家乡教育、留守儿童、医疗救助等慈善项目；杭州市温州商会建立温商慈善基金会，10 年间参与各类公益活动累计捐款 5100 多万元。温商严立淼积极参与甘肃、四川、广西、云南等地和家乡的各项社会公益事业，累计捐赠 2.27 亿元。2023 世界温州人大会上成立了"世界温州人公益慈善基金"，温州人在哪里，慈善的种子就播撒到哪里。

慈善为民，务实担当。近年来，温州市慈善总会以"爱心温州"为品牌，精准发力，打造了助医、助学、助老、助残、圆梦、助困、基地帮扶、善行天下、对口援助、应急救助等十大"爱心温州"慈善品牌项目，不断拓展慈善帮扶惠及面和影响力。"爱心温州·情暖万家"项目中，有已举办 22 届的"慈善大宴"，每年春节前邀请特殊困难群体共享分岁酒；"爱心温州·慈善助医"项目与全市 16 家定点医院合作，在危重病救助、儿童重症疾病等领域雪中送炭，截至 2023 年底，共支出助医资金 1.43 亿元，救助 9.27 万人；"爱心温州·慈善助学"活动，为市本级高中、

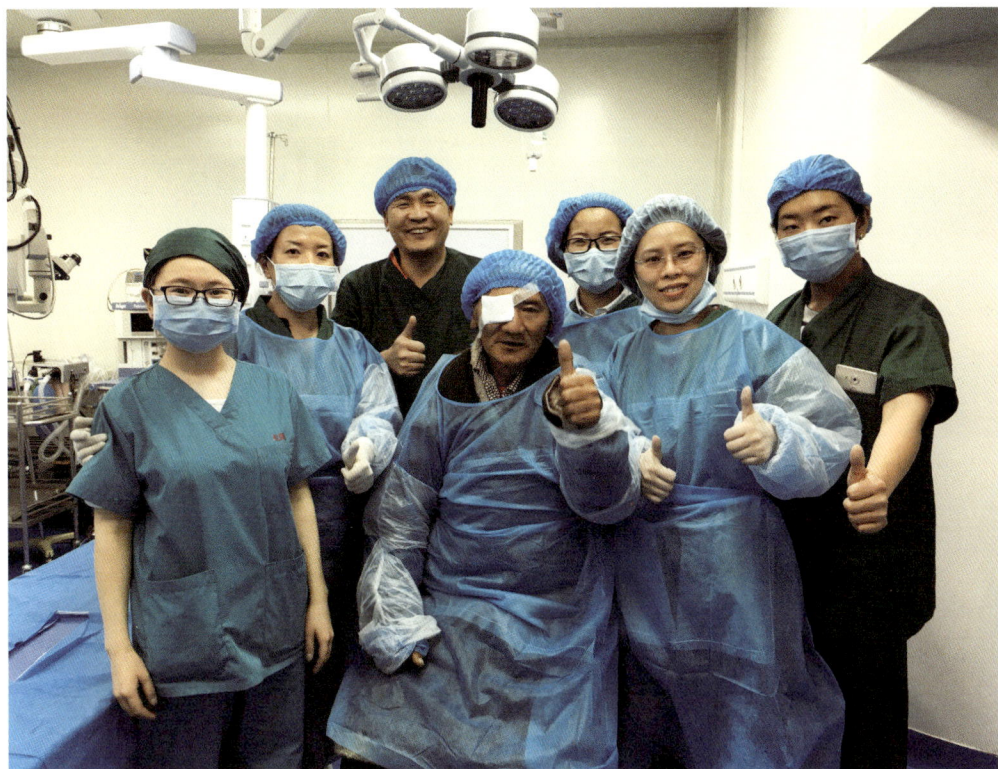

"明眸工程"走进新疆阿克苏，一名患者在手术后邀请医务人员合影留念

在温高校、中职的低收入家庭学生助学帮扶，至 2023 年底，项目共支出 2.7 亿元，共惠及 10.8 万名低收入家庭学生。"爱心温州·善行天下"项目，把慈善与对口帮扶紧密结合。"明眸工程""川藏青光明行"团队，给中西部地区数十万眼疾患者带去光明；"世界温州人微笑联盟"致力于救助唇腭裂患儿；"大拇指工程"集结手足专家救治四肢畸形患者；"肤生工程"为困难创面患者设立"千村千点"公益救助站。东西牵手，山海同频，温州慈善之路越走越宽。

臻于至善，永无止境。温州市慈善总会将深入学习贯彻习近平总书记关于公益慈善事业的重要指示批示精神，准确把握慈善事业发展新机遇，接续奋斗，再创佳绩，把"大爱温州·善行天下"的城市品牌擦得更亮，为建设更具活力的"千年商港·幸福温州"作出慈善更大的贡献！

江心屿

人人慈善　情暖鹿城

　　鹿城区位于浙江省东南沿海，瓯江下游南岸。区域面积 292.80 平方千米，常住人口 121 万人，2023 年实现地区生产总值 1401.08 亿元。作为温州市中心城区，自古民风淳朴、乐善好施。早在宋代，永嘉学派叶适等人倡导"农商并举、义利并重"。明清两代，官民合力开学堂，办医院，修桥铺路，建义仓、孤老堂、育婴堂、孤儿院、恤嫠局，成为民众口口相传的佳话。

　　扶危济困，赈灾救助。鹿城区慈善总会于 1998 年成立，在宣传慈善事业、组织发动社会各界参与慈善活动等方面成绩斐然，被评为 5A 级社会组织。截至 2023年，总会共募集善款 3.06 亿元，救助支出 2.70 亿元，共有 53.9 万人次得到救助。2021 年，鹿城区入选"人人慈善标杆区"的省级试点。2022 年，创新建成全省首个枢纽型慈善服务综合体，获评"浙江省示范性慈善基地"。全区注册慈善义工 1.4万余人，涌现出中国好人 6 名、浙江好人 37 名和温州好人 92 名。

　　树立品牌，引领风尚。红日亭作为鹿城"善亭文化"的代表，始于 1972 年，曾被中宣部命名为"全国学雷锋示范点"，被中央文明办誉为"全国精神文明建设的一面旗帜"。全区现有 18 家善亭，形成"一街（镇）一亭一品一特色"。区慈善总会探索多元力量参与慈善事业，以"情暖鹿城"系列活动培育出一批慈善公益项目，长期为孤寡、重病、高龄老人送温暖。2012年，成立"助人为善专项援助基金"，至今共颁发27次慰问金，被称为"为好人撑腰基金"；连续18年举行"酷暑送清凉"慈善慰问千名环卫工人活动；连续18年开展"迎春慈善宴"活动；连续26年开展"情暖鹿城·聚爱圆梦"活动，共发放助学款1234.49万元，资助1.41万人次。

三级服务，人人慈善。精准布局"慈善综合体＋街镇服务中心＋村社工作站"的三级慈善服务阵地，打通慈善服务"最后一公里"。开发"慈善鹿城"数字化应用，以二维码贯通浙里办和公众号，让百姓放心做慈善；以供需链打通文明办、残联、红十字会等部门壁垒，让爱心人士自主选择捐款去向、让困难群众能够自主申报诉求；以积分库推动"好人有好报"成为制度常态。

展望未来，鹿城区将以数字慈善、文化慈善、阳光慈善、活力慈善、信用慈善及科学慈善为发展目标，构建人人公益、人人受益的大慈善格局，在慈善领域为全省提供先行示范。

温州慈善地标红日亭免费送粥活动

温州奥林匹克体育中心

博爱龙湾　聚善为民

　　龙湾区地处浙江省东南部，截至 2023 年底，陆域面积 316.46 平方千米，常住人口 73.89 万人，实现地区生产总值 922.43 亿元。敢为天下先的龙湾人，演绎着从"乡村变城市、农民变市民、温饱变富裕、经验变文化"的历史嬗变；印证着龙湾从农耕牧海古地迈向现代城市的光荣与梦想；诠释着前行发展中流淌在每一寸龙湾土地里的博爱真谛。

　　善行龙湾，源远流长。宋状元赵建大建状元桥，以便出行。明王澈在大饥荒时，施粥赈灾，使数万人存活。清张振夔悬壶济世，免收医药费；张泰青等人成立"梯云会"，资助永嘉场学子赴考。历史上龙湾大地上官办、民办养济堂、育婴堂、义冢、救济院、普安施医施药局等救济组织不断涌现。

善护龙湾，点亮希望。龙湾区慈善总会成立于 2003 年 7 月，一直以来至善筑仁，聚焦困难学子，对困难家庭中的大学生实施一年一次的助学资助；聚焦大病医疗，成立"龙湾区幸福基金·医保纾困基金"；聚焦"一老一小"，推出"爱心龙湾·善行光明"项目等。截至 2023 年底，累计募集善款 4.15 亿元，使用善款 3.29 亿元，超 10 万人次困难群众及其家庭受益，书写了一份有情怀、有温度、有力量的慈善答卷，有力地推动龙湾区慈善事业的高质量发展。

善聚龙湾，大爱无疆。龙湾区慈善总会不断创新募集机制，形成以爱心企业"冠名捐""承诺捐""定向捐"为主体，爱心个人"微基金"为补充，机关事业干部"一日捐"为辅助等募捐方式。积极探索"互联网＋慈善"新途径，打造省级示范慈善组织孵化基地，连接全区 10 个街道和教育慈善分会，筹建村（社）慈善工作站，实现基层需求与慈善资源紧密匹配。将每年 5 月 13 日设立为龙湾慈善日，打造龙湾"阳光慈善"品牌，推出"惠民慈善超市"，形成"慈善—商业—慈善"良性循环。在全市率先设立康养领域慈善信托项目，开辟金融＋慈善＋康养路径，设立幸福基金、救急难专项基金、善行光明基金、退役军人基金等专项基金 81 只。设立龙湾慈善奖表彰先进，浙江温州龙湾农村商业银行荣获第六届"浙江慈善奖"；开展"龙湾慈善 20 周年"征文书画摄影短视频大赛等系列活动，形成全社会崇善向上的良好氛围。

过往皆序章，未来更可期。2024 年 8 月龙湾区慈善总会转型为龙湾区（温州湾新区）慈善联合总会，将继续秉持"善行为民"的宗旨，紧紧围绕龙湾区委、区政府的决策部署，在社会各界大力支持下，进一步联动各行各业、善者仁士积极投身慈善事业、传播慈善声音、展现慈善形象，让爱心善举在龙湾区的大地上接力传递、涌动不息。

龙湾区慈善总会成立 20 周年系列活动启动仪式暨 5·13 龙湾慈善日爱心义工活动

2021 年 9 月 5 日，温州市暨瓯海区慈善嘉年华活动举行

善行瓯海　共享幸福

　　瓯海区位于浙江省东南部。截至 2023 年底，区域面积 466 平方千米，常住人口 100.16 万人，地区生产总值 873.49 亿元。"两山一水"的千年文化，孕育了瓯海这片厚植慈善的沃土。

　　慈善历史源远流长。瓯海自古就有慈心为人、善举济世的优良传统，历史上涌现了无数的名人和乡贤。前有韦庸、任岩松、何朝育等先行者，后有邱光和、吴锡顺、宋玲华等引领人，更有众多的民企、商会及爱心人士积极参与，崇德向善的风气深入人心。作为著名的侨乡，华侨、侨眷在公益建设方面也留下了浓墨重彩的一笔，推动着慈善事业蓬勃发展。

　　慈善组织开枝散叶。2003 年区慈善总会成立以来，基层慈善组织逐步发展，村社慈善工作室在 2023 年实现全覆盖，现已建立省慈善示范分会 3 个，省慈善示范工作站 5 个。慈善楷模接连涌现，获中华慈善奖 2 个，获中华慈善事业贡献奖 2 人。

　　慈善实力与日俱增。每年春节后上班第一天，区四套班子带头捐资，"新春第一善" 22 年持续不变，堪称一道慈善风景线。项目捐赠、冠名基金等如雨后春笋层出不穷，目前总会共有各类基金 149 只，村社帮扶基金 181 只。截至 2023 年底，总会共募集各类善款 12.3 亿元，救助支出 9.7 亿元，累计为 52 万余人次的困难群众排忧解难。

慈善品牌迭代升级。凭借敢为天下先的精神，探索具有时代特征的慈善发展之路。创新多个全市第一：第一个企业慈善分会、第一个村级慈善组织、第一个"义工之家"、第一单慈善信托。至今设立慈善信托18单，资金总规模3046万余元，全国首单千万级的"家慈善信托"也在瓯成立。已完成及实施中的慈善项目共40个，其中"慈善义诊列车""爱心亭""我要圆大学梦""闺女来了"等获省级慈善奖。

慈善义工遍地开花。夏供伏茶相沿成习，伏茶点从简易棚迭代升级为"爱心亭"，再提升为多功能的"义工之家"，并派生出形式多样的公益服务项目。目前，在区慈善总会登记的义工队有366支，注册义工12160人。

慈善文化薪火相传。一首唱响全区的慈善之歌、一本本讲好慈善故事的书、一座深受百姓欢迎的慈善文化公园、一批弘扬慈善文化的平台载体，慈善以文化开善源、促善行，带动着更多人向上向善。

瓯越兴慈，海天存善。瓯海慈善在救助帮扶和公益服务两大方面平衡发展，在大众慈善和现代慈善方向稳步发展。下一步，将继续根据区委、区政府"慈善事业五大倍增行动（2021—2025年）"不断大胆创新，为建设"科教新区、山水瓯海"贡献慈善力量。

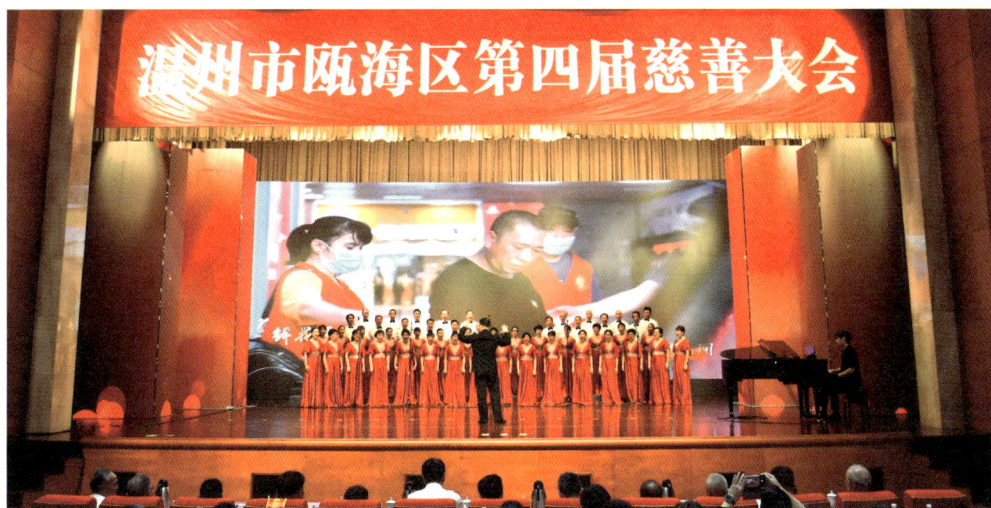

2024年9月26日，温州市瓯海区第四届慈善大会召开

慈绘洞头　善暖百岛

洞头区地处东南沿海瓯江口外，是全国 14 个海岛区（县）之一，素有"海上花园"之称。陆域面积 153 平方千米，海域面积 2709 平方千米，常住人口 15.5 万人，2023 年实现地区生产总值 124.16 亿元。在这片生机勃勃的蓝土地上，洞头人将缕缕慈善之光，汇聚成磅礴的力量，把温暖洒满百岛。

善行之流，慈善基石。洞头的慈善文化历史悠久，自古便有自发扶贫助残、施药施衣等慈善活动，为海上浮尸施棺助葬更是民间约定俗成的善举。1952 年洞头置县，便设立民政部门开展慈善活动。2003 年洞头区慈善总会成立后，街道（乡镇）慈善分会陆续成立，实现了慈善分会和村（社）慈善工作站全覆盖，并于 2015 年成立了洞头区慈善总会义工分会。洞头积极探索平民化、日常化的慈善捐赠方式，通过设立专项冠名基金，实现慈善资源有效整合和精准投放。浙江诚意药业、华中房地产、农商银行等企业始终不忘回馈社会，连续多年坚持捐款，践行企业的社会责任与担当。截至 2023 年底，洞头区慈善总会捐赠总收入 8586.47 万元，总救助支

洞头望海楼

出 6710.26 万元。

兰草之芬，慈善丰碑。乡村医生王珏，隐名行善 15 年，直到因病去世，留下最后公益心愿，人们才知道他就是匿名道德楷模"兰小草"。感动中国 2017 年度人物、第十届中华慈善奖慈善楷模、温州改革开放 30 年十大慈善人物等荣誉让"兰小草"成了洞头的慈善丰碑。

洞头溢香应急救援队开展消防救助

微电影《兰小草》在首届浙江慈善爱心榜发布暨优秀慈善微电影展播活动中荣获一等奖。为传承"兰小草"的心愿，洞头区将每年 11 月 17 日定为"兰小草"爱心日。在"兰小草"的家乡，"中国好人"郑祥东等人，也在长期默默资助贫困学生。

溢香之光，慈善明珠。洞头区溢香应急救援队是一支由海岛居民自发组成的民间慈善队伍，他们参与海上搜救、消防救助、陆地搜救等紧急救援行动。截至 2023 年底，累计开展各种救援活动 566 次，救助遇险人员 576 名。获得了第二届浙江 119 消防奖先进集体、2019 年度"最美浙江人·浙江骄傲"年度人物、第四届"温州慈善奖"志愿服务奖等荣誉。在洞头，"有困难，找溢香"，成了人们的共识。

海霞之红，慈善旗帜。"海霞妈妈"由一群热爱公益事业的志愿者自发组织成立，她们以饱满的热情持续擦亮"海霞＋"志愿服务品牌，成为慈善的传播者、引领者。"海霞"慈善基金，为困难现（退）役军人等群体提供救助帮扶，改善他们的生产生活条件。

新的征程上，洞头将围绕"海上花园"建设，汇聚更多的慈善力量，推动洞头慈善事业的发展。

雁荡山玉甑峰

慈爱乐清　善行惠民

乐清市地处浙江东南沿海，坐拥世界地质公园雁荡山和"海上牧场"乐清湾，陆域面积1395平方千米，海域面积284.3平方千米，常住人口147.6万人，2023年实现地区生产总值1663.53亿元，位列全国百强县第12位。作为温州模式发祥地的乐清，既是一片创业创新的沃土、宜居宜业的幸福家园，又是一个乐善好施的大爱城市。

汇爱成川，彰显担当。自2005年2月18日乐清市慈善总会成立以来，通过"慈善一日捐""冠名基金""定向募捐""上市企业上市当日捐"等途径，积极开展资金募集，充分发挥分会以及村（社区）慈善工作站等基层组织的重要作用，多渠道累计募集善款11.15亿元，位居温州市前列。

在慈善募捐的过程中，全市爱心企业接续发力，爱心人士踊跃参与，用实际行动传递力量与温暖。正泰集团获第十届中华慈善奖，正泰集团、德力西集团、华仪集团等获中华慈善突出贡献奖，天正电气获中国儿童慈善奖突出贡献奖；南存辉获中华慈善突出贡献奖，被评为中华慈善总会2021年度优秀基层慈善人物；乐清农商银行等10多个单位、个人和项目荣获省级奖项。

精准施策，温情救助。聚焦社会热点和群众急难愁盼问题，市慈善总会精心设计慈善项目，不断探索符合乐清实际的慈善救助形式。在聚焦助医、助学、助困、助老、助孤、公益建设等重点领域的同时，精准实施慈善救助项目，累计总支出救助资金9.68 亿元，直接受益群众 47.3 万人次。

　　截至目前共实施了 28 个慈善项目。"关爱儿童之家"获省优秀慈善项目奖，"特困户危房改造工程""家电维修""情暖夕阳　真爱到家""知识扶贫"等项目获温州市慈善系统优秀慈善项目奖。"暖冬大行动""金秋助学""银龄助老""善居工程""爱心话聊""义诊列车"等一系列项目在乐清乃至温州都有一定的影响力。温州市首倡的"留守儿童微心愿圆梦活动"项目，连续 9 年共为留守儿童送上 6500余份微心愿礼物。"明眸亮眼""护肾助康"等项目在医院直接进行医疗费用减免，建立大病救助名册档案，真正做到弱势群体病有所医。

　　无私奉献，大爱无疆。乐清市慈善义工队伍有 45 支共 1 万多人，注册慈善义工人数总量指数在全省各县市（区）中名列前茅，在抗击疫情、乡村振兴、赈灾救灾中，以自身担当作为来为党分忧、为民解愁。市慈善总会积极参与支援汶川、青海地震灾后重建，支持西安、上海抗疫，对口帮扶四川壤塘、理县及浙江平阳、苍南等，支出善款物资 1.05 亿元，践行善行天下的宗旨。

　　在新的历史节点上，我们将进一步传播慈善文化，进一步壮大慈善力量，让公益慈善成为推动区域发展的重要力量。

乐清市慈善总会星级义工评选及颁奖大会

隆山塔

瑞有安善　德善之城

　　瑞安市地处浙江东南沿海，是温州大都市区南翼中心城市，陆域面积 1350 平方千米，海域面积 3037 平方千米，截至 2023 年底，常住人口 153.5 万人，实现地区生产总值 1285.1 亿元。作为"浙里有善"的先行之城，瑞安以其千年的历史沉淀，与现代经济的蓬勃生机交相辉映，更以一股温润而坚韧的慈善力量，温暖每一颗需要慰藉的心灵，激励瑞安儿女在公益路上坚定前行。

　　慈善之魂，源远流长。瑞安作为理学名邦，有着守望相助、扶危济困的优良传统。南朝张进之散财救荒，启慈善之先；宋代民众疏浚七铺塘河，通温瑞水道。晚清孙诒让创校 309 所，吴之翰变家产助学建义渡，许启畴等众筹建心兰书苑，解瑞安学子读书之难。而今，瑞安儿女更是心手相连，共筑爱的长城。瑞安市慈善总会成立于 2003 年 5 月，获中华慈善突出贡献机构奖。华峰集团、天瑞房地产、杨余律、余碎斌获中华慈善奖。温州华富投资、瑞安慈善义工分会、爱心顺风车协会等五单位，"幸福一家""爱心助学""崇德公益"三项目及程志骇、叶志金等七人获"浙江慈善奖"。慈善，已成为瑞安璀璨的城市名片，代代相传，熠熠生辉。

　　亮点工作，广惠深泽。瑞安市慈善总会自成立至 2023 年底，通过系列活动，累计募集善款 10.99 亿元，支出 9.36 亿元，救助困难群众 38.05 万人次，受益群众176.18 万人次。以慈善总会为引领，构建市镇村三级慈善网络，设立"慈善忠义文

化街"，慈善基金 94 个，注册义工 1.54 万名，义工队 192 支，致力打造"崇德慈爱站·爱心面包"等品牌，重点实施"雨花敬老家园"等公益项目。通过慈善信托促进慈善募捐，2024 年 8 月，三单慈善信托共同签约，备案资金达 350.7 万元。通过《瑞安慈善》杂志、《瑞安日报》、慈善学校、瑞安慈善专栏等，线上线下共话善举，让慈善意识深入人心。

重点项目，多元救助。"瑞安慈善之家"，如温暖灯塔，照亮 4000 余户困难家庭的生活之路，每年 1000 元的爱心物资，传递着深切的关怀与温情，该项目荣获中华慈善奖；"云江助学"，点亮学子希望之光；"大爱瑞安·情暖万家""造血型帮扶基地""大爱瑞安·净血护肾""寒衣送暖""云江暖心亭"等慈善项目，精准施策，成效显著。

展望未来，我们将构建城乡覆盖的现代慈善体系，弘扬慈善文化，创新运作机制，拓宽筹资渠道，倡导全民慈善，让慈善融入市民生活，共绘温暖和谐的慈善新篇章。

崇德面包亭自 2014 年起，每日为市民免费发放爱心早餐

楠溪江

慈风善行　永受嘉福

　　永嘉县始建于东汉永和三年（138年），属千年古县。县域面积2677.64平方千米，常住人口88.1万人，2023年实现地区生产总值564.45亿元。在永嘉学派"义利并举"思想的熏陶下，永嘉慈善风行，不断发扬光大。2005年成立县慈善总会，累计募集善款6.4亿元，支出6.2亿元，惠及41万人次。

　　古城尚义，圣旨旌表。建县之初，县宰多慈善惠民，传颂至今。民间重修桥补路、建茶亭等，记载慈善活动的古碑亭遍地可见。明朝成化年间，枫林徐尹沛兄弟四人分家时，部分财物推让不下，就捐献给官府以做公益之用，后用于乐清等地百姓救灾。尹沛兄弟仗义疏财之善举，受明宪宗下旨旌表，并建圣旨门牌楼。枫林圣旨门牌楼保存至今，传颂着尹沛兄弟的尚义精神。

　　耕读传承，助学盛行。永嘉以耕读文化闻名，历来重教育，现有"金秋结对助学"、"情系永嘉·圆梦大学"、"树人计划"、一滴水"圆梦计划"、"真情100"等多个助学项目，累计资助16318人次，支出5664.65万元。乡镇教育基金（会）遍布全县各地，助学助教蔚然成风。"情系永嘉·圆梦大学"项目获第一届浙江慈善奖，"树人计划"项目获第四届温州慈善奖。

长寿之乡，寿桃增辉。永嘉是长寿之乡，各慈善组织助老敬老，在重阳节期间，举办集体祝寿宴，节省寿宴寿桃钱捐给寿桃基金，用于公益事业。2017年，桥头镇率先建立寿桃基金，随之桥下镇、岩坦镇、鹤盛镇等地相继建立寿桃基金。桥头镇寿桃基金累计收到800余位老人的捐款2000余万元，为民众节约4000万元寿庆费用，溪心村百岁老人詹莲妹不办寿宴而捐资37万元建百岁桥，詹岙村詹德治老人捐资150万元建小学教学楼。

红色基因，红十三社。永嘉是中国工农红军第十三军的诞生地，为传承红十三军精神，1997年县供电公司13位女员工成立红十三爱心社，坚持助学帮困、助残救孤等志愿服务活动。20多年来，社员发展到1439名，捐款捐物1180万余元，开展义工活动1.2万余人次，帮困群众3万余人，资助贫困学生4630名，先后获得全国学雷锋最佳志愿服务组织、浙江慈善奖、浙江省最佳志愿服务组织等荣誉。

环保接力，福泽民生。永嘉县绿色环保志愿者协会义工队立足楠溪江"母亲河"保护，组织志愿者开展"净滩行动"，连续17载守护百万人"大水缸"，其保护楠溪江环保公益行动已成为一张闪亮的金名片，荣获全国第十届"母亲河奖"绿色团队称号，第十一届"母亲河奖"绿色项目奖，浙江省志愿服务项目大赛金奖。

在新时代的征程上，永嘉慈善将携手贫弱，偕行致远。

永嘉县绿色环保志愿者协会义工队组织志愿者开展"净滩行动"

平阳凤湖公园夜景

全域向善　大爱平阳

　　平阳县，位于东海之滨，陆域面积 1051 平方千米，海域面积 1300 平方千米，常住人口 87.1 万人，2023 年实现地区生产总值 711.81 亿元。平阳建县于西晋太康四年（283 年），是一座文化名县，素有"东南小邹鲁"之美誉。悠久历史厚植慈善文化，早在五代十国孔桧举家南迁平阳，平阳遂成南孔文化发源地之一，孔子"仁者爱人"思想在此生根发芽，涌现了一代又一代慈善人物，慈心善举在平阳代代相传。

　　多方联动，全域慈善。2003 年 9 月 29 日平阳县慈善总会成立，后逐步成立各乡镇慈善分会共 17 个，2022 年实现村级慈善工作站全覆盖，慈善义工遍及全县，初步形成县、乡、村三级联动"纵向到底""横向到边"的慈善体系。目前全县共有 16 个乡镇慈善分会、1 个教育分会、14 个慈善工作室和 453 个村（社）慈善工作站。同时，497 支 1.2 万余人的慈善义工队伍，长年累月为困难群众提供帮扶，通过熬爱心粥、设伏茶点、圆微心愿、水上救护、夏送清凉冬送暖等爱心善举，传递温暖见证真情。县慈善总会获 2023 年度浙江省慈善联合总会先进会员单位称号，获评省级示范慈善分会 2 个、省级示范慈善工作站 3 个，获评"浙江慈善奖" 3 个。

冠名基金，特色引领。平阳县募集慈善资金有一日捐、定向捐、冠名基金等方式，目前全县共有 93 个冠名基金，总规模 3.97 亿元，成为慈善资金重要蓄水池，尤以冠名基金见长。其中有着"西德东仁"之称的徐宪德和鲁建仁两位爱心企业家，分别为平阳捐资 7039.6 万元和 3.02 亿元，建立徐宪德孝老慈善基金、黄秋菊（徐宪德妻子）助学基金、鲁建仁助孤基金、鲁建仁奖教奖学基金等。徐宪德获第二届中华慈善总会突出贡献人物奖，鲁建仁连续获第六、七届"浙江慈善奖"。

慈善地标，善行传承。2024 年 8 月，平阳慈善新地标——慈善园建成开园。园内设有展示厅、心理聊天室、书吧、慈善超市、云善播等十多个服务空间，集慈善文化展示、资源整合、活动集成、组织孵化、教育体验、项目策划、民生服务供给等多功能于一体，是平阳传承宣传慈善文化、彰显新时代"善行平阳"风采的重要窗口。

慈善助力，携手同行。慈善总会成立 20 多年来，共募集善款 8.8 亿元，支出善款 7.4 亿元。新时代新使命新担当，平阳慈善将广泛凝聚多方力量参与慈善，努力让慈善与党委、政府同频，与乡村振兴同行，与社会治理同力，形成全域慈善强大合力。

2024 年 8 月 15 日，平阳慈善园举行开园仪式

山水侨城　善行文成

　　文成县位于浙江省南部、飞云江上游，县域面积 1296 平方千米，常住人口 29.22 万人，2023 年实现地区生产总值 136 亿元，有近 17 万人侨居在世界 70 多个国家和地区。作为浙江省第二侨乡，文成慈善事业高质量发展、富有特色。侨缘善行，笃行踊跃。不忘家国、回馈桑梓成为广大侨胞的优良传统。文成县志记载："县人旅居外国始于清末，从道路桥梁、码头路亭到医院学校、剧院电台……随处可见侨胞捐资捐物的身影，仅 1972 年至 1993 年，累计捐资 1120 万元，兴办教学楼和校舍 99 座，包括浙江省第一所希望小学。尤其在 2020 年初国内疫情肆虐、物资紧缺时期，海外侨胞募资捐赠了口罩、防护服等物资 203.2 万件，充分展现了爱国爱乡的公益情怀。

　　积善成德，源远流长。2005 年 11 月，文成县慈善总会成立，并相继建成 17 个乡镇慈善分会、5 家企事业慈善分会。截至 2023 年底，全县在册登记 15 家慈善组织，累计募集善款 8552 万元，建成市级"农村造血型帮扶基地"3 个，"慈善爱心

百丈漈

2023 年 4 月 1 日，浙南著名侨乡文成县玉壶镇隆重举办"胡希读爱乡桥"竣工典礼

驿站"3 家，先后打造了"梦想书屋""为您安个家""真爱到家""奖教助学"等慈善品牌，并引进"明眸工程""肤生工程"慈善项目，荣获温州市慈善系统新冠疫情防控工作先进集体，7 家慈善志愿组织和慈善爱心人士获评温州市第四届慈善奖。

崇德向善，依法行善。进入新时代，文成实行专兼结合、项目带动、全员参与的募集模式，结合侨乡特色，鼓励海外侨胞与文商积极参与家乡公益慈善事业，推动在外温商、商会、侨胞力量捐资成立世界文成人教育基金会，捐赠资金达 4200 万元，著名侨领捐建文昌书院善款达 3500 万元以上；同时，深化"慈善一日捐""3·5 文成慈善日"品牌活动，持续在"助学、助困、助老"等暖心服务民生上发力，用慈善之力助力乡村振兴。

展望未来，文成将锚定做精做优"善行文成"品牌，扎实推进侨慈善试点创建，培育多元慈善主体，创新拓展公益活动，在暖心惠民、社会治理、乡村振兴上发挥积极作用，为推动更具文成标识度的"山水侨城"建设出新出彩贡献慈善力量。

泰顺廊桥——北涧桥

善满山城　　和美泰顺

　　泰顺县位于浙江省最南端，集山区、边区、老区和少数民族聚居区于一体。县域面积 1768 平方千米，常住人口 26.9 万人，2023 年实现地区生产总值 157.6 亿元。经历代贤达义士发扬传承，泰顺成为一处人杰地灵、文脉绵长、孝慈和顺之地。

　　源远流长，善行如流。泰顺慈善文化历久弥新，自唐起，以吴畦为代表的贤达义士，留下了兼济天下、热爱乡邦的名士风范。南宋时期，东境先贤蔡允嘉倡建了飞云江上游至今苍南桥墩四百余里的"草路"，向朝廷捐资三十万贯"以助国用"。明清以来，先后设立养济院、社仓、残废所等慈善机构，抚幼助残、施棺助葬。民国起，设立救济院，倡议各界仁人善士随缘乐助，救济度荒。2003 年，泰顺慈善总会应运而生，经过 21 年发展，已形成县、乡、村三级慈善网络。至 2023 年底，泰顺县慈善总会募捐总收入约 2 亿元，善款总支出约 1.8 亿元。

仁泽众举，善满山城。泰顺慈善积极发扬敢为人先精神，不断推动慈善工作稳中有进发展。近年来，探索创新"泰商仁泽慈善""育莘腾飞慈善""乡邦互助慈善"等发展模式。聚泰商之能，打造"仁泽公益"慈善品牌，助推家乡经济蓬勃发展；集贤士之智，引导成立教育基金会 23 个，助力贫困学子腾飞圆梦；汇民众之力，发扬"平民慈善""草根慈善"，成立专项慈善基金 24 个、村级帮扶基金 205 个，形成乡邦互助新风尚。新一代泰顺人，在这座慈善之城哺育下，涌现出了一批先进典型人物，其中严立淼获得 2023 年中华慈善个人捐赠奖。

枝叶关情，善美泰顺。泰顺通过党的旗帜引领，结合县情实际，积极推动慈善在服务民生、扶持产业、助力发展等领域发挥积极作用，通过上下联动、内外携手、同心发力，精准聚焦济弱扶危、帮困助学，大力扶持产业基地建设，帮扶低收入家庭增收，合力推动乡村环境建设、焕发文明新貌。不断探索谋划特色项目，重点实施"童筑成长""产业帮扶"等慈善品牌项目 12 个，累计普惠群众 20 余万人次。

在新征程上，泰顺慈善将在赋能发展、助力振兴等方面发挥积极作用，为扎实推动省域现代化先行贡献更多泰顺力量。

为泰顺乡校困难儿童圆梦微心愿

乐善苍南　美丽家园

苍南县位于浙江省最南端，与福建省毗连。陆域面积 1079.34 平方千米，常住人口 84.85 万人，2023 年实现地区生产总值 471.92 亿元。作为温州模式发源地，苍南地域的慈善文化源远流长。

沿时间长河追溯而上，苍南西晋时就有周凯平水，捍患御灾，惠利万民。宋元以来，又有蒲门（今马站）陈桷家族、松山（今桥墩）黄石家族、苏湖（今望里）林嶷家族俊秀满门，薪火传承千年，一代高道林灵真从此地走出，融儒道之智，济世度人，令苍南沐慈善之曦光，成为人才辈出、文脉赓续、崇文乐善之地。

善心如灯的温暖之城。明清至民国时期，苍南地区一大批文人学士、名士乡贤设义仓、结义社、建义冢，扶危济困，获得朝廷褒奖，如：清康熙年间，马站城门朱贞可一生行善获浙江提刑按察使刘廷玑等赠匾“乐善不倦”。现如今，慈善驿站在校园、社区、乡村遍地开花，社会各界纷纷参与助残扶老、助学帮困、网络助农……城乡街头腊八粥的温度、公益伏茶的清凉以及爱心冰箱、心愿树等汇聚点滴民间慈善力量，苍南大地善心涌动、温暖有光。

苍南 168 黄金海岸慈善示范带

善行无声的大爱之城。苍南县慈善总会成立于 2001 年，现拥有 18 个乡镇慈善会、6 个部门慈善会和 72 个慈善基金，实现了慈善组织全域覆盖，到 2023 年底累计募集善款 6.19 亿元。全县共有 28 家公益慈善组织，率先提出"公益苍南"理

华星社区老年食堂

念，引导公益慈善组织逐步迈向专业化；健全慈善"六助"体系，充分发挥慈善义工作用；壹加壹慈善基地创新"1+N"聚合模式汇聚向善力量，融合 20 多家不同领域的社会组织，形成强大的"慈聚合"效应，成为全省示范性慈善基地；苍南县同城爱心社工服务中心的"点亮空间"慈善项目入选中央财政支持社会组织参与社会服务项目；"乡贤＋慈善"持续发力，捐资 2 亿多元创建秉政教育基金会、乡贤助医基金会及幸福颐养基金……这些都为助推苍南成功入选全省慈善事业高质量发展名单提供了有力支撑。

慈润万家的幸福之城。通过搭建"1+18+427"县、乡、村三级慈善服务平台、50 多家公益组织在不同领域发挥春风化雨的作用；沿 168 黄金海岸线打造"一镇一品"慈善工作示范带，促进县级慈善基地建设，让慈心善行为山海苍南亮丽风景增色添彩；持续 10 年开展"党建＋创投"活动，支持 255 个公益慈善项目，创新、温暖、有爱，惠及群众 65 万人次。

随着全省山区海岛县慈善事业发展试点的打造，"营善环境"不断优化，慈善发展空间进一步拓展，浙江美丽南大门一座"人人从善、事事行善、时时可善、处处有善"的尚善之城正呼之欲出。

改革名城　义利龙港

　　龙港市位于浙江省南部。1983 年建镇，被称为"中国第一座农民城"；2019 年撤镇设市，是中国首个镇改市。区域面积 183.99 平方千米，常住人口 47.16 万人，2023 年实现地区生产总值 409.49 亿元。蛟龙出港，气象万千；改革名城，名扬四海。

　　慈善传统，一脉相承。龙港虽然是中国最年轻的县级市，但慈善之风，代代相承。宋末善士遽德威开仓赈灾，被百姓称为"活佛"。元代白沙汤元善，创置义冢，治病救人、赈济灾荒。明代章良、章世宁在家乡建桥，人名之曰"义桥"。龙港建镇后，台胞陈细锁捐资 200 万元建龙港高级中学。方崇钿、易志龙、陈明形等改革初期的企业家纷纷慷慨解囊，延续龙港慈善文化的传统。

　　扶危济困，全域覆盖。2020 年 9 月，龙港市慈善总会正式成立，慈善事业翻开全新篇章。总会目前设 21 个社区慈善分会、5 个慈善会和 31 个慈善义工队，一同开展"扶贫、安老、助孤、助学、扶残、助医"等慈善公益活动，全面巩固多领域救助实效。仅 2023 年，龙港市慈善总会共开展义工系列服务活动 750 场次，惠及群众 7 万人次。

　　开源节流，多元筹资。龙港在慈善领域突破传统，尝试建立新的筹资模式。通过积极引导民营企业、社会团体和社会各界爱心人士以设立专项救助基金或慈善冠名基金、冠名项目等形式参与慈善，目前，已成功建立 9 个慈善基金。同时，总

龙港风光

会通过"慈善＋金融"模式，使慈善资金增加了造血功能。2023 年 8 月，"龙城有善"慈善信托项目正式落地，资金规模达 100 万元，实现了龙港市慈善信托业务的零突破。截至 2023 年底，总会募集款物 5779.76 万元，救助支出和公益性支出共计4070.20 万元，进一步推动了龙港慈善事业的发展。

爱心流淌，情满龙港。龙港市慈善总会在龙港城区共设 60 多个"爱心茶亭"，与 18 家药房合作增设"药房茶亭"，并致力于将"爱心茶亭"常态化、项目化、品牌化，成为龙港展示和传播传统文化、慈善文化的重要窗口。2022 年 11 月成立"龙港市慈善爱心超市"，自投入运营以来，服务低保户、边缘户、特困户等困难群众超过 7000 人次，对特殊的困难群体还提供送货上门服务。"茶亭""超市"筑起了千家万户的爱心桥。

龙港是一座充满生机、活力的改革城市，同时也是一座有爱、有温度的城市。龙港慈善人将继续秉承改革创新的精神，助力龙港市委、市政府开展"强城行动"，擦亮"改革名城·瓯越明珠"金名片，勇立潮头，再立新功。

龙港市慈善总会认购滞销花菜，并免费发放给环卫工人，让"滞销菜"变"暖心菜"

王振滔慈善基金会

王振滔慈善基金会（以下简称"基金会"），是 2006 年由民营企业家王振滔出资 2000 万元，经国务院和民政部批准成立的中国第一个以民营企业家名字命名的个人非公募慈善基金会。基金会秉承"善行天下"的宗旨，把"扶贫济困、助学助教"视为己任，不遗余力地宣传慈善事业，为社会困难群体提供帮助，奖励为慈善事业作出贡献的杰出人才。

筑梦未来，爱心接力树标杆。"爱心接力计划"作为基金会的第一品牌项目，自设立以来，相继走过北京、广东、浙江等全国 20 多个省、直辖市、自治区，累计资助 14102 名优秀寒门学子圆梦大学。每一位接受"爱心接力计划"的同学，都需签订"爱心倡议书"，承诺在工作后有足够经济能力时，资助一名经济困难的学生，让基金变成"种子基金"，将爱心传递下去，为他人点灯撑伞。

共振同频，绘就发展新画卷。基金会多次响应乡村振兴战略，在永嘉县界坑乡桃园项目、西藏嘉黎县、四川阿坝县对口支援帮扶项目等多个项目中积极贡献自己的力量。以界坑乡为例，基金会累计输送 100 万元基金用于桃产业发展。随着千亩桃园项目的实施，桃林现已成为村庄里一道亮丽的风景线，界坑高山优质桃也成为当地特色品牌产品，有力地带动了村庄经济发展。

"益"路前行，践行公益力量。在慈善的道路上，基金会从未停歇——"爱心鞋柜""爱心厨房""童心瞳行""护童"计划等爱心公益项目相继开展。2020 年，在新冠疫情防控期的紧要关头，基金会向温州医科大学附属第二医院瓯江口院区捐赠 1000 万元，用于购买负压吸引器、监护仪等医疗物资，与温州人民共克时艰。

在这个充满挑战与机遇的时代，基金会以爱为帆，以责任为桨，在慈善的海洋中破浪前行。它不仅是一个慈善组织，更是一种精神的象征，一种力量的凝聚。截至 2023 年底，王振滔先生对外捐资已达 2.33 亿元。由于对慈善事业的热忱与卓越贡献，王振滔先后两次荣获中华慈善奖，荣获中国慈善特别贡献奖、浙江省慈善楷模奖等多项殊荣。展望未来，基金会将继续用"微光"点亮世界，用"爱心"温暖他人，让涓涓善意如潮涌般为构建更美好的世界注入源源不断的动力，让坚定决心如磐石般助力慈善事业实现高质量发展。

浙江森马慈善基金会

森马集团（以下简称"森马"）董事长邱光和曾提出"小河有水大河满"的共赢共享文化理念。在企业发展过程中，森马积极传承温州永嘉学派义利并举的文化和温州人善行天下的大爱精神，构建了"实物公益、产业兴农、基金帮困、教育慈善"为核心的公益慈善体。截至 2023 年底，累计捐款捐物超 6 亿元。

多年来，森马在乡村振兴、助学助教、扶贫赈灾等方面创新打造多个慈善项目。从出资 1000 万元构建瓯柑基地，助泽雅龙头村全村脱贫，到捐赠 1000 万元助家乡五水共治；从出资 3000 万元建立森马教育基金，让助学助教覆盖全国各地，到无偿为家乡捐建价值 2.7 亿元的国际双语学校；从连续 6 年为中国进博会赞助价值超 4000 万元的志愿者服装，到为温州世界青年科学家成长基金会捐赠 2000 万元……森马用实际行动践行民营企业善行天下的大爱精神和责任担当，先后获得中华慈善奖、中华慈善突出贡献奖、浙江慈善奖等诸多荣誉。

其中，曾荣获浙江慈善奖的"巴拉巴拉盒子礼物"是森马 2010 年创立的最具特色、参与人员最多、社会影响最大的慈善品牌项目。以"童年不同样，'盒'你齐分享"为理念，以盒子为媒介，在农村与城市的孩子间建立情感连接，通过盒子帮助困难孩子实现心愿。截至目前，已为新疆、西藏、贵州等近 20 个省市募集了上万名志愿者，为上千所学校、20 多万名学生送去了价值 3000 余万元的物资。通过多年的坚持和积累，"善心善行"已经成为森马的核心文化之一，并引导所有员工、合作伙伴共同参与慈善公益，做大慈善公益圈。

如今，人人公益、长期慈善已成为森马生态圈最时尚的追求。2023 年 9 月，更全面、更专注、更系统的浙江森马慈善基金会应运而生。以"传承互助精神，聚焦民生公益，援助弱势群体，以爱促和谐"为宗旨，在扶贫济困、助学、赈灾等方面回馈社会及内部员工，实现社会综合价值最大化，这不仅是森马进一步规范运作慈善事业、履行社会责任的具体实践，更是森马文化、价值观的外延体现。

展望未来，森马慈善基金会将深化内部慈善体系，创新慈善模式，构建可持续慈善生态系统，以更加开放的姿态，拓宽慈善之路，共同开创慈善事业新篇章。

温州市鹿城区红日亭公益慈善会

在温州，一座传统魅力与现代活力交融的城市，华盖山麓榕树下，有一个冬暖夏凉的"红日亭"。一碗热粥温暖了一座城市，一杯伏茶清凉了一个夏天，讲述着半个多世纪的公益慈善故事……

那是1972年的一个夏天，几位老人不忍行人酷暑中饮河水解渴，自发在鹿城区华盖山脚下的小亭子里烧起伏茶，免费赠给过往行人，这一杯伏茶一烧就是50多个春秋，这就是如今誉满天下的温州道德地标"红日亭"。

红日亭的善举，吸引了越来越多的人"加盟"。从最初的五六位老人，到如今固定义工100来人，志愿者10000多人，并于2021年8月28日，正式成立温州市鹿城区红日亭公益慈善会。红日亭的爱心"涟漪"逐渐扩大，吸引了大量的市民到红日亭捐款捐物，多数捐献者不留名不留姓。

红日亭在孙兰香"亭长"的带领下，开展了八大慈善项目，包括军民共建、助学助残助老、灾害救助等，常年为弱势群体提供餐饮服务，设立爱心驿站，结合传统节日进行食品派发，提供理发和烹饪等亲民的社区服务。

红日亭的志愿者群体被政府、民众高度认可和广泛赞誉，荣登"浙江好人榜"，2007年被评为"感动温州十大人物"，荣获2012年度的"浙江骄傲"称号，2018年被评为浙江省第三届十大杰出义工。红日亭也成为温州中小学社会大课堂实践基地。孙兰香荣获2021年第十一届中华奖（个人）、2020全国"敬老爱老助老模范人物"荣誉称号、2023年度全国最美家庭等殊荣。2020年，红日亭志愿者群体分别赢得了浙江省首届志愿服务项目大赛金奖和中华慈善奖，被中宣部和中央文明办命名为"全国学雷锋示范点"，被誉为"全国精神文明建设的一面旗帜"。

"红日亭"精神在温州这座七星级慈善城市蔚然成风，从区域献爱到满城送爱，从个体献爱到团体集爱，从草根献爱到官方助爱。小亭大爱营造了公民道德建设的"温州现象"，恰如红日亭上那副对联"正能量九州传递，好作风千载继承"。

温州市

HU ZHOU

—浙江慈善名片—

湖州

湖藏秀色山水清　州蕴人文善风纯

"在湖州看见美丽中国"——2024湖州市首届新年慈善晚会

　　"行遍江南清丽地，人生只合住湖州。"湖州，南太湖一颗耀眼的明珠，位于浙北天目山和太湖之间，辖2区3县，市域面积5820平方千米，2023年末常住人口343.9万人，2023年地区生产总值4015亿元，列中国百强城市榜第49位。作为具有2300多年建城史的国家历史文化名城，湖州是著名的丝绸之府、鱼米之乡、湖笔之都，素有"一部书画史，半部在湖州"之美誉，习近平总书记"绿水青山就是金山银山"理念在这里诞生。湖州自古民风淳朴、耕读传家，湖州人民济世为怀、积德行善的慈善基因，生生不息地融汇在这座城市的血脉之中，不断发扬光大。

　　德善城兴，唯实惟先。湖州慈善，薪火相传，善脉绵长，传之久远。早在魏晋时期，扶危济困、护弱佑小，即被湖州人奉为行事信条；唐宋以降，悲田养病坊、"散收养遗弃小儿钱米所"、漏泽园、养济院等官办慈善机构似雨后春笋，将赈灾、济贫、恤病、慈幼及养老悉数囊括；明清时期，民间慈善如星火燎原，渐成主流，善会善堂、会馆公所大兴善举、救济生民；近代以来，王一亭、陆树藩等湖商敢为天下先，"以百姓苍生为己任"，扶危济困，恤民赈灾，慈举真情，感天动地。2002年12月，湖州市慈善总会成立，湖州现代慈善之业，由此肇始。2024年4月，湖州市慈善联合会挂牌，慈行善举，如春风浩荡；清丽之地，被爱心包围。近年来，湖州市慈善总会锚定"实力慈善、品牌慈善、创新慈善、法治慈善、人人慈善"等"五个慈善"目标，主动融入党委、政府中心工作，凝智聚力、实干争先，在擦亮"在湖州看见美丽中国"这张金名片上深深刻下了慈善印记。荣膺浙江省品牌社会组织、5A级社会组织、第四届"湖州慈善奖"唯一的慈善事业突出贡献奖等多项荣誉。截至2023年底，湖州市慈善总会累计接收社会捐赠9.19亿元，慈善救助帮扶支出6.12亿元。2023年湖州市慈善总会本级接收社会捐赠9185.62万元，位列全省11个市慈善总会本级首位。美欣达集团、康诚石矿、大东吴集团等一批爱心企业成为社会捐赠中坚力量；连续12年默默捐款22次的善心人、以捐出退休金表达感恩之心的高龄党员、以捐资设立家庭慈善基金传承亲情大爱的爱心家庭、为病人手工制作6000只康复枕头真情服务的白衣天使……这些都是在慈善这条爱心河流上翻腾起来的美丽浪花，全市上下共同奏响了"人人浇灌慈善树，处处呵护慈善花"的美丽乐章。

善作善成，多管齐下。湖州慈善，坚持高位助推与创新创优"两翼齐飞"的高质量发展路径，全面构筑"党委领导、政府负责、总会牵头、部门协同、公众参与"的全域共建大格局。党政齐推强保障。以《中华人民共和国慈善法》为纲，先后出台《关于加快推进慈善事业高质量发展的实施意见》等多项支持政策。加强慈善事业发展工作领导，定期举办"湖州慈善奖"评选表彰活动，推动连续21年开展的"慈善一日捐"活动成为制度性安排，全面落实慈善捐赠税收优惠政策。谋新求进增动能。2014年6月创设浙江首家独立法人经营慈善实体美欣达慈善超市，以社会化、市场化运营实现自我"造血"反哺慈善，后推出"美欣达慈善超市济困"项目，为"低保、低边、特困、支出型贫困"四类困难家庭成员发放"慈善提货券"，美欣达慈善超市获第六届浙江慈善奖"慈善项目奖"。创建"慈爱湖州"网，推广普及"指尖慈善"，动动手指、人人行善。创出特色树品牌。成立全省首家独立法人慈善文化实体——湖州市大东吴慈善文化研究院；高质量举办"在湖州看见美丽中国"2024年湖州市新年慈善晚会，人人崇德向善蔚然成风；连续10年举办"慈善嘉年华"活动，获批成立中华慈善总会全国首批、浙江唯一的中华慈善总会志愿服务总队湖州市大队，让慈善志愿之花开遍湖州大地。

大爱无疆，善泽人人。为政府分忧、为群众解愁，湖州慈善一直致力拓展"传统与现代""输血与造血""物质帮扶与精神慰藉"相结合的多元救助路径，基本覆盖《中华人民共和国慈善法》明确的慈善活动领域，扛起了增进民生福祉、助力疫情防控、参与基层治理的责任担当。防范因病致贫返贫。面向全市"四类"困难家庭人员的"慈善大病医疗救助兜底保障"项目率先实现困难患者年度自付医疗费不超1万元政策全市域覆盖，仅2023年就支出慈善资金2400万元，4.39万人次直接受惠，其中患有尿毒症、慢性肝病等多种疾病的湖州市民于先生全年医药费为23.22万元，个人仅支付0.3万元，医疗费用综合保障率达到98.7%。组织开展全市联动大型医疗义诊下乡志愿服务活动，促进优质医疗资源下沉基层。关爱人民子弟兵。"慈善暖军心"项目为现役军人困难家庭纾难解困，开辟了社会力量帮扶困难军人军属新渠道，得到全国双拥办、省市领导充分肯定，先后荣获第六届浙江慈善奖

湖州市第十届"慈善嘉年华"活动

"四类"困难家庭人员凭"慈善消费券"在美欣达慈善超市选购生活用品

"慈善项目奖"等多项荣誉，成为湖州社会化拥军一张亮丽"金名片"。深化"肖方兵"慈善项目，以"慈善＋消防救援"让遇困消防救援人员和消防见义勇为群众更好享受慈善关爱，助力消除他们的后顾之忧。助力绿色生态发展。探索"慈善＋绿色"新路径，联合湖州市自然资源和规划局、湖州市生态环境局、国网湖州供电公司设立长三角生态能源碳汇基金，先后获得第四届"湖州慈善奖"、保尔森可持续发展奖。联合湖州市科协、爱心企业创立"绿色低碳创新发展基金"，以慈善资源"小切口"书写绿色发展"大文章"。

赓续善脉，筑梦未来。在湖州看见美丽中国，在湖州感受慈善大爱。慈善是充满温度与力量的光辉路，是催人向前建新功的康庄路。湖州市慈善总会将不忘初心、牢记使命，着力打造"五个慈善"，为全力打造美丽中国先行区市域样板、高水平建设生态文明典范城市贡献更多慈善力量。

飞英塔

赓续善行　爱润吴兴

　　吴兴区位于浙江省北部杭嘉湖平原，是湖州市主城区，区域面积 863 平方千米，常住人口 73.5 万人，2023 年地区生产总值 924.9 亿元。吴兴作为底蕴深厚的文化之城，素享"鱼米之乡、丝绸之府、文化之邦"美誉，慈善文化熠熠生辉。

　　慈风善脉，源远流长。"江表大郡，吴兴为一"，追寻吴兴慈善渊源，苏轼早就有言"吴兴自东晋为善地……"明尚书、水利专家潘季驯慷慨捐银建成潘公桥，至今巍然屹立，惠及家乡百姓。清光绪年间，华北遭特大旱灾饥荒，史称"丁戊奇荒"，陆心源率仁济善堂的绅董捐白银数万两赈灾，清廷御赐"惠周泽洽"匾额彰旌善举。中国红十字运动先驱陆树藩，幼受父亲陆心源影响，热心公益事业，在"庚子国变"后创办中国救济善会，带队赴京津等地开展救援，撰写《救济文牍》，被称为"中国的亨利·杜南"。

继往开来，为爱扬善。2003 年 9 月，吴兴区慈善总会挂牌，慈善事业自此破茧化蝶，由传统救济解难逐步转向现代型、社会化的大慈善格局。至 2023 年底，累计募集款物 4.78 亿元，累计项目（救助）支出 3.25 亿元。区慈善总会被评为 5A 级社会组织，被区委、区政府授予"建区二十周年突出贡献集体"称号。

大爱无疆，惠润民生。漫步吴兴城乡，既可领略千年烟火，又可饱览时代新貌，从中感受慈善文化

惠民暖心坊

律动。区党委、政府体察民情，关怀冷暖，以浓墨重彩的"爱润吴兴"大手笔，一盘棋推进慈善事业发展。连续 21 年开展的"慈善一日捐"活动，开创了人人向善、行善、乐善新局面。疫情防控期间募集专款 2700 余万元，获湖北省慈善总会"捐赠突出贡献奖"。2021 年创设慈善基金，共同谱写"善举汇成爱海"协奏曲，年度募集款物破亿元。爱心企业家潘阿祥获第二届中华慈善奖，侯军呈、康诚石矿（湖州）有限公司获第七届浙江慈善奖。

传递温暖，点亮心灯。一枝一叶总关情，以民之所盼为政之所向，行善之所为，累计推出效率、效益、效果同在的慈善系列项目 19 个，支出慈善基金 7500 余万元，惠及群众 8 万余人次。一份善心一缕阳光，温暖人间。联合民政、医保、卫健、教育等部门，将因病、因残、因学致贫家庭分层分级纳入专项救助保障范围，此项做法获省领导批示并在全省推广。与湖州市慈善总会联手推出困难群众获得感、幸福感、安全感切实到位的济困提货项目，为全区特困、低保、低边、支出型贫困人员日常生活提供基本保障。

未来光明，前程如锦。吴兴区慈善总会坚持与时俱进，提升效能，传播爱心，践行善举。用一缕阳光书写成眸间的诗行，用一份善念编织成指尖的辞章，用一颗爱心谱就心底的吟唱，以大爱善行为书写美好吴兴灿烂篇章增辉添彩。

得诸社会　还诸社会

南浔，地处江浙两省交界处，区域面积 702 平方千米，常住人口 55 万人，2023年地区生产总值 585.03 亿元。南浔是一处崇文重教的文化之邦，一方充满希望的发展热土，孕育了叔蘋奖创办人顾乾麟、"全国十大扶贫状元"沈炳麟等一大批慈善文化名人。"得诸社会、还诸社会"慈善格言和"以体树人"慈善育人理念深入人心。

2005 年 12 月区慈善总会成立以来，始终秉持"依法行善，精准施善，公开亮善，创新拓善，奉献乐善"的宗旨，守正创新，着力打造"善行南浔"工作品牌，努力开创南浔慈善工作新局面。2022 年获得全省慈善事业高质量发展地区激励奖，区慈善总会获得第七届浙江慈善奖。

汇聚小流成江海。总会成立以来，累计募集慈善资金达 8.03 亿元，2021 年以来，连续三年超亿元。近年来，以"双百育千创万"全民慈善弘扬工程为总抓手，

南浔中心城区鸟瞰图

实现了村（社）、企业参与慈善捐赠全覆盖，已建立各类慈善基金 213 个（个人捐赠超百万的基金有 4 个），基金总规模达 6492.97 万元，慈善氛围日益浓厚。浙江巨人集团、久立集团、蔡崇信公益基金会先后获得第四届、第六届、第七届浙江慈善奖。

南浔慈善文化公园慈善名人墙

雪中送炭助善行。总会紧紧围绕党委、政府中心工作和民生需求，推进"政府救助＋慈善帮扶"救助模式，持续实施困难人爱心、老年人暖心、残疾人舒心、新居民安心"四心工程"和"善行南浔"为主题的系列帮扶项目，以扎实举措助推困难群众奔赴美好生活。总会成立至今，慈善帮扶累计支出 5.47 亿元，惠及困难群众达 49.93 万人次。

世德作求兴文化。不断创新慈善文化宣传形式与载体，2021 年以来，累计创建慈善文化实践基地 151 家、市示范基地 28 家，2023 年建成"南浔慈善文化公园"，大力营造全民慈善氛围。积极发展壮大志愿服务力量，成立志愿服务大队和 15 支志愿服务中队，有力推动了志愿服务事业发展。圆梦慈善义工中队吸纳 3000 多名志愿者，开展了 7000 余次公益活动，服务时长超 25.3 万小时，受助超 13 万余人次。圆梦寻亲成效显著，义务寻亲 18 年，累计帮助 136 对家庭成功寻亲，义工孙根才获得"中国好人"等 23 项荣誉称号。

讲信修睦惠民生。积极实施"造血型"湖羊养殖项目，惠及困难农户家庭 1129 户，获得第二届浙江慈善项目创新奖。实施老年人助餐和配送餐项目，对困难及特殊老年群体实施免费或优惠就餐。实施光明行动暨"白内障"复明工程项目、为老年人实施生日送福项目，进一步营造全社会尊老、爱老，乐享晚年的社会氛围。

乘风破浪，继往开来，南浔慈善将以"现代大慈善"新理念为指导，锐意改革，开拓创新，为助力区域发展作出新的贡献。

德清县五四慈善文化公园

共襄善举　温暖德城

德清毗苏杭，襟沪宁，县域面积 936 平方千米，常住人口 55.7 万人，2023 年地区生产总值 680.7 亿元。德清是中国全面小康十大示范县之一。德清县有其"人有德行，如水至清"之美誉，静静诉说着它的温婉与纯净。这里山水毓秀，人文荟萃，孕育出了孟郊、沈约等历史文化名人，形成了德文化、游子文化等独特地域文化，滋养着世代相传的慈善之心。德清县慈善总会于 2003 年 7 月正式成立，并于 2023 年 6 月挂牌成立德清县慈善联合总会，这一路的发展历程，展现了德清慈善事业发展的画卷。6 个部门（单位）慈善分会、14 个高新区、镇（街道）慈善分会和 173 个村（社区）慈善工作站，如点点繁星照亮了德清的每一寸土地，构建起了一个覆盖全县、纵横交错的慈善网络。

爱心汇聚。从全国道德模范提名奖获得者陆松芳那弯腰拉 250 吨煤、行走两千里的辛劳汗水，到退休工人 Z 先生 16 年如一日的默默奉献，再到浙江升华控股集团有限公司坚持不懈的出资捐助，慈善已成爱心企业、爱心人士的自发行动。至 2023 年底，县慈善总会已累计接收善款 4.28 亿元。顺应时代发展，企业冠名捐赠、定向捐赠等创新形式层出不穷，浙里捐赠、"德清慈善"线上捐赠平台、数字门牌

"码上做慈善"等线上渠道的开辟为慈善募捐注入新活力，多元化、多渠道、多形式并举，形成了"人人心怀慈善，人人参与慈善"的氛围。

精准施救。秉持"公平、精准、有效"的原则，聚焦低收入困难家庭及困难人群，持续开展传统项目，创新实施特色项目。截至2023年底，已支出慈善资金3.02亿元，惠及困难群众31.3万人次。从"慈爱新屋"善居工程的温馨家园，到"慈善助学"的圆梦之旅，从"医疗兜底"的安心保障，到"携手同行"的增收致富，每一次的慈善行动，都是对困难群众的深情关怀。

文化培根。成功打造慈善文化公园、慈善文化展厅等一系列慈善文化阵地。从群众最突出的需求出发，从最困难的群体着手，凝聚志愿力量，支持春晖义工分会等组织常态化开展慈善志愿服务，每年参与志愿服务人数超2万人次。依托公众健康咨询工作室，拓展慈善服务领域，为广大群众提供专业的慈善服务。通过开展形式多样的慈善文化宣传和志愿服务，在全县营造了浓厚的慈善共建氛围。

代代相传的慈善文化，如同一股温暖的力量，铸就了德清这座江南小城的幸福与温暖。德清县慈善总会将继续围绕打造"六个慈善"的总体目标，在新时代慈善事业的高质量发展中扛起新使命，在中国式现代化的德清实践中展现新作为，让慈善之光照亮每一个角落，温暖每一颗心。

德清县莫干山

大气和合　善美长兴

　　长兴，地处长三角中心腹地，襟带浙、苏、皖门户。境内有浙江最早的人类活动遗址——七里亭遗址，距今约 100 万年。吴越时期筑城始名"长城"，建县始于西晋太康年间，距今 1700 多年。县域面积 1430 平方千米，常住人口 68.2 万人，2023 年地区生产总值 894 亿元，多年位列全国综合实力百强县。作为全国文明城市，长兴县慈善事业蓬勃发展。

　　百善如潮，源远流长。元代蒋必胜创办全国著名之东湖书院；明代元曲大家臧懋循与里人重修鼎甲桥保存至今；民国丁凤元捐建贫民习艺所教授贫者技艺；移民大县融合共生，互助互济基础深厚。2003 年 12 月，长兴县慈善总会成立。目前下设 1 个捐赠物资接收管理中心、1 个慈善志愿服务大队、23 个慈善分会、271 个慈善工作站。2022 年，长兴县慈善总会被评为 5A 级社会组织。2023 年，长兴县慈善联合总会（合署）挂牌，长兴县荣获浙江省慈善事业引导资金激励。

　　实干争先，众善满城。党政高度重视慈善工作，五年一大会谋发展，一年两会议作推进，每五年评"长兴慈善奖"，一以贯之抓发展。创新推动"冠名基金"规模化，278 家企业设立留本捐息冠名基金，冠名总额达 9.44 亿元。乡镇广设专项基金，主题募捐助推乡村振兴。村社壮大帮扶基金，邻里互助促进社会治理。全城 7 小时成功众筹手术费帮助 3 岁"大肚女孩"换肝，94 岁退伍老兵吴山连年捐助优抚对象困难家庭，凡人善举爱满浙北小城。长兴慈善历年累计募捐收入 8.1 亿元，救助支出

长兴县城

6.79 亿元，受益达 57 万多人次。

精准帮扶，暖心惠民。慈善助力"医、学、居、业、创、护、志、养"八无忧项目，年支出 2000 多万元全方位为困难群体解决急难愁盼问题。"医有善助"项目通过多维度层层兜底为困难群体看病减负，累计支出 4400 多万元，获第四届湖州慈善奖项目奖。"慈爱双月行"活动贯穿全年，常态化开展"慰问关爱、志愿帮扶、大爱救疾、为了孩子、众善长兴、尊老爱老"六大行动，获 2023 年度湖州市最具影响力慈善项目。"慈善助孤"项目连续 17 年资助孤儿群体，获第二届浙江慈善奖项目奖。

守正创新，共创未来。长兴慈善将继续以"厚实慈善、品质慈善、活力慈善、人文慈善、阳光慈善"等"五个慈善"为重点，始终坚持初心慈善为民，坚守真心深耕事业，坚定信心接续奋斗，大力推进"善行长兴"建设，广泛引导"人人向善，人人行善，人人乐善"，不断探索新征程中慈善事业高质量发展的"长兴路径"，为奋力绘就中国式现代化"富美长兴"精彩篇章贡献更多慈善力量。

长兴县慈善总会向全县老年食堂捐赠送餐车，为困难和高龄老人免费送餐上门

慈恩广泽　善满故郭

"安吉"，这是从《诗经》里款款而来的名字。安吉县位于浙江省西北部，县域面积1886平方千米，2023年常住人口60万人，地区生产总值615.1亿元。作为新时代浙江（安吉）县域践行"绿水青山就是金山银山"理念综合改革创新试验区，安吉县的慈善事业日益发展壮大。

涓涓爱心，汇聚成河。安吉县是秦三十六郡之一"郭郡"郡治所在地，秦风浩荡、楚韵绵长、"孝"风习习。这里是"绿水青山就是金山银山"理念诞生地，"孟宗哭竹"的孝文化一脉相承，如母亲河西苕溪之水，滋养着百姓的向善之心，润泽着困难弱势群体，温暖着故郭大地。安吉县慈善总会成立于2002年12月，与乡镇（街道）分会、村（社区）慈善工作站构成三级网络体系，是5A级社会组织，获2023年慈善事业引导资金激励对象。2023年10月，挂牌安吉县慈善联合总会，成立安吉县慈善志愿服务大队。截至2023年底，累计募集善款善物3.55亿元，累计支出慈善项目资金2.47亿元。

上行下效，人人慈善。安吉县委、县政府高度重视慈善事业发展，厚植崇善向善、扶危济困的慈善土壤。相继印发《关于加快推进慈善事业高质量发展的实施意见》《安吉县全民慈善文化弘扬工程实施方案》等文件，召开全县慈善发展大会，每

"善行安吉 爱在四季"慈善服务与宣传项目启动

年举行"慈善一日捐"启动仪式，形成慈善募捐高潮。慈善冠名基金、慈善消费捐赠、"村募村用"等募捐方式让善举熠熠生辉。近三年，年人均捐赠额位列浙江省前列，总参与捐赠突破 50 万人次，逐步迈向"人人慈善"境地。2023 年底，建成慈善文化主题公园、慈善文化实践（示范）基地共 149 个，慈善融入安吉人民的内心最柔软处。

密织善网，慈恩广被。安吉县开展以"六无六有"综合救助体系为主的慈善（救助）项目，三年来，通过慈善获益的困难群众超过 25 万人次。"慈善医疗救助兜底保障"让困难群众"病无忧"；困难群众家庭电视机、冰箱、洗衣机、热水器、空调、手机 5+1 家电配置和电费减免让生活更美好；县城主超市、乡镇（街道）4 家分超市及 N 家慈善网点构成多服务功能的"一路同行"慈善超市；"安吉竹林鸡"养殖产业促进低收入农户增收；10 支慈善志愿服务专业队每年开展丰富多彩的慈善社会化服务。"一片叶子富了八方百姓"，截至 2023 年，溪龙乡黄杜村捐赠安吉白茶苗至西部三省五县共 3670 万株，累计派遣 730 人次白茶培育专业人才送去技术和经验。2022 年，安吉县黄杜村党员帮富群体获评第七届"浙江慈善奖"乡村振兴奖。

上善若水，厚德载物。安吉县将进一步广泛凝聚全县慈善力量，构建新型慈善帮扶体系，推进形成组织化、多元化、专业化、智慧化、规范化的新时代慈善事业高质量发展新格局。

安吉县孝源街道"孝之源·善之本"——"我们的节日·情暖重阳"系列活动

湖州市大东吴慈善文化研究院

在南太湖之畔，有一所致力于慈善文化研学传播的研究院——湖州市大东吴慈善文化研究院（以下简称"研究院"），这是由湖州市慈善总会与浙江大东吴集团合作创立的具有独立法人资格的慈善组织。2020年6月成立以来，先后与西北大学慈善研究院、山东工商学院公益慈善学院、上海交通大学中国公益发展研究院建立了战略合作关系，面向全国，聘任了55名研究员。2021年11月，中华慈善总会授牌研究院为中华慈善总会慈善文化湖州研学基地。

研究院以凝聚文化力量，发展现代慈善为宗旨，担当使命，扎实作为，开展了一系列慈善文化研学传播活动。其中，慈善论坛影响深远。承办中华慈善论坛2022，汇聚了来自全国各地的慈善会代表和专家学者，探讨慈善事业发展大计。先后承办三届南太湖慈善论坛（讲坛），吸引了长三角城市群的广泛关注。与西北大学慈善研究院合作举办五届浙陕（陕浙）慈善论坛，为浙陕两省慈善事业发展贡献智慧。研修培训成果丰硕。承办了2022年度全国慈善会系统高级人才研修班、2023年度中华慈善总会会员暨慈善高级人才培训会，开办了"慈善组织与重大突发事件应对""社会治理与现代慈善"学习研讨班，学习了湖州市民政局和各地慈善会系统委托的6次培训班，以丰富的课程、生动的案例，滋养了1400余名慈善人的心田。课题研究量多质优。先后承担中华慈善总会、浙江省民政厅、湖州市哲学社会科学规划课题20余项。研究成果入围《2022年中华慈善总会课题立项名单》，荣获2023年度浙江省民政政策理论研究优秀成果奖。

研究院在湖州全市范围内创建了慈善文化实践基地429处，其中示范基地112处，恰如春风化雨，润物无声，让慈善文化鲜活可触。首创"丁莲芳慈善文化超市"，推出多项创意活动，吸引了76万余人的关注，让慈善文化的种子在人们心中生根发芽。

面向未来，研究院将向着"全国慈善文化研学的高地、连接全国慈善会系统的桥梁纽带、展示慈善事业高质量发展的重要窗口"的更高目标奋力前行，书写更加灿烂的慈善篇章。

德清县清禾公益事业发展中心

怀有仁爱之心，谓之慈；广行济困之举，谓之善。"爱心服务弱势群体，志愿传承社会文明"这一理念似一颗明珠，深深镶嵌在清禾公益事业发展中心持续发展与壮大的脉络肌理之中，熠熠生辉。每一位清禾人都是这一理念的虔诚践行者，他们以实际行动传递着爱与温暖，让爱的力量在德清生生不息。

播撒关爱，传递温暖展情怀。2005年早春时节，德清第一代民间义工10余人，从最初的慈善公益助学做起，埋下了清禾公益最初的关爱种子。随后，敬老（爱心餐）、捐衣、急诊陪护365、为省麻风病疗养院康复者理发（义剪美）、红管家、交通疏导（游指引）、公益小天使、山鹰救援、培康服务等关爱种子，破土发芽，茁壮成长。这充分印证了爱心是汇聚和谐温暖的源泉，是社会文明前行的重要动力。

持之以恒，奉献爱心不止步。2008年清禾公益"医路同行365"爱心专利开启，弹指十六年，累计服务12万人。"德者有得"为普通劳动者建立"有礼驿站"，配备15辆流动爱心车，以主城区为中心辐射各镇（街道），全年不间断地为一线劳动者服务。至今，累计为环卫工人、外来务工者等发放热豆浆、汤圆、面包和冷饮120多万份。2014年12月，280名志愿者加入山鹰救援队，自然灾害应急救援处处有他们矫健的身影，赢得了浙江省防减灾活动贡献奖、浙江省退伍军人志愿服务大赛银奖等社会褒奖无数。

风雨兼程，铸就大爱显担当。2013年，德清县清禾公益事业发展中心成立，被授予5A级社会组织、联合国教科文组织城市社区学习中心项目试验点、浙江省级新的社会阶层人士统战工作实践创新基地。2016年度第三届中国青年志愿服务项目大赛银奖、2016年浙江省青年社会组织志愿服务项目大赛金奖、全国学雷锋志愿服务"四个一百"最佳志愿服务组织、中国网事·感动2021年度获奖人物等奖项，这是对清禾公益人的嘉奖与鞭策。

清禾公益将继续搭建慈善组织交流平台，不断通过"窗口"效应，扩大品牌影响力，营造慈善"大本营"的良好氛围，树立具有德清标识度的慈善服务品牌。行走在道德高地小城德清，春风拂面，臻善润心，公益百合，花开年年。

安吉两山公益社会服务中心

安吉两山公益社会服务中心秉承"倡导正义与善良，共建和谐社会"宗旨，凝聚众多社会力量，聚焦困难弱势群体，以"慈善＋公益"为载体，尽情挥写大爱篇章。

挥洒大爱，传递温暖。安吉两山公益社会服务中心成立于 2017 年 9 月，2020 年 12 月被认定为慈善组织，为安吉县 5A 级社会组织，湖州市品牌社会组织、湖州市优秀志愿服务组织、湖州市慈善文化实践示范基地。2023 年底，中心有在册志愿者 400 余人，累计开展扶弱助困、义卖义捐、爱心慰问等系列慈善公益活动 700 余场次，帮扶资金和物资超 1280 万元。

党建引领，勇担责任。安吉两山公益社会服务中心积极参与抗击新冠疫情，党员带头值守各个卡口防疫，守护家园；组织捐赠口罩、食品等 35000 余份；捐赠泰康同济（武汉）医院办公椅 500 张；为援鄂医护人员提供志愿服务超 200 人次。参与交通文明劝导、垃圾分类等文明城市建设工作。参与县"一个支部一个家　一对一帮扶困难家庭"活动。获湖州市"党建强、服务强"先进社会组织党组织、湖州市抗击新冠疫情先进集体称号。

深耕项目，精准多样。以项目为载体，慈善之花温暖绽放。安吉两山公益社会服务中心的"衣旧情深"捐衣活动始于 2017 年。2022 年 10 月，中心与安吉县慈善总会联合开展了"衣旧情深 暖心捐衣"冬衣捐赠活动，累计捐赠衣物超 18 万件，受益群众超 6 万人次。"夜空下的启明星"项目，多年来为安吉户外工作者建立爱心驿站，开展慰问、义剪、义诊等慈善志愿服务，受益者超 8000 人次。"童伴计划 向阳花开"项目，为留守困境儿童提供长期、专业、针对性帮扶。还开展关爱困难老人、残障人士、困难参战老兵、困难人员就业等慈善服务活动。

"两山"同心，大爱无限。未来，安吉两山公益社会服务中心将不忘初心，以一个更专业、多样、人性化的慈善组织面貌融入安吉"大慈善"体系。

湖州市

—浙江慈善名片—

嘉兴

红船领航嘉禾地　慈善偕行致富路

　　嘉兴，一个钟灵毓秀的城邑，一方充满温情的水乡，南倚钱塘，北负太湖，东临大海之涛，西接天目之水，安居杭嘉湖平原腹地，陆域面积 4237 平方千米，辖南湖、秀洲 2 个区，嘉善、平湖、海盐、海宁、桐乡 5 个县（市），常住人口 558.4 万人，2023 年，地区生产总值 7062.45 亿元。围绕"打造红船旁更有温度的慈善之城"目标，传承历经千年崇德向善的嘉禾文化基因，嘉兴走出了一条"大众慈善、大爱嘉兴"的现代慈善之路。

　　一片慈心溯源长，善举接续自芬芳。从南宋初年的广惠院，到元代年间的孤老院；从明代享誉江南的秀水养济院，到清同治年间百姓称道的来许亭；从江南士绅陈正龙创设同善会，到爱国民主人士褚辅成、沈钧儒扶贫济困……这些慈心和善举历经岁月沉淀愈加清晰，完美诠释了嘉兴一城的文脉灵韵。1994 年 8 月，浙江省第一个市慈善总会——嘉兴市慈善总会正式成立。自此，嘉兴慈善事业如同涓涓细流，汇聚成奔腾向前的时代潮流。30 年来，嘉兴慈善网络不断健全，以市慈善总会为龙头，9 个县级慈善总会，72 个镇（街道）和 1099 个村（社区）工作站拉起了爱心慈善网络，截至 2023 年底，嘉兴市慈善会系统累计接收捐赠总额 32.47 亿元，救助支出 24.19 亿元，救助困难群众 287 万人次。30 年来，嘉兴慈善热情持续升温，登记认定慈善组织 154 家，注册志愿者 146.75 万人，每 3.8 个嘉兴人中就有一名志愿者。"感动中国"年度人物朱丽华、爱心人士"杨妈妈"、连续 10 年匿名捐款 1000 万

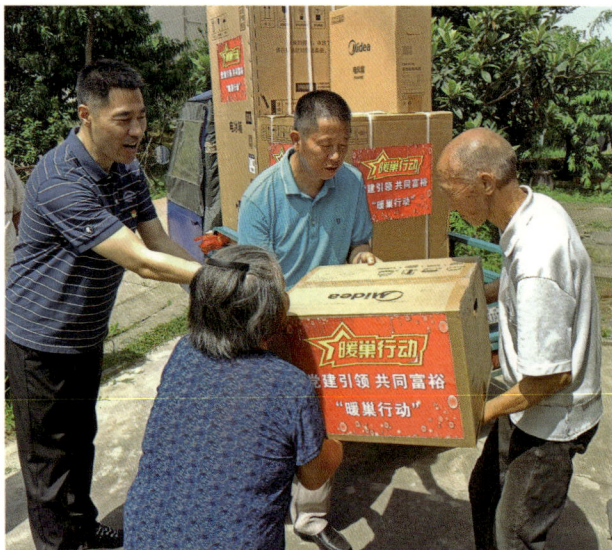

"暖巢行动"给困难家庭送家电

元的"金粟缘人"等大批慈善人士以平凡而又不平凡的事迹点亮慈善微光，桐昆集团、五芳斋集团、鸿翔集团等爱心企业慷慨解囊，激荡起嘉兴慈善的爱心大潮。据统计，全市有 11 家企业、21 位爱心人士和 11 个慈善项目获评"浙江慈善奖"；9 个县级慈善总会和 38 个村级慈善工作站获评省级示范称号。

朱丽华爱心助学金发放

基金创设是寻常，项目开路走城乡。扶贫与济困兼蓄，基金与项目并重。全市慈善总会千方百计汇集慈善资金，因地制宜开辟慈善项目，努力让每一分资金惠及群众，每一个项目发挥效益。2020 年创立相关慈善基金，并将触角延伸至全市范围，先后通过签约形式建立了五芳斋"流芳益善"基金、嘉兴二院"福音安宁"基金、安徽商会"同心助童"基金、电力公司"红船爱心"基金等专项基金 216 个，累计撬动社会爱心资金 4.8 亿元。嘉兴也是全省最早开展"慈善一日捐"活动的地市之一，2003 年以来各级领导干部积极捐款，共同打造嘉兴"慈善一日捐"的亮丽风景线。同时"指尖公益"开启了互联网公益新模式，让群众参与慈善活动更加便捷，基层慈善募捐数据不断刷新，老百姓身边慈善的活力被有效激发。"多多益善"公益平台开发"爱心捐步"功能，有效吸引 18.45 万人次参与运动，成功获得企业配捐 117.64 万元。

全市慈善总会围绕困难群众的急难愁盼，持续开展助医、助困、助学、助残、助老等救助项目。如"暖巢行动"关注困难家庭居住环境，从 2018 年全省第一家启动"暖巢行动"1.0 版，到目前升级 3.0 版已累计完成困难家庭居家改造 4816 户，投入资金 4600 万元，获评中华慈善总会最具影响力的"中华慈善品牌项目"；"慈善年夜饭"项目，累计为 10559 户困难群众送上关爱与温暖；创新打造"爱心虚拟岗""扶贫基地"等造血式帮扶项目，帮助 2000 余户困难群众脱贫解困。在传统慈善物质帮扶的基础上，还注重发挥社会工作的专业优势和社会慈善的资源优势，不断拓展慈善帮扶空间。如市慈善总会每年出资 100 多万元引入专业社工机构开展对老年人、困境儿童、残疾人等特殊困难群体的关心关爱、能力提升服务，先后实施了"安宁疗护"项目、"隐形的翅膀"学校社会工作项目、"寂静的艺术"聋人服务项目以及孤独症儿童家庭支持等项目，其中慈善＋社工支持医院"安宁疗护"项目，累计为 629 例患者提供临终关怀志愿服务，成为长三角地区首创。

翻山越海外援忙，大爱无疆写华章。多年来，全市慈善总会以山海协作、海岛支老、东西部对口支援等项目奏响区域发展"协作曲"，让嘉兴慈善大爱凸显，书写最华彩的篇章。在同丽水"山海协作"中，"小鸡快跑"项目成为嘉兴慈善力量跨区域播撒慈善种子的生动实践。自项目实施以来三年共投入专项资金 115 万元，扶持丽水市遂昌县低收入村和农户规模化养殖土鸡增收 190 多万元。从 2021 年起，在全省探索"海岛支老"模式背景下，慈善总会共投入资金 120 万元，用于支持 48 名养老专业人才赴舟山嵊山岛、枸杞岛等偏远海岛进行养老协作，让 5000 名偏远海岛"银龄族"幸福养老，千岛之间再无"孤岛"。从之江大地出发，全市慈善总会

来许亭

将援助从"浙"里深入中西部和其他对口支援地区，通过3.62亿元资金帮扶和4.87亿元实物援助，一批当地欢迎、群众受益的品牌帮扶项目熠熠生辉，"筑梦沙雅·爱心助学"、青海都兰"红船助学"、西藏那曲助困、四川阿坝援助……在长达十二年"红船助学"项目的坚守下，新疆沙雅8000余名困难学生感受到来自千里之外江南水乡的慈善温情；在吉林白城，随着300万元"嘉洮携手·向善而行"项目的落地，当地居家养老服务中心的养老服务水平得到提档升级。

初心如磐红船旁，慈善前行放眼量。慈心向党，善举为民。党的二十大报告中指出："引导、支持有意愿有能力的企业、社会组织和个人积极参与公益慈善事业。"慈善事业在参与第三次分配中发挥着日益显著的作用。红船起航地，泱泱秀水澎湃着乐善好施的不竭动力，巍巍红船激荡着初心不改的红色根脉。在践行慈善事业征程上，嘉兴将以勇立潮头的奋进姿态，展现慈善担当，为打造长三角城市群重要中心城市贡献慈善力量。

南湖区凌公塘公园

大爱南湖　首善之区

　　碧波轻抚南湖岸，红船静泊映慈善。南湖区是中国革命红船起航地、红船精神发源地，境内的马家浜文化被誉为江南文化的源头，享有"江东一大都会"的美誉。区域面积 439 平方千米，常住人口 87.2 万人，2023 年地区生产总值 781.77 亿元。南湖慈善的基因自古便已种下，从宋代广惠院、普济寺的慈悲为怀，到明清时期许瑶光、唐元祥等贤达之士的慷慨解囊；从近现代褚辅成、沈钧儒等社会精英的善行义举，到当代爱心如潮的社会各界力量，这不仅是千年文化的传承，更是南湖人精神气质的生动体现。2004 年 12 月南湖区（原秀城区）慈善总会成立，二十载岁月，3.08 亿元的善款如潺潺暖流，温暖了受益者的心灵，16 万人次的帮扶故事书写了"大爱南湖"的动人篇章。

　　多方联动，志愿闪耀，打造"三个圈层"慈善体系。以区慈善总会为引领的核心圈，汇聚企业、组织与志愿者协同推进的联动圈，通过受益者反馈扩大良性循环的辐射圈，汇聚成强大的慈善合力。创新企业冠名基金的募捐新路，成立"大爱南湖"慈善发展联盟，开展慈善文化"六进"活动，表彰"十大慈善之星"，推出全省首例公交和城市电车"一路善行"慈善专线，有效夯实了慈善品牌阵地的坚实基座。96345 社区服务求助中心、杨妈妈公益行、南湖慈善义工协会等百余个慈善公益组织，以高效的服务诠释着"利他奉献"的精神，这些团队的努力就像一束束耀眼的阳光，共同绘就了南湖慈善事业繁荣发展的壮丽画卷。

精准施策，协作共赢，"大爱南湖"尽显智慧与担当。从"爱心助学""种太阳"到"慈善第一课"，从"暖巢行动""帮一点爱心券"到"慈善年夜饭"，每一个项目都精准对接群众需求，传递着南湖慈善的深情与温暖。"护苗行动—雨露计划"通过构建三大核心支撑体系，为全区 11 个镇、街道 300 多名困境儿童开展个性化、专业化的帮扶，努力阻断贫困的代际传递，给孩子们带去成长的关怀。"小鸡快跑"慈善项目更是南湖慈善力量开展山海协作的生动实践，三年间投入专项资金 115 万元，帮助遂昌县低收入村和农户规模化养殖土鸡增收达 190 多万元，南湖区慈善总会也因此连续两年荣获省级"慈善山海协作先进单位"的殊荣。

红船引领，慈善远航，南湖之畔彰显首善精彩。在南湖红船起航地，每一个南湖人都在以自己独特的方式诠释着慈善的意义，书写着属于南湖的慈善传奇。南湖区慈善总会将继续弘扬红船精神，传承红色慈善文化基因，干在实处，走在前列，争当领跑者，努力让"大爱南湖"的品牌更加响亮，为高质量发展建设首善之区贡献更多的"慈善力量"。

"杨妈妈公益行"赴若尔盖开展助学慰问活动

秀洲区风光照

秀美共创　慈善绿洲

　　嘉兴市秀洲区位于浙江省东北部，区域面积547.7平方千米，常住人口70.5万人，2023年地区生产总值903.9亿元。作为长三角一体化发展先行区，秀洲区慈善事业也在蓬勃发展。

　　慈善文化底蕴厚，人心向善美名扬。秀洲慈善基因早在南宋创办义学时就已盛行，慈善文化不断在秀洲演绎出精彩话剧。2003年12月15日，秀洲区慈善总会成立。2023年底，秀洲共有慈善分会7个、慈善工作站157个。涌现出感动中国年度人物、全国见义勇为模范吴菊萍，最美浙江人、浙江好人陈建国，助学兴善老干部沈如淙等。

　　赠人玫瑰手留香，亮点纷呈推力强。秀洲区在慈善事业中，工作不断创新，慈善氛围增强，推进力度加大。建立"五捐"（领导率先捐、国企带头捐、企业爱心捐、线上随心捐、社会踊跃捐）慈善募集渠道，累计募集善款2.68亿元。建立项目化精准救助机制。项目化编排慈善救助预算。2024年共安排七大类28个项目，涵盖助医、助学、助困、助老、助残和社会应急救助等领域，较好地发挥了慈善事业对多层次社会保障体系的补充作用。建立慈善爱心便民服务驿站。为弱势群体提供慈善捐赠、微心愿认领等服务区域，提供理发剪发、磨削刀具等服务事项。并成立便民服务、银龄互助等6支区慈善义工分队，共招募300余名队员，开展慈善便民社区专场服务和"点对点"贴心服务等。

重点项目巧用力，携手致富慈善帮。实施的项目化精准救助机制，改变了过去"点对点"的单纯救助方式。"造血型"基地慈善帮扶项目成效明显。先后在各镇建立种植养殖"造血型"基地7个。如2024年区慈善总会安排资金68万元，支持新塍镇慈善"造血型"基地建设，为86户有一定劳动能力的困难家庭免费提供鹅苗鸡苗等服务，为37户提供抱团取暖、创业实践、公益性岗位等生产帮扶，每户困难家庭增收超万元。基地负责人陈建国先后获得全国"奋进新征程 建功新时代"残疾人风采优秀典型等十多项荣誉。"融益投"慈善帮扶项目体现特色。2021年，秀洲民间融资服务中心打造出"融益投"慈善帮扶项目，探索实践"人人慈善、行行慈善"有效路径，为全省首创。该项目已有500多人次加入捐款行列，募集善款数十万元。"三叶草"计生失独家庭慈善关爱项目更具针对性。为全区318户失独家庭及留有第三代的家庭共计737人提供陪同就医、心理疏导、家政服务、学业帮扶、权益维护等服务，落实个性化扶助关爱措施。

春风化雨润秀水，慈善绿洲正当时。秀洲区委在"情暖秀洲"慈善献爱心动员大会上号召，要不断推进秀洲区慈善事业高质量发展，为加快打造均衡富庶发展贡献慈善力量。秀洲区经济和慈善事业同步发展作为首选，一个共同谱写慈善事业新发展的大爱篇章正在秀洲续写。

红高5号慈善爱心驿站

嘉善祥符荡

地嘉人善　赓续新篇

　　嘉善县地处太湖流域东南部，县域面积 507 平方千米，下辖 3 个街道、6 个镇，2023 年常住人口 66.4 万人，地区生产总值 908.11 亿元。是全国综合实力百强县之一、全国唯一被命名为"县域科学发展示范点"的县，长三角生态绿色一体化发展示范先行启动区，荣膺国家级文明城市。

　　千年善缘代代传。嘉善历史上素有"慈善之乡，积善之地"之美称。明宣德五年（1430 年）从嘉兴析县时，就因"民风淳朴、地嘉人善"而得嘉善县名。明代，劝善思想家袁了凡写出了中国第一部善书《了凡四训》，至今享誉海内外；理学家陈龙正，创办嘉善最早的慈善组织"同善会"，开创了民间慈善救助之先河；清末民初，民间慈善机构竭尽所能，为城乡孤老残幼和贫民开展施粥、施医、施材、掩埋等慈善救助。新中国成立后，人民政府将慈善救助工作列入地方政府的议事日程。依靠国家、集体和社会力量，有效帮助困难群众解决生活、医疗、住房、就学等方面的实际问题。2001 年 9 月，嘉善县慈善总会应运而生。

　　同善汇聚铸品牌。嘉善县在深入挖掘慈善文化底蕴，不断拓展慈善公益内涵的过程中，通过举办慈善义卖、慈善义演、慈善征文、慈善展览等公益活动，让大众随时听到慈善的声音，看到慈善的画面，营造出"人人可慈善，事事皆慈善"的社会氛围。为进一步传承"同善"理念，弘扬新时代慈善精神，通过举办"同善集

市"、启动"同善巴士"、公布"同善账簿"、设立"同善信托"等"同善"系列慈善品牌活动，并以浙江省数字化改革试点为契机，积极推进"互联网＋慈善"向纵深发展，搭建"同善汇"数字慈善平台，聚焦慈善数据"一仓汇聚"、慈善信息"一屏展示"、公益活动"一键发布"，实现慈善数据的精准研判，努力探索"数字慈善"范本。

善心有约行大爱。嘉善县慈善总会成立 24 年间，募集善款累计近 2.5 亿元，各类救助支出超 1.7 亿元。在这个过程中，全县涌现出一批爱心企业家、"草根"慈善人物、捐赠百万元不留名的"无名英雄"……2009 年，嘉善县率先在全市创新推出的关爱尿毒症患者救助项目，累计支出救助资金 1419.83 万元，惠及困难患者 197935 人次，为他们搭建了延续生命之桥。项目先后获得浙江慈善奖、嘉兴慈善奖等多项荣誉。

砥砺奋进谱新篇。如今的嘉善，一幅高质量发展慈善事业的蓝图已清晰呈现。嘉善进一步创新募捐载体，开拓慈善信托、网络慈善、公益创投等一批新型募捐方式，不断增强慈善募集实力，打造具有嘉善特色的慈善品牌。"满城荡漾善文化"的新时代嘉善金名片，定将谱写出慈善事业更加绚丽多彩的新篇章。

困难家庭慈善暖心年夜饭

善行平湖　报本聚暖

　　平湖，位于东海之滨，地处浙江省东北部，北接上海市，南濒杭州湾。陆域面积 557 平方千米，常住人口 69.22 万人，2023 年地区生产总值 1008.7 亿元，是全国综合实力百强县。

　　深耕"善源"，全民慈善氛围浓。平湖历来都有崇德向善、扶贫济困的慈爱情怀。明代初期，兴起各类慈善机构，明嘉靖年间，平湖籍进士陆杲为表达其不忘本、感恩和报答的为人处世人生理念，发起筹建"报本塔"。清康熙时期由百姓捐资建立广孝阡（义冢）、育婴会等，延至嘉庆时期，又设有普济堂；光绪时期，平湖文化名人李叔同为赈济两淮地区水灾，在日本公演新剧《茶花女遗事》进行募捐。抗战时期全民募捐共赴国难，乃至当代汶川地震、甘肃青海地震时跨越山海的无私援助，这些行动均彰显了平湖人民大爱无疆的家国情怀。

　　引领"善行"，为民慈善活力足。自 2002 年平湖市慈善总会成立以来，已孵化慈善分会 9 家、村社区慈善工作站 115 家，实现慈善分会和村（社区）慈善工作站全覆盖，平湖市慈善总会先后获评省慈善联合总会优秀机构奖和优秀会员单位。20 多年来，平湖市慈善总会发挥枢纽型、行业性公益慈善组织牵头引领作用，创新募

平湖风光

为困难老年人送营养物资

集方式，加大募集力度，2023 年募集资金 2027.24 万元，救助支出 2166.47 万元，平湖市慈善总会于 2022 年 7 月，开展首届"平湖慈善奖"评选表彰活动，评选出十大慈善人物、十大慈善企业、十大慈善项目，积极打造"人人心怀慈善，人人参与慈善"的良好社会氛围。

巩固"善基"，救助慈善运行优。深入参与"救助慈善融合发展"省级试点，上线"同心向善"应用，社会（慈善）组织入驻平台 34 家。积极引导省级慈善资源针对平湖区域开展帮扶，归集慈善项目 24 个，提升了我市的"物质 + 服务"综合保障服务能力，为助力低收入人群致富持续提供支持和保障。聚焦各类困难群体需求，开展精准救助帮扶。"困难老年人营养改善"项目聚焦全市困难老年人生活质量提升，以 10 天为一个周期，为全市 60 周岁以上散居特困老年人和 65 周岁以上低保家庭中的老年人定期配送营养物资，该项目获得省慈善事业引导资金激励。"向善"积跬步，"行善"致千里，慈善的力量还体现在全市域尿毒症患者每周三次的透析救助中、困难学子孜孜不倦的助学道路上、山海协作深厚友谊的扶贫帮困中等。

涓涓细流，汇聚成海。平湖将继续开拓慈善工作新路径，推动慈善事业高质量发展，为区域发展建设贡献慈善力量。

杭州湾跨海大桥

千年盐邑　汇善如海

　　海盐地处杭嘉湖平原，县域面积 1072.6 平方千米，常住人口 47 万人，2023 年地区生产总值 668.31 亿元。海盐历史悠久、民风淳朴，慈善事业蓬勃发展。

　　千年古县海盐因"海滨广斥、盐田相望"而得名，沿海先民在这里煮海晒盐，造就了"千灶煮海凝玉屑，万畦纳潮起雪山"的盛景，孕育了"大气如海、淳朴似盐"的特质。海盐民众崇德向善，慈善历史绵延悠长，明代的养济院、清代的同善堂、民国的救济院，无不闪耀着慈善的光芒。海盐历史上涌现了大批的慈善人物，他们中有官有绅有商有民，有本地行善者，也有旅外行善之士，形成了百家做公益的生动局面。

　　2003 年 10 月，海盐县慈善总会在这片古朴而炽热的大地上诞生，开启了海盐慈善事业的现代篇章。20 多年来，海盐慈善事业蓬勃发展。截至 2023 年底，共募集善款 2.98 亿元，救助支出 2 亿元，救助困难群众 20 万余人次。盐邑大地爱心如潮涌，涌现了连续 10 年每年捐赠百万的"金粟缘人"等慈善人物，乐善好施、扶贫济困，引领着社会慈善风尚。海盐县慈善总会荣获多届浙江慈善奖，被授予浙江省慈善联合总会"先进会员单位"和嘉兴市品牌社会组织称号。

海盐县慈善总会始终坚持全民慈善、扶贫济困的宗旨，着力探索新时代慈善事业发展之路。一是村级慈善夯基础。海盐自 2012 年启动村级慈善帮扶基金建设以来，当年即实现全县村级慈善工作站、村级慈善帮扶基金全覆盖。近年来，海盐慈善不断加大村级慈善工作站建设力度，壮大村级慈善帮扶基金实力，基金总量已达 1 亿余元，村（居）民平均捐款率也由最初的 68% 提高到目前的 94%，形成"全民慈善、人人参与"的新格局。二是精准帮扶探新路。建立万好慈善"造血型"扶贫基地，通过定制"农业订单＋基地岗位＋公益性岗位"，构建"基地＋项目＋农户"的帮扶模式，探索精准帮扶新方法。截至 2023 年底，帮扶户数已达 2319 户，收益已达 660 万余元。万好慈善"造血型"扶贫基地获评浙江省第三轮"农信杯"造血型扶贫基地，万好慈善"造血"项目获评第七届浙江慈善项目奖。三是慈善项目创品牌。海盐慈善构建日常、特色、合作类"三位一体"的救助框架，不断推进项目化救助平台建设，"帮你圆大学梦""特别关爱"互助等品牌项目不断涌现。

"大气如海、淳朴似盐"，千年盐邑大地，镌刻着悠久的文化，流淌着仁爱的血脉。凭海御风的海盐慈善，必将秉承传统文化之气、高扬守正创新之帆、铆足拼搏实干之劲，探索新路径、创造新成果、塑造新标识，在海盐展现的中国式现代化现实图景中渲染大爱色彩。

海盐慈善"造血型"精准帮扶基地工作人员对帮扶农户进行现场农技指导

慈心汇聚　潮城有爱

　　海宁市地处钱塘江北岸，辖 8 个镇、4 个街道、2 个省级经济开发区，市域面积 863 平方千米，常住人口 110.7 万人，2023 年地区生产总值 1318.2 亿元，位列全国百强县第 16 位。

　　以"潮"而兴，孕育慈善基因。海宁历来是座慈善潮城。历史上，一座座诞生于北宋年间的养济院、育婴堂等，塑造了海宁慈善机构的雏形；近现代，涌现出徐申如、查济民等乡贤，他们实业报国、扶危救困，传递向善之风。海宁市慈善总会正是在一代代人的传承下，于 2003 年 12 月正式成立。在海宁市委、市政府的强力推动下，颁发"海宁慈善奖"，发布慈善项目，成立慈善基金，总会先后被授予浙江慈善奖"慈善工作奖"，浙江省慈善工作先进集体、浙江省品牌社会组织和 5A 级社会组织等荣誉称号。

海宁潮

顺"潮"而上，慈善之风蔚然。海宁倡导"人人慈善"。作为全国工业大县，企业家是慈善"主力军"。每届慈善晚会，企业家带头认捐，爱心款累计达1.12亿元；2023年10月，海宁市求精投资有限公司董事长何文健个人捐赠1000万元，刷新了单笔额捐赠的最高纪录。

海宁南关厢素食馆

群众是慈善"强后盾"。海宁开创"线上"公益模式，创办"互联网＋慈善"网上捐赠救助平台，开通微信小程序、"支付宝"捐赠平台。截至2023年底，累计募集各种善款5.4亿元，慈善救助支出3.96亿元，救助困难群众369383人次。

应"潮"而动，品牌越擦越亮。21年来，海宁倾力打造"潮城友爱"慈善品牌，特色项目独具辨识度。一是"众筹慈善"开新路走在前。2015年，隶属于海宁市慈善总会下的"海宁市义工协会"通过公益众筹方式，创立"南关厢素食馆"公益餐厅，将利润全部用于社会公益服务及慈善捐赠，累计捐款超100万元，"海宁义工"当年入选"中国好人榜"。二是"激活资产"促增收走在前。总会创新开展低收入家庭增收项目，探索以农村"三权＋"抵（质）押等方式，通过市场化运作，让1800多户低收入家庭每年增收，累计贴息1549.61万元。三是"医疗救助"泽万家走在前。"善泽万家"慈善医疗救助项目的设立，将医疗救助对象扩面至非持证困难家庭，已支出医疗救助资金5255.73万元，发挥出慈善在医疗救助中的补充作用。

海宁市慈善总会将始终秉持"勇立潮头"的城市精神，为奋力谱写中国式现代化海宁新篇章贡献慈善力量。

慈善凤鸣　大爱桐乡

　　桐乡市古称"凤鸣市"，因"古有梧桐，凤凰来栖"而得名。市域面积727平方千米，2023年常住人口106万人，地区生产总值1252.35亿元。桐乡是世界互联网大会永久举办地，全国"互联网+"发展先行地。

　　乐善好施铸丰碑，大爱桐乡代代传。自古以来，桐乡慈善文化底蕴浓厚，乐善好施，慈善的阳光照耀着这片充满生机的土地。元代濮鉴周恤孤寡、办义塾、修桥梁、开井渠、轻财重义，受人爱戴；明清大儒张履祥在《祖宗传贻积善二字》一书中提出，"善"要从小识起，"其始至微，其终至巨"；清代沈梓殚精竭虑，甚至辞官缀业，谋划乡里公益，先后创办书院，发起葬会，成立保元善堂，虽筚路蓝缕，终成功德大业。这些乡贤义士，铸起了大爱桐乡的丰碑。桐乡市慈善总会自2002年8月成立以来，经过22年的不懈努力，累计募集善款10.43亿元，支出救助金7.32亿元，让超过32万人次感受到了慈善的温暖。

桐乡凤凰湖边

慈善义工为困难扶持户采茧

　　基层工作全覆盖，"阳光慈善"更温暖。从 2004 年开始，桐乡市将原有镇（街道）设立的慈善工作站改设慈善分会，2012 年，又在全市各行政村、社区建立起慈善工作站和帮扶基金，打响了公益慈善活动的"零距离"品牌，得到了省政府领导的肯定。2013 年，《中国纪检监察报》刊发长篇通讯《浙江桐乡：把慈善装进"透明口袋"》，得到时任中共浙江省纪委书记任泽民的赞誉。

　　创新项目有特色，"精准慈善"更专业。随着慈善募集资金不断增多，救助力度逐年加大，"祥和春节""金秋助学""大病救助"等项目纷纷推出。2022 年以来，市慈善总会开展了包括"爱心驿站""爱心岗位""爱心学校"等在内的多个精品项目。与此同时，市慈善总会从本地实际出发，开展"造血型"慈善帮扶项目的实施，每年组织慈善义工采摘蚕茧，促使低保低收入家庭增加收入，为摆脱贫困走上小康奠定基础。"精准慈善"的实践得到了省政府领导的高度评价。

　　展望未来，接续奋斗，真抓实干，锐意进取，一路向善，让慈善的光辉永远传承，让每一个人都能感受到温暖与希望。

嘉兴经济开发区

大爱经开　善行为民

　　新美经开地，多彩慈善城。在时代的浪潮中，嘉兴经济技术开发区（简称"嘉兴经开区"）犹如一颗璀璨的明珠，镶嵌在嘉兴这座城市的版图上。2017 年 12 月嘉兴经开区慈善总会成立，至今已发展单位会员 65 家，累计募集善款 2100 余万元，实现 4 个街道慈善工作总站、34 个社区慈善工作站全覆盖。回首奋斗路，有爱的经开人，在扶弱济困、应急救援、科教文卫等方面扛起大爱担当，让涓涓"善流"汇聚成河，点点"爱火"照亮未来。

　　崇德向善心，光耀前行路。在嘉兴经开区，慈善文化源远流长、薪火相传。爱国民主人士沈钧儒祖母长眠于辖区长水。沈老在《我的生平》中记述了祖母变卖皮袍为穷人送钱治病的故事，体现了一种慈善精神。如今，嘉兴经开区在做好普惠性、基础性、兜底性政府保障的同时，把发展慈善事业放在显著位置，充分用好社会力量，以一个城市的温度和良知致敬暖心人士和爱心企业，努力打造有情怀、有厚度、有温度的慈善之城。

汇聚善力量，彰显新作为。嘉兴经开区让慈善的种子在城市的各个角落生根发芽，以慈善文化促进社会治理，让城市温暖。慈善助力公益创投，资助为老服务、青少年帮扶、助残帮困等公益项目开展，不断精准满足困难群众多元需求。社区帮扶基金全覆盖，打造社区慈善帮扶"蓄水池"，大力实施慈善帮扶项目。在辖区企业、组织和个人的关心帮助下，各类慈善项目也应运而生，韩泰慈善助学项目自2017年启动，作为区慈善总会的年度项目，累计造福1113名困难学子，为他们的求学之路插上翅膀；艾菲而妇女两癌救助项目自2011年启动，累计为602名困难家庭妇女送去关爱；果品行业协会的困境儿童关爱项目，帮助改善410人次困境儿童营养健康……这些项目通过模式、手段、理念的创新，更好地发挥了慈善工作在第三次分配中的关键作用。

依法兴善行，谱写新篇章。嘉兴经开区将牢牢把握慈善宗旨和慈善发展主线，全面贯彻落实新修订的《中华人民共和国慈善法》，聚焦困难群众需求，创新工作方法，加大工作力度，进一步完善募资机制、进一步转变救助方式、进一步提高管理水平、进一步营造慈善氛围，不断增强推进慈善事业发展的强大合力，推动形成全社会关心、支持和参与慈善事业发展的良好局面，在助力高质量发展建设嘉兴经开区的同时，为慈善事业贡献应有的力量。

爱心义卖活动

山海成韵　慈善大港

　　嘉兴港区乍浦镇地处杭州湾北岸，倚山面海，自古就有"江浙门户""海口重镇"之称。乍浦镇作为千年古镇，历史悠久，山水钟灵，人文蔚起，历史上曾涌现不少疏财救人、热衷慈善事业的人物。乍浦镇王店桥南曾有一座清道光皇帝钦颁乍浦东陈家族十世陈佩琏"乐善好施"的匾额牌坊，以旌表陈佩琏倾尽家产解救国难、倡导捐赈济灾、热心社会公益的义举功德。慈善风气延续盛行，2010 年 4 月，嘉兴港区慈善总会应运而生，截至 2023 年末，共募集善款 4793 万元，支出善款 3814万元。

　　慈善"造血型"扶贫基地项目是港区慈善救助模式的新探索。港区慈善"造血型"扶贫基地于 2014 年成立，一改传统"输血型"慈善扶贫方式，通过定点式提

嘉兴港

供水稻种植销售一条龙服务、专业农田管理技术、就业安置等，因地制宜为缺少田间劳动能力和管理能力的困难农户给予生产扶持，帮助困难农户自力更生、助力乡村振兴。慈善"造血型"扶贫基地成立后，以"生产支持＋就业"方式，既为困难农户提供高效农业生产平台，又为他们牵线搭桥，

嘉兴港区慈善总会在乍浦镇养老院开展中秋节慈善慰问活动

安排其空闲时到基地就业。这样的善举港区慈善"造血型"扶贫基地项目已经坚持了 10 年，已累计帮扶困难农户 223 户次，帮扶收益 36.67 万元。

"慈善助学"项目是港区慈善总会的品牌项目。"慈善助学"既是造福寒门学子的好事，也是关注民生、构建和谐社会的实事。港区慈善总会每年为经济困难的学生发放助学金，助学范围从小学到大学实现全覆盖，大学的助学金标准更是高达 1 万元每学年。长丰社区的顾同学，在"慈善助学"项目的帮助下，顺利完成学业。他在参加工作后主动申请取消低保救助，同时他又赓续善心，捐赠 500 元给长丰社区慈善工作站，希望能帮助到其他困难群众。"慈善助学"项目是一项点燃希望、成就未来，功在当代、利在千秋的崇高事业。到 2023 年末，港区慈善总会在"慈善助学"项目上共投入资金 248.9 万元，惠及港区困难学子 914 人次。港区慈善总会"慈善助学"项目将持续发力，为孩子们的成长提供一片广阔的天空。

云程发轫赴山海，奋楫笃行向未来。嘉兴港区将使慈善力量在促进社会公平和进步中发挥积极作用，继续把发展慈善事业作为保障和改善民生的重要内容，坚持守正创新奋发有为，不断开创港区慈善事业高质量发展新局面。

桐乡市同舟社会工作服务中心

桐乡市同舟社会工作服务中心（以下简称"同舟"）成立于 2022 年 9 月，作为服务型基层慈善组织，同舟以与时俱进、求真务实精神，回应新时代慈善事业高质量发展特征和要求，用实际行动和优异成绩彰显慈善组织的责任和担当。

同舟充分运用"五社联动"机制，广泛开展各类公益服务和社会服务项目，探索出一条"慈善 +N"的服务路径，有效发挥慈善组织的积极作用。

"慈善 + 救助"。同舟聚焦"传统慈善"向"数字化慈善"转变，"小众慈善"向"大众慈善"转变，联合市民政局、市慈善总会，依托"无忧慈善"平台，以"一对一""多对一"的形式在全市范围内开展帮扶活动，帮助困难群众实现"微心愿"，截至 2024 年 8 月已排摸困境人群 1000 余人，完成微心愿 1615 个。

"慈善 + 治理"。同舟利用自身组织优势，对接居民需求，最大限度地整合社会慈善资源，解决群众身边的"小急难"问题，激活基层社会治理，截至 2024 年 8 月已开展各类慈善活动 40 余场，受益群众 5000 余人次。通过"构建参与平台、培育家园意识、优化村庄治理"三大举措，真正让村民"动"起来、让村力量"活"起来、让村环境"美"起来，让慈善在基层服务中更加具体生动。

"慈善 + 社工 + 志愿者"。同舟坚持党建引领，持续深化"慈善 +"战略，健全"慈善 + 社工 + 志愿服务"融合工作机制，把"困境人群所需"与"社工所长""志愿所向"紧密结合，打造慈善工作"协同共进治理圈"，截至 2024 年 8 月已挖掘培训志愿者队伍 5 支，发动志愿者力量 1000 余人次。在开展慈善工作过程中，不断梳理提炼三方合作机制，由同舟撰写的慈善服务案例《困境儿童服务：社工与志愿者的双向奔赴》被中国社会工作期刊刊登。

下一步，同舟将持续以"慈善 +N"多元服务机制扩大慈善事业"朋友圈"，继续推行"人人慈善"的现代慈善理念，不断提升慈善项目实施精准度和成效性，努力完善有利于慈善组织健康发展的体制机制，以更丰富的慈善行为及方式探索现代慈善之路，推动慈善事业高质量可持续发展！

桐乡市满天星公益服务中心

让慈善星光普照人间。桐乡市满天星公益服务中心成立于 2023 年 2 月，有专、兼职工作人员 10 余人，志愿者 80 余人。中心依托桐乡市公安局"乡亲大走访"，发挥实地进驻"乡亲驿站"阵地优势，积极对接公安、教育等多部门，充分调动多方公益力量，致力于关心关爱新居民子女，帮助他们健康成长、全面发展。

品牌特色精准对接。中心启动"满天星·新守护·梦桐行"项目，为在桐新居民子女举办集体生日会、"六一"晚会，开展公益课堂、关爱帮扶等活动。满天星爱心帮扶。联合"乡亲大走访"定期排摸走访新居民家庭，在特定节日，慰问在桐务工的单亲妈妈们，暑期慰问困难学生，拉近"心"距离，传递正能量。满天星公益课堂。依托团市委"桐童小课堂"品牌，开设周末以及寒暑假的公益课堂。至 2024 年 8 月，累计开设 76 节书法、美术、绘本、国学等多样化课程，丰富了新居民子女的精神文化生活。满天星公益活动。举办"乡"遇春天·反诈"桐"行、美丽乡村研学夏令营等主题活动 20 场。先后举办 11 场新居民子女集体生日会，为他们实现生日愿望近 150 个。成立满天星少年警校，联合各乡镇派出所，结合村、社区场地资源以及社会公共资源，聚焦反诈防骗、交通安全等内容，开展实践活动加强未成年人保护工作。

服务成果颇受赞誉。2023 年满天星入驻桐乡市政协的网络公益平台，积极对接爱心企业开展结对帮扶。同年参加桐乡东西部协作活动，向松潘县捐赠价值 6.5 万元的运动服装 400 件。

据不完全统计，满天星共结对帮扶新居民子女 100 余人次，累计 1725 人次参加满天星公益课程培训。

微光成炬，爱满桐城。守护新居民子女，满天星公益将进一步聚合各界慈善资源，吸引爱心力量，汇聚更多有爱心的企业、社会人士加入满天星公益服务队伍，让更多在桐乡生活学习的新居民孩子感受到爱与温暖，营造关心关爱新居民少年儿童社会氛围，为努力建设美好新桐乡贡献满天星公益力量。

嘉善县萤火虫公益服务社

嘉善县萤火虫公益服务社（以下简称"萤火虫团队"）成立于2018年，是4A级社会组织，致力于公益项目的研发、社区治理创新等领域，以专业化、个性化的社会服务构建社会资源联动体，获嘉兴市优秀志愿团队、优秀团支部，嘉善县最佳助残社会组织等多项荣誉称号。

萤火虫团队重点实施的"护苗行动"关爱困境儿童项目，服务于嘉善县172名困境儿童及56名残疾儿童，坚持以陪伴、扶志、赋能为目标，积极探索"政府帮扶＋社工＋志愿者"的服务模式，以常态化的个案服务、分层分类精细化服务、主体网格化的帮扶服务，开展困境、残疾儿童"幸福＋"工作，开展活动500余场，个案32例。项目获评浙江省优秀志愿服务项目铜奖、嘉兴市品牌服务项目、社会组织优秀案例、嘉善县"积善之嘉"最佳志愿服务项目。

萤火虫团队自2019年以来一直服务于听障群体，慈善公益项目"无声咖啡馆"应运而生，常态化提供听障公益性岗位。七成利润用于开展听障群体志愿服务，如"筑梦无声"公益手语课堂、"咖啡储蓄罐"公益捐、无声之手志愿服务队等，实现从政府购买服务到志愿助残和商业运营良性循环的蝶变跃升。项目获得浙江省青年志愿服务公益创业项目优胜奖、嘉兴市青年志愿服务项目三等奖，受到省市县多家媒体点赞。此外"益"家糖水铺慈善公益项目聚焦"城市跑男"群体，关注快递、外卖从业者的需求，从一杯糖水到免费雨披、充电宝、爱心"加油包"，从11家糖水铺到如今的36个固定摊位、52个流动摊位，累计出摊超4万小时，提供免费用水超12万杯……持续用爱"新"和暖"新"激发社会发展"新"活力。项目获评嘉兴市志愿服务项目大赛铜奖、新时代文明实践项目大赛二等奖、嘉善县志愿服务项目银奖、长三角一体化示范区优秀慈善公益项目及志愿服务创新项目大赛铜奖等荣誉。

萤火微光，熠熠善城。萤火虫团队将进一步积蓄向上力量，充分发挥机构优势，优化"供给—需求"，积极探索公益慈善新途径，拓展社会服务，擦亮品牌效应，打造"人人公益，事事可为"的慈善氛围，让爱心洒满"嘉"，温暖"善"城情。

嘉兴市

SHAO XING

—浙江慈善名片—

绍兴

善行越地传千年　大爱绍兴谱新篇

　　绍兴，简称"越"，地处长三角南翼，位于浙江省中北部，西接杭州，东连宁波，北濒杭州湾，是长三角城市群重要城市、环杭州湾大湾区核心城市。绍兴素有"山清水秀之乡、历史文物之邦、名人荟萃之地"的盛誉，是首批中国历史文化名城、东亚文化之都、全国文明城市、中国优秀旅游城市，是著名的水乡、桥乡、酒乡、书法之乡和名士之乡。市域面积 8279.07 平方千米，常住人口 539.4 万人，下辖越城、柯桥、上虞区，诸暨、嵊州市和新昌县。2023 年地区生产总值 7791 亿元，综合经济实力居"中国百强城市排行榜"第 29 位。绍兴是一座慈善文化浓厚的城市，人民素有热心公益、乐善好施的慈善基因。

　　善行越地，慈承千年。绍兴慈善历史悠久。先秦时期，"勾践治以为义田"，救助"鳏寡孤独不能自存者"，是我国史书记载最早的慈善举措之一。商圣范蠡三散

绍兴市

2015年四季沐歌之夏日亲情活动暨绍兴市首届青少年慈善夏令营开班仪式

家财，富行其善，是当之无愧的慈善家先驱。明代祁彪佳赈济灾民，力行慈善，并在赈灾之余编撰堪称百科全书式的荒政著作《救荒全书》，展现了济世救民的高尚情怀。现代以来，浙籍港胞张杰40多年铢积锱累，共捐资1500余万元在家乡上虞重教兴学，生动诠释了泽被桑梓的慈善大义。

1995年8月，绍兴市慈善总会成立，绍兴慈善事业步入规范化、制度化发展的新阶段。全市慈善系统坚持以人民为中心的理念，创新发展，团结实干，大力推进慈善事业高质量发展。2005年，首届绍兴慈善大会召开后，全市慈善氛围更加浓厚。目前，全市各级登记注册的慈善组织147家，乡镇（街道）服务平台103家，村（社区）慈善服务点929家。截至2023年底，总会接收社会捐赠4.31亿余元，救助支出2.81亿元。

善政先行，善作善成。围绕打造"善行越地、大爱绍兴"目标，绍兴市委、市政府切实加强了对慈善工作的组织领导，不断完善政策制度，引领绍兴现代慈善事业不断实现新跨越、新提升。2011年，市委、市政府成立28个相关单位为成员的

弘扬慈善精神　共筑大爱之城
绍兴市"9·5中华慈善日"主题活动

指导单位：浙江省民政厅　浙江省慈善联合总会
主办单位：绍兴市民政局　绍兴市新闻传媒中心　绍兴市慈善总会

"弘扬慈善精神　共筑大爱之城"绍兴市"9·5中华慈善日"主题活动

慈善工作领导小组，加强对慈善工作的统筹协调，建立起上下联动、左右贯通的慈善工作网络。2021年，市委、市政府"两办"印发《关于加快推进慈善事业高质量发展的实施意见》，成为省内首个出台实施意见的地市。全市党政机关率先示范，带头开展"慈善一日捐"活动。2007—2015年，全市连续举办了三届"绍兴慈善奖"评选活动，在全市进一步营造了"向上、向善"的慈善公益风尚。

不断创新筹资方式。在依托大额冠名基金筹集慈善资金的同时，本着"慈善人人参与"的理念，2013年，在全省率先探索建立慈善公益小额冠名基金。同时，大力开展网络募捐、指尖公益、项目化募捐、慈善义卖和慈善信托等筹资方式的新探索，全社会人人参与慈善的氛围日益浓厚。2011年，首届中国城市公益慈善指数发布，绍兴荣膺六星级城市称号。2012年，在第二届中国城市公益慈善指数榜上，绍兴一跃升为最高的七星级城市。2014 年，绍兴市慈善总会荣膺中华慈善突出贡献（组织）奖。时任绍兴市人民政府副市长、市慈善总会会长徐明光被中华慈善总会授予中华慈善突出贡献奖。2012 年、2014 年、2016 年、2018 年我市四次入选中国慈善城市百强。2017—2021 年浙江城市慈善发展指数中，绍兴所属区县市慈善发展指数平均排名位列全省第一。全市荣获历届"浙江慈善奖"89 个。

慈心为本，善举为民。恪守慈善为民之则，慈善救助手段愈加精准，优秀慈善品牌项目不断涌现。2011 年开始，全市围绕"春暖我心""夏日亲情""秋日正红""冬日暖阳"启动"四季沐歌"项目，开展慈善救助和关爱服务，荣获第九届中华慈善奖"最具影响力慈善项目"称号，也是绍兴首次问鼎全国慈善最高奖。2015 年开始，市慈善总会携手绍兴广播电台总台合作设立"天天向善"慈善基金，开辟专题栏目，开通救助热线，面向社会寻访特困对象，跟踪救助帮扶，并呼吁社会公众共同参与，荣获第五届"浙江慈善奖"。2018 年，绍兴市慈善总会"微善聚爱"急难救助项目入选首届浙江慈善爱心榜十大慈善项目。2018 年开始，全市范围内启动慈善公益核心人才能力提升"青蓝计划"，已培训慈善工作者超过千人。深耕慈善助学，效果日益凸显。绍兴市老干部公德志愿服务队连续十几年帮助困境家庭学生，从一开始的队员自掏腰包资助贫困学生，到如今的市慈善总会资金支持、爱心人士捐赠、爱心企业捐赠的民间慈善平台，成为帮助困境家庭学子的有效补充和重要社会力量。创新"慈善 +N"模式，探索社会救助与慈善救助衔接机制，联合设立 600 万元绍兴市善居工程慈善信托项目，专项用于全市困难家庭居住环境提升改善。

向善而行，共谱新篇。慈善承载大爱，汇聚向善力量，传递希望，润泽人心。做好新时代慈善工作使命光荣、责任重大。绍兴市慈善会系统将坚持党的全面领导，把稳慈善发展之舵，按照建设"惠民慈善、大众慈善、阳光慈善、智慧慈善"的总体目标，制定实施《绍兴市慈善总会发展规划》；以做大慈善规模为努力方向，不断创新募资方式；以民生热点为救助重点，着力打造慈善品牌，同时，将进一步深化慈善文化研究，强化宣传引导，切实浓厚慈善氛围；进一步深化清廉组织，强化行业自律，切实增强慈善组织公信力，在推进中国式现代化市域实践中，奋力谱写绍兴慈善事业高质量发展的光辉篇章。

越城区夜景

历史名城　慈善化人

　　越城区位于宁绍平原西部、杭州湾南岸，区域面积538.6平方千米，2023年常住人口113.06万人，地区生产总值1130亿元。越城区历史悠久，文化底蕴深厚，是绍兴市政治、文化中心。生活在这座幸福感满满的历史名城，越城子民素来怀有仁爱之心，慈善思想与慈善活动源远流长，世代相传。大禹"调济食物"救灾移民、越王勾践"开仓谷、贷贫乏"施仁政、大夫范蠡"三聚三散"行善举、清末徐树兰长期组织公益活动等，诸多慈善史迹感人至深。

　　慈风善行，世代传承。越城区境域内很早便设有慈善机构，从宋代的"居养殿"到明清时期的"育婴堂"，从中华人民共和国成立初建造的福利机构到2002年成立的越城区慈善总会，无不承载着越城人对慈善事业的坚持与奉献之情。越城区慈善总会大力开展扶老、抚孤、帮残、助学、助困、助医、应急等各种慈善救助项目，截至2023年底，接收捐赠款物总计9310.2万元，慈善项目活动支出6876.5万元。近年来，越城区"五社联动·越善谷"综合服务平台闪亮登场，迸发出巨大能量。"平台"聚拢慈善组织、慈善资源、志愿者等多元主体，使区级社工总站、社会组织服务中心、慈善基地完美融合。随着慈善组织逐步增多，捐赠金额日渐增长，参与人群不断扩大，该"平台"已成为全区又一张闪耀的慈善金名片。

力兴慈善，高树品牌。一直以来，多元化的筹资渠道和多样的救助活动，使越城区慈善事业健康快速发展。企业捐赠，"慈善一日捐""中华慈善日"主题宣传等慈善活动及"点滴公益慈善基金""福彩暖万家"系列公益活动，细水长流，聚沙成塔，为扶贫事业添砖加瓦，为构建和谐社会锦上添花。2020年成立全区首家非公募基金会。该基金会秉承"以人为本，奖励师生，爱献教育，筑梦未来"的理念，设立各类助力教育事业的奖项，为教育事业贡献力量，至今已发放各类奖金128万余元，受益师生达2000多人次。近年来，越城区精心打造慈善品牌，先后组织开展了"白内障复明工程""越慈善越幸福"系列大病救助，"圆梦大学""善居工程""七彩夏日""家门口"的老年大学等多个项目。特别是"越慈善越幸福"系列大病救助项目，给家庭贫困的病患者提供帮助和带去希望，受到市里肯定和表彰，进一步扩大了慈善品牌的影响力。

剑胆书心，继往开来。今日之越城，慈善气氛浓厚，如同阳光雨露润泽人心。越城区慈善总会将继续秉承"剑胆书心、越古超今"的越城精神，聚焦社会热点、痛点、难点和群众急难愁盼，不断探索符合越城实际的慈善救助形式，不断放大慈善效应，努力开阔发展慈善事业的新思路，为区域发展增光添彩。

2024年"七彩夏日·爱心暑托班"

柯桥区风光

慈润纺都　乐善柯桥

　　柯桥区面积 1066 平方千米，常住人口 112.45 万人，2023 年地区生产总值 2030.29 亿元。

　　从古越蚕织到国际纺都，善传千年。柯桥是创业致富的沃土，更是乐善好施的高地，范蠡、祁彪佳、朱庆澜等慈善先贤择善而从，立义仓、办义塾、置义田等慈善义举层出不穷，公益慈善的基因不断传承。柯桥区慈善总会（原绍兴县慈善总会）自 1996 年成立以来，始终围绕中心工作，团结社会各界力量，助力慈善事业高质量发展。截至 2023 年底，总会共募集善款 7.8 亿元，支出善款 6.6 亿元。2017—2022 年度柯桥区慈善发展指数均列全省区（县、市）级前四；区慈善基地 3 次获评"浙江省示范性慈善基地"；区慈善总会获评"长三角慈善之星"和浙江省品牌社会组织；10 家企业、个人及项目先后获"浙江慈善奖"；承办第七届"西湖论善"并出版全市首部慈善志——《柯桥区慈善志》。

　　从精英慈善到人人慈善，各善其善。柯桥区通过依法设立慈善基金，制定基金管理办法，倡导共同参与，不断激发爱心企业捐赠意愿，壮大基金体量。目前，全区大额慈善基金（信托）88 只，总规模 3.51 亿元，累计支出 3.16 亿元，惠及

140.31 万人次和非营利机构 567 个次。同时，联合成立"善行浙江"区域慈善发展研究中心，打造乐善 IP，搭建线上线下服务平台，推动社区慈善发展。通过 270 家村社慈善服务点、42 只村社慈善基金、2 家镇级社区发展基金会、20 家区级社区慈善试点、30 家区级慈善活动基地等慈善平台的拓展，不断丰富人人慈善载体。2024 年，玉兰社区入选全国社区慈善实验试点。

从助医纾困到扶智激励，善善与共。2018 年 3000 万元的"康乐·大病关爱"救助项目启动，用于全区困难群众（含外来务工人员）的医疗救助。该项目累计发放善款 2821.92 万元，救助逾 47 万人次，并荣获第六届"浙江慈善奖"。2024 年，区慈善总会追加 700 万元将该项目并入医保、民政、财政、慈善等多部门联合设立的"暖心无忧基金"，持续推进医疗救助更加精准高效。近年来，柯桥区设立 2000 万元的"益梦·爱心书舍"项目，相继建成榧香、南溪、云溪三座书舍，既丰富了山区孩子的精神文化家园，又打造了"慈善 + 文旅"新地标。2023 年榧香书舍获评第二届全民阅读大会"最美农家书屋"称号，并作为"千万工程"系列报道登陆央视《新闻联播》头条。此外，柯桥区资助 200 万元助力建成四川金川县青少年图书馆，并捐赠图书 7000 余册。

砺以今朝，致以未来。这座向善而行的国际纺都，将继续弘扬慈善传统，涵育慈善文化，不断扩大"乐善柯桥"品牌影响力，以善心成就美好，以善行追求卓越，奏响柯桥慈善的时代强音，成就"乐善柯桥"的温暖画卷。

2024 年 3 月，稽东榧香书舍开展公益阅读活动

青春之城　善行上虞

　　绍兴市上虞区地处长三角区域一体化发展的核心区域，位于杭州和宁波的几何中心，杭州湾大湾区的"金南翼"。区域面积 1362 平方千米，常住人口 80.28 万人，2023 年地区生产总值 1317.72 亿元。2022 年上虞城市发展指数首次进入浙江省前十位。作为大爱之地，青春之城，上虞区慈善事业也在蓬勃发展。

　　慈善文化优渥，慈善人物辈出。上虞是中华孝德始祖虞舜的故里，孝德文化、善文化成为上虞传统文化的重要母源，为慈善事业的发展提供了土壤。历代以来，上虞也出现了许多热心公益的慈善家。有设立连氏义庄救济相邻的连仲愚，有组织领导江浙沪绅商赈灾的经元善，成立"救济善会"救济难民的潘炳南，捐资创办百年名校"春晖中学"的陈春澜和爱乡楷模张杰等。在当代，上虞的慈善事业得到了进一步的传承和发展，也涌现阮水龙、阮静波、陈建成、丁欣欣、阮兴祥等一批慈善名人。

　　建设慈善上虞，打造工作矩阵。上虞区慈善总会成立于 2003 年 12 月，立足全域慈善、全民参与，着力拓宽慈善活动谱系，积极打造慈善工作矩阵，构筑起涵盖助困、助医、助孤、助学、助老、助残和支援协作的全领域大慈善格局，因地制

上虞一江两岸风光

宜探索开展"留本捐息"慈善冠名基金模式。20年来，上虞区慈善总会累计募集资金 9.56 亿元，支出救助资金 5.16 亿元，开展各类慈善项目 280 余个，有效地发挥了慈善在政府保障体系中的补充作用。总会高质量举办了"善行上虞·正青春"主题活动和"慈善二十周年风采展"，全民向善蔚然成风，先后被评为省级品牌社会组织、

上虞区慈善总会"书香伴成长"阮月华公益慈善项目成立仪式

首批省级清廉社会组织建设百家范例；总会慈善"造血型"扶贫基地项目，爱心企业家阮水龙、阮静波、陈建成、王苗通等先后获"浙江慈善奖"；阮兴祥家庭因在公益慈善、乡村振兴等方面的卓越贡献被授予"全国最美家庭"称号。上虞全区由爱乡人士出资设立的公益基金达 200 余个，本金总额达 20 亿元，《人民日报》曾对此进行专题报道，称其为"上虞基金现象"。

慈善亮点纷呈，项目成效显著。上虞区自 2006 年推出第一轮慈善冠名基金，至今已历经四轮，共有 173 家企业（个人）参与认捐，认捐增值金达 5.47 亿元。上虞区已建成覆盖全区的慈善援助体系，如：通过上虞区慈善总会先后设立的龙盛助学、闰土奖教、卧龙帮困、亚厦公益慈善建设、农商银行农村助困等公益慈善项目，支出资金 7000 余万元，受益群众数十万人次；总额 1 亿元的"凤凰领航"基金定向助力乡、村级集体经济增收项目，支出资金近 900 万元，助力有关项目近 20 个；在东西部帮扶和山海协作等领域也不遗余力，先后对口帮扶四川省小金县、金口河区、浙江省仙居县、景宁畲族自治县等，支出帮扶资金近 3000 万元，设立公益慈善项目 30 余个。此外，为深入挖掘上虞慈善文化的历史和内涵，有效传播慈善理念慈善精神，积极宣传优秀慈善典型慈善人物，成立区慈善文化研究会，助推上虞慈善事业再上新台阶，实现新提升。

上虞区将围绕建设有温度、有大爱的"青春之城"的目标，进一步擦亮"善行上虞"公益品牌，抓好冠名基金龙头，立足"六助"，创新项目，强化规范，持续提升上虞慈善工作公信度、辨识度、美誉度！

诸暨风光

善行暨阳　枫景正好

诸暨市，位于浙江省中北部，绍兴市西南部，市域面积 2311 平方千米。2023 年常住人口 122.92 万人，地区生产总值 1755.29 亿元，是全国百强县市。作为全国新时代文明实践"先行试验区"，诸暨慈善事业守正创新，蓬勃发展。

诸暨，不仅是"枫桥经验"的发源地，更是一方慈善沃土。春秋时期，越国大夫范蠡辞官经商，博施济众，开创了诸暨善行先河。2000 多年来，涌现出一大批慈善人物，施棺赈饥、修桥铺路、建校兴学……1998 年 5 月，诸暨市慈善总会在先贤们奏响的历史序曲中破茧成立。20 多年来，"善行暨阳"直抵人心，"人人慈善"蔚然成风，2017—2021 年浙江城市慈善发展指数位列全省第二。

倡导全民参与，汇聚涓涓细流。"慈善一日捐"，已成为全市党政机关、企事业单位和爱心人士的一种自觉行为和习惯；"村级关爱基金"，全市 476 个行政村全覆盖，总规模达 2.7 亿元，支出善款 1.6 亿元，惠及群众 37 万余人次；"冠名基金捐"成为企业、爱心人士奉献爱心的有效途径，总会建有各类冠名基金 190 个，募集善

诸暨市"日心月益"慈善生活馆百家爱心食堂上线启动仪式

款2.9亿元；"股权捐赠""慈善信托"等捐赠新方式不断涌现，海亮集团无偿捐赠1亿股无限售条件流通股股权，次坞乡贤设立1000万元"徐维堂、俞芬美振兴乡村慈善信托"。截至2023年底，总会募集各类善款8.6亿元，支出善款5.5亿元。

聚焦弱有众扶，确保人人受益。总会制定14个慈善救助政策，涵盖助医、助学、助困三大类，与社救相融合，实现标准化救助，精准化帮扶。打造"日心月益"慈善品牌，围绕"一老一小"，开展"童年""向善""重阳"等公益活动，持续推进普惠受益。乡贤基金助力，慈善服务加持，城区近4000名环卫工人们吃上了"爱心早餐"，全市288家爱心食堂顺利建成，389个村社的1.4万余名老年人"不再饭难"。

壮大慈善力量，描绘致富图景。"一枝独秀不是春，百花齐放春满园。"总会创造条件，搭建平台，孵化、培育慈善组织。总会设立"我愿益"基金，出资100万元，用于保障慈善组织发展；建立慈善联盟，通过公益创投、项目合作、打造慈善IP等方式，强化联合联动，深入推进协同发展。至2023年底，已建成慈善生活馆1个、慈善空间10个、村（社）慈善服务点493个，发展慈善组织25家。

善行，是诸暨人民的本色；枫景，是诸暨城市的底色。诸暨市将紧紧依靠群众发展慈善，发展慈善服务群众，持续擦亮"枫桥经验"金名片。

嵊州风貌

万年剡地　慈善强音

　　嵊州位于浙江省东部，以其秀丽的自然风光和丰富的历史文化而闻名，李白的"湖月照我影，送我至剡溪"和杜甫的"剡溪蕴秀异，欲罢不能忘"都是对嵊州美景的赞美。市域面积 1789 平方千米，常住人口 69.52 万人，2023 年地区生产总值750.36 亿元，列全国综合实力百强县市第 85 位。

　　东南山水越为最，越地风光"剡"领先。作为一座人文古城，嵊州地处古越中心地带，以"百年越剧诞生地，千年剡溪唐诗路，万年文化小黄山"闻名于世，积蓄了乐善好施、仁爱向善的慈善文化。嵊州市慈善总会自 1998 年 5 月成立以来，共接收社会捐赠 1.94 亿元，各类慈善救助等支出 1.76 亿元，共培育 17 家慈善组织和 100 多个慈善工作站，建成"五 shan"（向上向善、越山剡水、赡养孝老、各擅其长、扇枕温被）省级示范慈善基地，创新"慈善 + 社工 + 救助"服务模式，构建"玉兰嵊开"服务品牌，创建成为品牌社会组织，奏响公益慈善最强音。

　　广集慈善优资源，引领爱心新风尚。设立上市公司公益基金，由新光药业、迪贝电气、昂利康制药、亿田智能厨电、帅丰电器、新中港热电、盛泰服装 7 家上市企业捐资，总规模达 2 亿元，用于支持教育和医卫事业的发展。探索慈善助力发展新模式，采取试点先行、分批扩面的方式，在全市推广村社助力发展基金，已设立镇级基金7个，村级基金146个，资金规模近1000万元。嵊州慈善氛围浓厚，社会各界力量积极参与慈善事业，全市定向捐赠基金总数达60多个，近三年来募集各种善款超亿元，涉及助医、助学、助困、助老、赈灾等多个方面。

深化慈善好项目，发挥善款出成效。嵊州市慈善总会开创慈善救助新思路，持续深化社会救助和慈善事业融合发展，拓展企业（商家）参与社会救助新途径，"嵊企剡助"慈善项目初具规模。深化慈善项目新作为，实施助学、安居、助困等多个项目，其中"慈善圆你大学梦"自2005年实施至今，共资助困难大学生2478人，发放助学金1355.7万元，荣获第一届浙江慈善奖项目奖；慈善"安居工程"项目自2007年实施，至2019年，累计资助住房困难户230户，改善农村困难家庭住房条件，荣获第二届浙江慈善奖项目创新奖。推进扶贫东西部新发展，持续推动对口支援，助力东西部扶贫协作，累计援助资金物资达3000多万元，帮扶实施援建项目近10个。

越山"剡"水千古地，慈善之音响四方。剡水清清，孕育了崇德向善、乐善好施的慈善文化。嵊州市慈善总会传承万年剡地的慈善文化，践行"人人心怀慈善、人人参与慈善"理念，以"慈善文化""慈善服务"，持续推进慈善事业高质量发展，为助推"富乐嵊州"贡献慈善力量。

嵊州市"9·5中华慈善日"活动

善行天姥 大爱新昌

　　新昌县，地处浙江省东部，县域面积 1213 平方千米，常住人口 41.17 万人，2023 年地区生产总值 606.67 亿元。新昌是佛教中国化的重要发祥地、浙东唐诗之路精华地，得道高僧众多，劝善修德大行其道。自古以来民风淳朴，行善积德风气盛行，涌现出石待旦、张载阳等善人修桥铺路、济贫解困、捐资助学；义井、义桥、义渡、路廊等普济设施遍布乡间村陌。

　　1997 年，新昌县慈善总会成立，续写"凡人善举"，由善举到慈善，唱响"善行天姥"慈善品牌，设有 20 多家慈善基金会、80 多个慈善工作站和 600 多家社会组织；在全县设立两级帮扶基金，打造"善行之路"慈善基地，两次被授予 5A 级社会组织称号。截至 2023 年底，社会慈善捐赠款物 4973.8 万元。

　　聚众人之善，成社会之爱。近年来，新昌慈善义举薪火相传，有陈天桥、陈大年等一批拼搏在外、乐善好施的知名乡贤，有本地三花、万丰、新和成、浙江医京新制药等一批爱心企业慷慨解囊，通过"慈善+"模式参与善款募集，社会各界捐赠总量超 1.44 亿元，冠名基金达 6.4 亿元，受惠人数达 12.7 万余人。十多人次相继在省级以上慈善公益表彰中榜上有名，如鹤群机械赵治辉、中宝实业吴良定获评"首届中华百名慈善人物"，浙江医药李春波获评"中华慈善突出贡献奖"，万丰奥

天姥山

特陈爱莲获评中华慈善总会"慈善人物奖"，新和成胡柏藩、万丰锦源吴锦华、南明街道赵雪芬获评"浙江慈善奖·个人捐赠奖"。新昌，聚众力做慈善，书写不同

2023 年 10 月 26 日，新昌县慈善大会暨首届"慈善奖"颁奖活动举办

时代的慈善故事，让新昌这座城市变得更有温度、更有温情。

合众人之路，行慈善之道。以"政府主导＋社会参与"模式，构建了覆盖广泛、治理规范、服务专业的大慈善体系，形成了"一月一主题、月月有慈善"工作机制，探索了"慈善＋基金""慈善＋信托"等模式，打造了"安在乡村""银发守护"等优质慈善项目，设立了"良定育英基金""道才基金""慈善助急"等专项基金。2008 年以来，在 18 个社区建立微型"慈善爱心"驿站，发放各类救助物资 508 万元，扶贫助困支出 3753 万元，爱心助学支出 1248 万元，助医支出 2904 万元，助老及其他救助支出 4000 万元，特别是"光 FU 行"慈善公益项目成为"慈善＋救助"金名片，在全省七优享"弱有众扶"工作现场会入围优秀典型案例，打响了新昌慈善特色品牌。2021 年起，开展"乡理乡亲"服务集市，建设运营服务集市 252 个，打造 2 个试点乡镇和 4 个示范村，覆盖全县 219 个行政村、392 个自然村，为 44326 名 70 周岁及以上老年人、困难群众和特殊群体等解决"头等"大事，该经验做法得到省市领导批示推广。2023 年调动社会慈善资源联动企业捐赠物资 520 余万元，协调多部门形成"推动东西部合作共赢"的合力局面。

积善之家，必有余庆；积善之邑，为善必昌。新昌县慈善总会将把稳慈善发展之舵，恪守慈善为民之责，崇文守正、务实创新，在建设美好社会、推进中国式现代化县域实践中，奋力谱写新昌慈善事业高质量发展的崭新篇章。

嵊州市爱心义工团

嵊州市爱心义工团成立于 2016 年 8 月，是一家民办非企业的 5A 级社会组织，团队始终秉承"助人自助、乐动奉献、社会服务、公益和谐"的宗旨。现正式注册会员 416 人，涉及各个领域，各个行业，形成持续系统化、规范化、专业化的运作模式。

自成立以来，执行"暖心卫浴"改造、"平安与你同行"、"携手同行·伴您成长"等公益创投项目 22 个，累计资金超百万元。组织大小慈善爱心活动 8000 场以上，累计志愿时数 10 万小时以上，累计受益人数 10 万人次以上，是嵊州市首批慈善组织之一。

其间，"越曲童享"越剧传承项目荣获浙江省新时代文明实践项目银奖，项目组织者被评为绍兴市品牌社会组织、绍兴市优秀志愿服务集体，机构负责人马苏亚获评全国"百佳志愿者"、浙江省社会组织领军人物。

创优项目，喜获成效。嵊州市爱心义工团志愿活动项目化管理，推动志愿服务创优发展，打造了多个品牌项目，取得良好的社会效益。如"暖心卫浴"改造项目为低保、孤寡老人免费安装卫生间，并配置热水器、抽水马桶等设施，为他们解决"如厕难""洗澡难"等问题，已完成 112 户改造，多次被浙江卫视、嵊州电视媒体宣传报道，获评绍兴市优秀服务案例。"便民服务乡村行"项目先后到 22 个偏远山村开展理发、医疗、维修、法律等便民服务和文艺演出，共计 102 场次，连续两年被评为绍兴市优秀品牌项目。

增强"造血"，持续发展。嵊州市爱心义工团积极链接社会资源，建立了多个"爱心扶贫基地"。如创新推出"放心鸡""爱心枇杷"造血型项目，主要依托良好的养殖、种植环境，根据帮扶对象的劳动能力和个人意愿，因地制宜，养殖"放心鸡"、种植"爱心枇杷"，提供畜牧苗、果苗、送化肥、除草、技术指导、义卖等一条龙服务。实现了从传统的"输血"向"造血"型帮扶的转变。

服务社会，展现风采。嵊州市爱心义工团积极汇聚社会各界爱心的力量，共同关注弱势群体，传递正能量。一是实施"医患同心·志愿助力服务"项目，在嵊州市各大医院开展维护秩序、就诊引导、仪器挂号等服务；二是以"律师+社工+普通志愿者"多元组合模式，开展"和为贵"社区治理项目；三是开展呵护"青青草"项目，帮助提升涉罪未成年人回归社会的能力和信心。

"用爱心，点燃您的希望，奉献我的真情；用暖心，温暖您的心灵，超越我的梦想"，嵊州市爱心义工团将持续行走在剡溪两岸，让爱心飞扬。

绍兴市柯桥区柯桥街道社区发展基金会

绍兴市柯桥区柯桥街道社区发展基金会成立于 2022 年 6 月，旨在深入挖掘社会资源，在多元主体之间建立有效的协作和联动机制，搭建一个多向表达意见、多方互动互助、资源共献共享、协商解决问题的平台。2 年来，基金会坚持"创新、多元、实践"的宗旨，厚植慈善沃土，助力社区发展。

创新载体，深耕基层，发展慈善事业。近年来，柯桥街道全面打造现代社区幸福共同体，积极探索慈善事业发展新载体。2022 年 6 月，全市首家街道级社区发展基金会——柯桥街道社区发展基金会成立。基金会通过支持社区治理、社区建设、社区社会组织发展等服务，引导社会力量参与社区治理和提供困难群体帮扶，并在多元主体之间建立有效的协作和联动机制，目前已募集善款 330 万元，资助各类项目 148 万元。

枢纽平台，多元参与，营造慈善氛围。作为街道公益慈善事业的枢纽型平台，基金会通过组织慈善活动、扩大公益宣传、完善捐助机制等方式，致力为激发企业、社会组织、社工、居民及志愿者等多元主体参与社区公益服务搭建协作网络。基金会先后联合了 12 家爱心企业、560 家社会组织和 32 家共建单位成立"乐善联盟"，并会集了一批现代社区治理创新智库的专家队伍，共同为基金会的持续发展提供支持。

项目助推，打造品牌，践行慈善行动。柯桥街道"乐善码头"是省级社区治理和服务创新实验区项目，通过遴选 1 家专家工作室、16 家社区码头、5 家企业码头和 6 家共建单位，点亮社区微心愿 15 个，从个人慈善、社区公益、企业责任等层面全面盘活了辖区慈善资源。"乐善码头"为基金会的孕育提供了土壤，基金会资助的项目也丰富了"乐善码头"的实践。基金会打造了"乐善义仓""乐善书屋""乐善学院"以及范蠡公益市集等系列品牌项目，并推出"乐善创投"计划，资助 40 余万元开展公益创投项目 50 余个，35 个公益组织踊跃参与，服务居民 24265 人次，其中玉兰社区公益红娘志愿服务、管墅社区"银铃悦享"社区幸福养老等 5 个项目获评柯桥区社会组织品牌项目。

2024 年，基金会获评"绍兴市慈善之星"。基金会将继续秉承"以人为本、多元参与、精准帮扶、发展创新"的工作理念，不断探索和创新工作机制和方法，厚植慈善沃土，助力社区现代化发展。

绍兴市中成慈善基金会

浙江中成控股集团有限公司（以下简称"中成"），是一家从绍兴乡镇建筑施工队起步的企业。经过多年的不懈奋斗，已经发展为涵盖建筑、热电、有机硅、综合投资等多个产业板块的多元化集团，连续23年位列中国企业500强。在持续发展的同时，中成始终不忘回馈社会，积极响应党和国家的号召，热心参与公益慈善事业。

多年来，中成一直围绕"学校教育及文化事业""慈善帮困扶贫事业"以及"抗震抗台抗疫等救灾事业"三大核心领域，坚持将慈善事业与企业发展深度融合。公司每年拨出高达1000多万元的慈善捐赠资金，用于支持各类公益事业发展。至今，已累计资助教育、公益事业超过3.5亿元。

2004年起，中成在绍兴市慈善总会设立大额冠名基金，初始金额为800万元，后来逐步增长至1亿元。2022年7月，中成慈善基金会的成立，标志着企业的慈善事业向更加专业化、规范化的方向迈进。基金会秉承"用责任心做公益，以慈善心馈社会"宗旨，业务范围广泛，涵盖扶贫济困、教育文化、赈灾救灾等多个项目领域。在扶贫济困的道路上，中成慈善从未缺席，从困难群众救助到白血病患者医疗救助，从外来孕妇分娩补助到退役军人创业支持，从消薄扶贫的飞地经济到帮促发展的合作工坊，中成慈善的足迹遍布城乡，为无数需要帮助的家庭或个人送去关爱和温暖。

中成的慈善行为得到社会各界的广泛认可和赞誉。企业先后荣获"浙江慈善奖"（第一、四届）"浙江省援建青川先进企业"（绍兴唯一奖）"全省抗击新冠疫情先进企业""绍兴市第一至四届慈善奖""红十字博爱天使"等殊荣。董事长王永泉也被授予"浙江慈善奖"个人奖等荣誉。此外，中成还被授予绍兴首个"慈善文化示范基地""绍兴十大慈善风云企业"等称号，已成为业界公认的慈善典范。

中成慈善基金会将以播撒慈善阳光、携手传递大爱为己任，始终坚持企业发展和社会责任并重。在做强主业"硬实力"基础上，中成将继续积极主动回馈社会，将企业发展成就化为公益与慈善，助推企业高质量发展。

JIN HUA

—浙江慈善名片—

金华

金华万佛塔

慈行善举遍八婺　汩汩大爱泽四方

　　"水通南国三千里，气压江城十四州。"金华，位于浙江中部，因地处金星与婺女双星争华之处得名，具有2200多年悠久历史和灿烂文化，素有"历史文化之邦、名人荟萃之地、文风鼎盛之城、山清水秀之乡"的美誉。金华是国家历史文化名城和中国十佳宜居城市，是浙江省重点打造的第四大都市区，也是长三角一体化发展中心区城市、沪杭金发展带重要节点城市，市域面积10942平方千米，常住人口716.3万人，下辖婺城、金东2个区，义乌、永康、东阳、兰溪4个市，浦江、武义、磐安3个县，以及1个国家级经济技术开发区——金华开发区。2023年，全市实现地区生产总值6011.27亿元。

崇德向善，爱心相传。金华慈善文化源远流长，自古金华善举多，慈心义行遍乡间。黄大仙，东晋著名道教领袖，原名黄初平，出生于金华兰溪，于赤松山修炼得道，又称赤松子。黄初平匡世济民，成为民众喜爱的除妖祛邪、惩恶扬善的英雄，其"普济劝善"的理念千百年来传承不断，并远播海外。乐善好施的慈善家吴越，字君卿，金华南山人。每逢荒年都会开放自家粮仓，分发粮食给贫苦百姓，帮助他们渡过难关。同时还在金华城中建立多处施粥点，每日免费供应粥食给行人和乞丐食用，深受百姓爱戴。2002 年 12 月 24 日，金华市慈善总会应运成立，翻开金华现代慈善的新篇章。长期以来，金华社会各界携手慈善、与爱同行，涌现出金华成泰农村商业银行、绿源电动车有限公司和兰溪"木寸老人"姚宝熙、永康徐美儿等一批慈善典型。广大企业家致富思源、富而思进，踊跃捐款捐物，展现出浓浓的家国情怀和满满的责任担当；广大爱心人士慷慨解囊，热心公益，慈行善举成为金华温暖的底色和闪亮的名片。2002—2023 年，全市慈善总会系统累计接收捐赠 25.1 亿元，发放救助款物 18.57 亿元，帮扶困难群众 525 万人次；市慈善总会累计募集善款 3.1 亿元，帮扶支出 2.23 亿元，展现出强劲的发展势头和向上活力。

八婺善潮，爱善金华。在金华这片充满大爱的土地上，慈善事业如同春日之花，绽放出勃勃生机。金华市委、市政府高度重视慈善事业的发展，每三年举办慈善大会，表彰先进模范，每年召开慈善工作领导小组会议，研究部署慈善工作，以《中华人民共和国慈善法》为纲先后出台《关于加快推进金华市慈善事业高质量发展的实施方案》等多项政策文件，保障促进机制有力，持续推动金华慈善事业不断迈上新台阶。全市慈善总会系统利用自身优势，构建起"一级法人、三级联动"机制，聚焦打通基层慈善服务"最后一公里"，全市建成慈善分会 147 个、工作站 3257 个，健全横向到边、纵向到底的市域慈善体系，实现慈善基层组织县乡村三级网络全覆盖。在社会各界大力支

金华市第十八届慈善年夜饭现场

持下，市慈善总会以扶弱济困为重点、依法行善为驱动、民生需求为导向，不断拓展帮扶领域、扩大救助范围、创新手段方式、夯实基层基础、筑牢组织根基，积极发挥慈善的助力作用，多次荣获浙江慈善奖项目奖。

慈善之城，善举济世。"八婺善潮 爱善金华"金名片得到各界越来越多的认同与肯定，"慈善一日捐"渐成风尚，慈善年夜饭18年的爱心接力聚起一座城市的大爱，慈善品牌越擦越亮，全市已初步形成组织化、多元化、专业化、智慧化、规范化的新时代慈善事业高质量发展新格局。始终将善款募集作为工作的重中之重。坚持传统模式和现代方式相结合，线上线下齐发力，多形式、多渠道开展慈善资金募集，使慈善资金实力得到重大突破。特别是近5年来，市慈善总会坚守初心，锐意进取，扎实开展了一系列具有基础性、开创性和长远性工作。2023年，全市慈善总会系统捐赠收入首次突破5亿元，达到5.4亿元，创20年来新高。市慈善总会坚持依靠社会办慈善，连续18年开展"慈善年夜饭"活动，整合邮政集团有限公司金华市分公司、爱心企业、爱心车队、义工组织等社会力量，累计帮助7.92万余户困难群众过上"幸福年"。帮扶救助从随机到精准，帮扶对象从个体救助到群体覆盖，

2024年金华市慈善总会"9·5中华慈善日"活动

"绿源力量 圆梦飞翔"公益夏令营活动

帮扶形式从上门求助到主动对接，帮扶模式从单一到"慈善+N"多重，慈善帮扶不断走向深入。"绿源助学"项目持续开展15年，每年惠及市本级90余名困境儿童，累计出资450万元；为更好帮助驻金部队官兵全身心投入国防军队建设，推动新时期拥军优属工作，2010年市慈善总会联合市"双拥办"共同设立困难军人救助专项基金，每年开展"关爱亲人解放军"项目。活动开展13年来，累计为驻金部队1100余名家庭困难官兵发放资助金260余万元。2019年以来聚焦东西部帮扶协作，积极支持四川省金口河区、巴中市，新疆阿克苏等地区慈善事业，通过助学、助老、助困、助残、产业帮扶等项目支出943.6万元；联动市工商联、市国资委等部门，积极开展东西部协作万企帮万村等活动，捐赠新疆98个结对村脱贫攻坚款364万元。

百尺竿头，再建新功。进入新时代，奋进新征程，金华市慈善总会将坚守慈善初心使命，始终把工作的出发点和落脚点放在为困难群众排忧解难上，把工作的关注点和着力点放在助力党委、政府兜住兜准兜牢民生底线上，努力办好困难群众可感可及的实事。突出改革思维，树立精准慈善理念，强化法治引领，加强慈善人才队伍建设，推动全市慈善事业稳中向好、高质量发展。

婺城双龙洞

婺城古韵　慈爱绵长

　　婺城，一座承载着2000多年历史文化的古城，素有"历史文化之邦、名人荟萃之地、文风鼎盛之城、山清水秀之乡"的盛誉。区域面积1391.24平方千米，常住人口97.8万人，2023年地区生产总值804.83亿元。在婺城，慈善是历史与现代交织的旋律，是人心向善、共筑和谐的美好愿景。

　　古城遗韵，慈善源远流长。在这片土地上，无论是古人"兼济天下"的崇高情怀，还是今人"助人为乐"的朴素行动，都如同涓涓细流，滋养着这片热土上的每一个生灵。古有躬身为民的卢文台、建潘氏社仓的潘叔度、伐石作桥的僧人宗信，今有浙江偶像楼小英、环保老人曹荣安、反哺家乡的海内外婺乡人，慈善不仅仅是一种行为，也是流淌在这片古老土地上的温暖。

　　爱心汇聚，传递慈善力量。婺城区慈善总会自2014年成立以来，持续擦亮"慈善婺城·大爱之城"的品牌，荣获浙江省慈善联合总会授予的"2023年度先进会员单位"称号。培育成立慈善组织11家，慈善募捐实现了跨越式增长。截至2023年底，婺城区慈善总会共募集善款物资2.96亿元，救助支出2.87亿元，慈善项目和志愿服务从传统的扶危济困向多需求拓展，涵盖了扶贫帮困、助学支教、医疗卫生、文化体育等多个领域。打造了婺城区首个综合型、专业化、公益性的线下慈善平台，连续三次获评浙江省示范基地，成为展示婺城慈善风采、传播慈善文化的重要窗口。

精准施策，慈善温暖全区覆盖。区慈善总会动员社会力量，情系困难群众，连续四年发放春节慰问金、慰问品。慈善送温暖活动覆盖了全区低保户，惠及4850户困难家庭，合计帮扶439.98万元。凝聚社会助学力量，弘扬社会助学风尚，持续开展全区低保家庭助学项目，累计受助204名学生，发放助学金55.82万元，让困难家庭的子女顺利完成学业。18个乡镇级慈善分会、274家村级慈善工作站如雨后春笋般涌现，实现三级网络建设全覆盖。借助慈善分会（工作站）力量，举办"善行婺城"进村（社）活动，为村民（居民）送上丰富多彩的活动。省级示范慈善工作站、市级基层慈善组织的创建，筑成一张密织的爱心之网，将婺城的每一个角落紧紧相连，让慈善的温暖触手可及。

回望过去，婺城以坚定的步伐和不懈的努力，书写了一部部感人至深的慈善篇章。展望未来，婺城慈善将继续秉承"仁爱"与"互助"的核心理念，以更加开放的姿态拥抱社会、服务大众，让慈善之光照亮更多人的心灵，为构建一个充满关爱、和谐美好的社会贡献更大的力量。

婺城慈善基地

仁爱互助　善行金东

金华市金义新区（金东区）位于浙江省中部，区域面积 661.8 平方千米，辖 8 个镇、1 个乡、2 个街道办事处，360 个行政村（社区），常住人口 51.7 万人，2023 年地区生产总值 320.88 亿元。作为打造"浙中增长极、未来新中心"的重要窗口，金东区不但经济社会快速发展，慈善事业也蓬勃发展。

大仙得道赤松山，善行善举渊又长。金东区有着深厚的慈善历史文化基因，赤松山（金华山）是黄大仙修炼得道成仙之地，他的传说和故事得到广泛流传，被尊为治病救人、积德行善的神仙。一代国画大师黄宾虹的二妹黄乃耐，是一名命运多舛的农妇，但她以勤劳著称乡里，目不识丁却兴办学校，无儿无女却抚育无数学生，是勤劳耕作，挣钱修桥铺路的伟大女性。孝顺镇的"孝文化"已成为该镇文化品牌，自 2012 年起由孝顺镇每年举办"孝德慈爱"相关大型活动，中央电视台等十多家国家级新闻单位曾连续报道该镇"孝文化"建设。金东区慈善总会成立于 2020 年 12 月 24 日，2024 年被评为 5A 级社会组织，慈善事业有序推进。

金东新城

涓涓细流汇成海，多方筹款壮力量。区慈善总会始终把善款筹募作为重中之重，不断提高慈善动员能力，创新慈善筹募方式，拓展筹募范围，尝试新兴慈善模式，开展"慈善一日捐"活动，冠名慈善基金，定向慈善捐赠等形

2024 年金东区慈善总会温暖行动系列活动启动仪式

式募筹慈善资金。2020 年至 2023 年底，筹集善款 4180.2 万元。

正面典型引风尚，爱心传递美人间。挖掘、传承、弘扬"善"文化的精神内涵，形成金东特色慈善文化。弘扬慈善传统美德，将善行善举纳入"金东好人""最美人物""最美家庭""时代乡贤""慈善人物""孝德慈善奖"等评选内容，健全激励褒奖制度，推进"大爱金东"建设。开展慈善"六进"活动，充分利用多媒体宣传慈善文化，宣扬慈善典型人物，"浙江好人"王汉清，热心公益慈善事业，连续 21 年为 1200 名学生发放奖学金，累计捐出 20 多万元。三个女儿牢记父亲的嘱托，继续每年发放"奖学金"至今。

围绕中心抓重点，助力百姓福安康。总会汇集慈善力量，设立"李子园公益基金""金兰公益基金""司法救助（社会）基金"等 10 个基金。实施"助困、助学、助医、助残、助老、公益"六大慈善品牌项目，让百姓过上幸福安康的生活。特别是配合政府中心工作，助力做好"爱心卡"项目。自 2022 年 8 月开展全省首批养老服务"爱心卡"试点工作，到 2024 年 9 月底，全区已筹集资金 7000 多万元，已申领养老服务爱心卡 8.96 万张，开展各项养老服务 400 余万次，提升了老年人的生活质量。"爱心卡"金东模式在全省推广。

砥砺前行再努力，展望未来谱新篇。仁爱互助，孝德慈爱，是金东文化的精神内涵。我们将继续深化慈善"三级网络"建设，聚力善款募集，创新项目建设，实施精准帮扶。砥砺前行再努力，谱写"慈善事业"新篇章。

三江之汇 慈善要津

兰溪市位于浙江省中西部，市域面积 1313 平方千米，常住人口 58.1 万人，2023 年地区生产总值 496.75 亿元。作为"新时代典型工业城市"，兰溪市慈善事业正在蓬勃发展。

三江之汇通达处，三源汇流要津地。兰溪是一片慈善沃土，慈善文化底蕴深厚。作为黄大仙故里，兰溪一直延绵着普济劝善、乐善好施的慈善基因；作为中国理学高地，兰溪一直滋养着仁者爱人、修齐治平的慈善情怀；作为徽商云集的繁华商埠，明清之际的兰溪更是充满着富不忘本、回馈社会的慈善风气。中国慈善文化最重要的三个支流，就这样在兰溪这片充满爱心的热土上碰撞交融，弹奏出动人心弦的慈善华章。2002 年 6 月，兰溪市慈善总会在这种传统精神的感召下应运而生。截至 2023 年底，募捐收入 2.08 亿元，善款支出 1.98 亿元。

慈善楷模树标杆，引领捐赠成风尚。"中国好人"姚宝熙（化名木寸），是兰溪慈善的典型代表。姚老皮带一用 20 年，慈善一做即一生，累计为慈善公益事业捐

兰溪风光

款1500多万元。在"木寸"精神的感召下，公众参与慈善的热情高涨，多种捐赠形式齐头并进，"人人可慈善"理念深入人心。进入新时代，慈善文化再次发扬光大：中洲公园慈善功德碑得以竖立；姚村慈善文化园和长乐慈善文化广场得以建立；《爱的足迹——兰溪市慈善总会成立20周年》影像集和《兰溪市慈善总会志》得以编纂。兰溪市慈善总会被授予"品牌社会组织"和5A级社会组织称号。

兰溪市慈善总会老年宫外景

敬老帮学扶弱困，传递关爱树品牌。20多年来，兰溪慈善事业重点打造三张金名片。一是首创老年宫。在当地党委、政府的重视关怀下，2004年兰溪建造了全省首家慈善实体——老年宫，面向老年人免费开放，服务内容丰富多彩，成为老年人强身健体、陶冶情操的"老年乐园，精神家园"，每年服务老年人逾20万人次。该项目荣获浙江慈善奖项目奖。二是助学全覆盖。总会逐步拓展助学项目，扩大救助范围，提高救助标准，实施精准救助。救助对象已实现从初中、高中（职高）到大学的全覆盖，大批寒门学子圆了上学梦。三是助医获三赢。已实施20多年定点市中医院的血透助医项目，既有效提高了尿毒症患者的生存期和生存质量，又促进了医院肾内科的快速发展，还扩大了总会的社会影响力，实现了三赢。

三江之汇，七省通衢，兰溪自古繁华。大量遗存的商帮会所，既是辉煌历史的见证，也是慈善精神的圣坛。这些穿越历史风雨的白墙黛瓦，依旧闪烁着慈善或隐或显的光芒。兰溪市慈善总会将秉承传统文化气质，践行"兰有慈善"，守正创新，担当作为，在助力高质量发展和市域现代化先行中贡献慈善力量。

东白山

歌山画水　慈润三乡

东阳地处浙江省中部，市域面积1747平方千米，常住人口109.3万人，2023年地区生产总值805.9亿元。东阳市慈善事业正在蓬勃发展。

"东阳本是佳山水，何况曾经沈隐侯。"蜿蜒丰泽的东阳江、绵连悠长的南江水，滋育了东阳人"勤勇韧能义"五大特质。历代东阳人慈德传家，乐善好施，举办义市、义学、义庄、义塾，吸引名儒硕彦朱熹、吕祖谦讲学传道，慈善基因延绵传承；他们走南闯北，义薄云天，乐善、劝善、向善、行善，慈善故事连续演绎，慈善人物层出不穷。

"积土成山，风雨兴焉。"随着慈善力量的不断汇聚，2006年，东阳市慈善总会应运而生。截至2023年底，共接收捐赠款物2.74亿元，援助款物支出1.97亿元，救助26万人次。慈善文化厚植积淀，慈善期刊每季发布，《东阳慈善》一书正式出版，慈善微电影《因为那一束光》广为传播。

"积善成德，而神明自得，圣心备焉。"陆润德，慈善为怀，小善大义，连续40年春节慰问全镇70岁以上老人16.4万人次；陈连弟，在外创业，情系桑梓，30年如一日耕耘慈善事业，累计捐款超 2000 万元；"中国好人"虞向红，深耕公益，厚植爱心，被誉为"最全能的退伍爱心电工"。

善人感召善缘，善行结出善果。慈善楷模的感人事迹，激发了东阳民众慈善情怀，公益行善成为新时尚。东阳民众积极参与"慈善一日捐"，共捐善款 3033.61 万元；2019 年，1.08 亿元的巍山教育发展基金开先河，掀起奖学奖教热潮，带动全市遍地开花。目前，68 只慈善基金在运作，汇入金额 6042.24 万元。

精准救助，不负捐赠，把每一笔善款都用在刀刃上。常年实施大学生圆梦计划，开展新东阳人、慈善血透和癌症病人康复救助，敬老助老，关爱困境儿童。跨越千山万水，助力"山海协作"，向磐安县、四川理县、南江县捐赠款物近 2000 万元，彰显大爱无疆。

创新"慈善 +N"模式，成立助联体，关爱困难老兵、百万寒衣送温暖等项目备受好评；"幸福蜗居"项目荣获全国最佳项目、全国大赛银奖；"幸福轮友""横漂不漂"项目荣获省级金奖。授人以鱼不如授人以渔，既向其"输血"，更助其"造血"，实施公益创业模式，开设 SCI "共'赋'咖啡馆"，帮助高位截瘫轮友实现再就业，形成"弱有众扶"公益慈善品牌，荣获全国大赛银奖。

道阻且长，行则将至。东阳市慈善总会将守正创新，勇毅前行，持续做大慈善"朋友圈"，在助力"打造新时代强市名城"中贡献更多慈善力量。

东阳市三宝慈善基金会开展"幸福港湾"慈善关爱服务活动

孝义义乌　善润商城

义乌国际商贸城

义乌市，古称乌伤、乌孝，地处浙江省中部，市域面积 1105.46 平方千米，2023 年常住人口 190.3 万人，地区生产总值 2055.6 亿元，是中国首个县级市国家级综合改革试点城市，被联合国、世界银行等国际权威机构认定为世界第一大市场。

义乌孝义传千古，仁德家风颂万年。义乌名人辈出，先后涌现"初唐四杰"之一的骆宾王、宋代名将宗泽、金元四大名医之一朱丹溪及现代教育家陈望道、文艺理论家冯雪峰、历史学家吴晗等历史名人。2200 多年来，义乌人民在"颜乌葬父"的孝义文化、"出六进四"的信义文化、"鸡毛换糖"的商贸文化、"诚信包容"的开放文化影响下，造就了深厚的慈善文化底蕴。义乌，不仅以"世界小商品之都"闻名遐迩，更是一座崇善、向善、行善的大爱之城。

孝义精神传江浙，仁善品德耀八方。义乌市慈善总会成立于 1996 年 6 月。近年来，不断强化内部管理，创新资金管理模式，建立会长办公会议制度、薪酬管理办法等制度；健全三级慈善网络体系，打造以市慈善总会为核心，镇街慈善分会、村社慈善工作站、慈善义工队伍为载体的"蜂巢式"慈善服务体系；开发数字化平台，打造"人人可慈善，随手可慈善"格局；开展"慈善一日捐"活动，建立以党政机关率先垂范、市场经营户积极响应、社会爱心企业及个人广泛参与的劝募模式。截至2023年底，市慈善总会累计善款收入7.1亿元，支出4.65亿元，帮扶困难群众20.5万余人次，多次荣获中华慈善奖、浙江慈善奖、金华慈善奖等荣誉。

义乌处处彰孝义，仁爱之心遍城乡。瞄准社会之需，积极打造品牌慈善项目。开展"情暖四季"项目，对全市老弱病残及天灾人祸造成的困难家庭实施定期帮扶；"爱心伴你上大学"项目，基本达到"不让一个学生因家庭经济困难而失学"的目标；"善行孝义"项目，充分发挥公益组织在社会治理中的作用；"应急帮扶"项目，按照"灾区有求助，义乌有援助；政府有任务，慈善有响应"的要求，尽力而为、量力而行，努力扛起慈善责任与担当。

面向未来，义乌市慈善总会将通过党建引领、政府推动、社会实施、公众参与、专业运作方式，不断优化慈善帮扶机制、拓宽慈善参与渠道，主动作为、积极有为，打造"善行义乌"金名片。

2024年基层慈善工作推进会暨"爱义乌"客户端慈善捐赠平台上线仪式

永康胡公祠

五金蕴德　善行永康

　　永康市位于浙江省中部，市域面积 1049 平方千米，常住人口 97.5 万人，2023 年地区生产总值 755.98 亿元。在这片神奇美丽和富有活力的土地上，激荡过吴越风云，翻卷过三国雄风。孕育出灿烂的五金文化，成为融门业、杯业、炊具、电动工具、中国五金之都、中国五金名城为一体的世界制造业基地；孕育出"为官一任，造福一方""香火长盛不衰"的胡公文化；孕育出"义利并举""开物成务，酌古准今"，开创浙东学派、五峰学派先河的陈亮文化。在历史长河中撞击出一朵朵耀眼的浪花，奠定了永康深厚的慈善文化根基。

　　承古启新赓续前行，慈善事业历久弥新。在清代，时任江苏省按察使的应宝时，捐赠良田 2000 亩，创建芝英义庄，救济鳏寡孤独。到如今，永康的慈善事业更是蓬勃发展，涌现出了一批批慈善楷模，永康农商银行、群升集团、古丽中学等爱心企业捐出大量善款；孙禄仁、程朱昌等爱心人士离退休后再次创业有成，捐出个人所得近千万元。在这种慈善文化感召和慈善先进的推动下，永康市慈善总会在 2002 年 11 月正式成立，至今已成立 15 家企业义工分会，各镇（街道、区）均成立慈善分会、各村（社区）均成立慈善工作站。多年来，永康市慈善总会多层级、多形式推动慈善募捐扩面增量，打造数字化捐赠信息平台；设立对口扶贫、新农村建设、环境整治、人才培育等新领域专项基金，至2023年底累计接收捐款3.28亿元。

持续深耕慈善项目，慈善救助提质增效。打造了20余个慈善标杆项目，累计救助支出1.95亿元，直接受助对象5.8万人次。通过基层慈善组织对困难救助实施分档审批机制，以"家门口式"救助提高帮扶效率，让"小急难"获得"快救助"，截至目前已累计救助2342人次，打通了慈善救助"最后一公里"。品牌项目"爱心伴你上大学"连续开展19年，资助1254人，资助额654万元。多年来项目不断迭代升级，助学对象逐渐扩面，资助力度不断增强，申请流程逐步简化、信息发布渠道大力拓宽。

不断厚植慈善文化，慈善氛围越发浓厚。已编撰出刊41期《永康慈善》杂志，编撰印发《永康市慈善总会志》。推出"最美"系列评选活动，开展了两届"最美慈善人"评选、两届"最美慈善义工"评选活动和慈善"星级义工"认定，挖掘出大量公益慈善领域先进人物，营造了"人人心怀慈善、人人参与慈善"的良好社会氛围。

千阶峰顶仍攀登，共绘繁荣新画卷。永康市慈善总会将秉持初心，砥砺前行，与社会各界共绘一幅"慈善之光普照，爱心遍地开花"的宏伟画卷，让每一份善意都成为推动社会和谐发展的坚实力量。

永康市"慈善一日捐"活动启动仪式

慈行四海　善泽丰安

　　慈心为民，善举济世。浦江已有 1800 多年历史，县域面积 918 平方千米，常住人口 46.3 万人，2023 年地区生产总值 291.46 亿元。浦江是平安中国建设示范县。纵观浦江上下千年发展史，向上向善的文化深深融入生命基因与人文根脉，镌刻进浦江人的精神谱系。作为"千年月泉吟社"发起地，忧国忧民、仁者爱人的精神源远流长；作为"千年郑义门"所在地，"揆其贫者，月给谷六斗，直至秋成"的做法影响至今；作为"千年书画"传承地，文人仕子"以天下为己任"的济世情怀一脉相承。2004 年 4 月，浦江县慈善总会正式成立。截至 2023 年底，累计募集善款 1.06 亿元，善款支出 6387.23 万元。20 年来，坚持为困难学子撑起希望之帆，为困境儿童奉献赤诚之心，为残障人士点亮关爱之灯，向贫困患者伸出援助之手，向独孤老人送去温暖问候，一个个慈善项目、一场场慈善活动、一件件爱心之举让浦江这座江南小城成为"大爱之城"。

万年上山，稻作文明从这里开始

四海乡贤，聚力慈善。古有"凡邑有大兴举，靡不踊跃乐从"的朱可宾，近有筹资创办"中山中学"的陈肇英，今有捐资千万成立教育基金的张序宝、捐资数百万助力家乡学子的郑秋甫、黄明焕等。"乡贤＋慈善""村村慈善"引领新风尚，全县14个乡镇街道建立了"新乡贤爱心基金"，每

"宋濂·乡贤爱心基金"敬师礼活动

一个基金都建立了基金理事会，基金总额达2550余万元，内容涵盖助老扶残、捐资助学、助医关怀、救急济困、赈灾救难、基础设施建设、文化推广等众多方面。

创新举措，厚培沃土。精准救助帮扶，打造慈善公益品牌。紧紧围绕困难群众最迫切、最现实、最需要的基本生活、上学、就医等难题，创建了"全程助学""丰赋爱心·源动梦想""感恩乡情·筑就梦想""浦江县爱警基金""浦江县见义勇为基金"以及"善行丰安情暖老兵"等一批有情怀、有温度、有影响力的慈善品牌项目。仅"全程助学"一个项目的帮扶资金就达1478.6万元，受助学生5184人。做大慈善"蛋糕"，拓展善款募集渠道。建立县、乡镇（街道）、村（社区）三级工作网络，全县244个行政村（社区）成立了慈善工作站。创建"省级示范慈善分会"3个，"省级示范慈善工作站"4个，"市级示范慈善分会"1个，"市级示范慈善工作站"1个。

向善无尽，慈善磅礴。浦江县慈善总会与时代同行，积极发挥慈善第三次分配的重要作用，赢得社会广泛赞誉，被金华市评为慈善工作先进单位，"全程助学"项目被评为慈善优秀项目；慈善基金从2019年的2880万元增加到7200万元。浦江县慈善总会始终将公信力视为慈善组织的灵魂与生命线，及时通过媒体平台公开公示慈善信息，增强捐赠款物接收、使用、管理的透明度，让慈善在阳光下运行，把慈善事业做成人人信任的"透明口袋"。

春秋正盛，扬帆新程。浦江县慈善总会将坚持与时俱进，顺应46万浦江人民对美好生活的向往，持续携手社会各界爱心力量，为中国式现代化新征程作出更大贡献。

温泉名城　善桥之乡

武义县位于浙江省中部，县域面积 1577 平方千米，常住人口 46.9 万人，2023 年地区生产总值 340.16 亿元。武义是一座有着悠久历史文化的江南古城。一个"义"字，横贯千年，已成为勤劳善良的武义人民的精神源头之一。江南廊桥之祖——熟溪桥，风雨沧桑八百年，屡毁屡修，越修越好，见证了无数发生在武川大地守望相助、扶危济困的动人故事。2002 年 12 月，武义县慈善总会成立，不断传承慈善文化，提升慈善温度，打造慈善品牌，培厚慈善土壤，绘就了善桥之乡大爱的新画卷。截至 2023 年底，累计慈善捐款 1.83 亿元，开展各类慈善救助 20 多万人次，救助金额 1.65 亿元。

崇德尚义，微光成炬。2000 年 6 月 23 日，百年不遇的特大暴雨冲毁熟溪桥，全县父老乡亲积极参与抢救修复工作，慷慨解囊、无私捐款的动人故事每天在发生，社会各界共捐款 200 多万元，协同政府修复了熟溪桥，从此人们亲切地称呼它为

江南廊桥之祖——熟溪桥

"善桥"。10位"妈妈"情系山村"孤女"，10年爱心资助将女孩培养成一名优秀的人民教师；"三美化工""寿仙谷医药"，一批有社会责任感的企业先后捐资数千万元成立慈善基金，在助老救孤、助残助学、文明创建、环境保护各方面无私奉献。

扶危济困，情暖八方。"四季"慈善救助项目，成为武义慈善的一张金名片。医路同行：将血透、癌症患者作为重点助医对象，实施重点救助，为患者送去了温暖和希望。学有所助：坚持

县慈善总会工作人员与西联乡中心小学"关爱儿童之家"孩子们欢度六一

"摸清底数、积极救助"，实现了从小学、初中、高中到大学寒门学子的精准救助。助残助老：精心组织开展"夕阳助老""慈善年夜饭"等活动，给老年人带来了幸福感；慈善总会义工分会700多名义工常态化为残疾人、老年人提供理发、洗脚、义诊等服务，每年服务 1.5 万人次以上，成为武义慈善一道亮丽的风景线。对口帮扶：从 2019 年开始，总会向四川嘉陵区、平昌县和巴中市，新疆温宿县慈善组织捐助帮扶资金和物资总价值 360 多万元。

厚植文化，善韵铸魂。武义县慈善总会先后修建熟溪河畔慈善公园，编撰出版《善行武义》，创办《武义慈善信息》，开通"武义慈善"公众号，有力推动武义慈善文化的升华。18 个慈善分会、279 个村级（社区）慈善工作站完成规范化建设，县、乡、村三级慈善网络实现全覆盖。

守望相助、扶危济困，是中华民族的传统美德；崇德尚义、乐善向善，是武义传承千年的文化根脉。新时代、新征程，武义慈善总会将切实担当起时代赋予的历史使命，进一步弘扬慈善文化，汇聚爱心力量，精准扶弱济困，全力推动武义新时代慈善事业高质量发展。

磐安风光

浙江之心　爱善磐安

磐安地处浙江中部，县域面积 1195 平方千米，下辖 7 镇 5 乡 2 街道，常住人口 21.1 万人，2023 年地区生产总值 139.75 亿元，是全国首批"生态示范区"、国家重点生态功能区、国家级生态文明建设示范县。

磐安自古以来有崇德向善、乐善好施的优良传统。明朝天顺年间，安文人陈怀堂修邑文庙、邑庠，供同乡子弟免费入学，建"侃斋书塾"，让村人读书习武。明清时期至新中国成立，磐安县先后设时宜学堂、崇善庵育婴堂、赈济委员会等慈善机构。2003 年 9 月，磐安县慈善总会成立，全县慈善事业掀开崭新篇章，20 多年来，慈善事业在不断探索中聚沙成塔、积水成渊，截至 2023 年底，募集捐款 6100 余万元。今日的磐安，凡人善举方兴未艾，慈善正发挥第三次分配作用，助力磐安发展。

汇聚爱心百千万，慈善之风沐磐城。近年来，磐安基层组织网络不断延伸扩面，慈善组织数量日益发展壮大，14 个乡镇（街道）慈善分会和 236 个村（社）慈善工作站实现了全覆盖，慈善的触角延伸至每一个村落；机关干部示范引领，爱心企业和市民携手助力。"一日捐"掀起"人人慈善"的良好氛围，基层慈善募捐数据不断刷新；威邦科技、磐安农商银行、春光橡塑、融兴建设等爱心企业慷慨解囊，激荡起磐安慈善事业的爱心大潮。

解忧纾困惠民生，携手慈善再出发。磐安县慈善总会成立以来，坚持以扶贫济困为导向，以助力社会公益事业发展为己任，千方百计汇集慈善资源，因地制宜开辟慈善救助项目，让每一分捐赠都可感可及。21年来，县慈善总会资助各类大、中、小学生787人，共发放救助资金410.71万元。此外，县慈善总会向外连接万向集团、省阳光教育基金会等县外爱心企业助学，2011年以来，发放万向助学款221万元。慈善助医是慈善总会重点关注的领域。近5年来，为老年人补助白内障手术费，关爱血透病人等医药费救助支出134.6万元，直接受助群众1183人次。"5·12"汶川地震、万苍雅庄雪灾、新冠疫情……哪里有灾害，哪里就有慈善的身影。慈善正不断探索新赛道，致力于探索产业帮扶和乡村振兴等领域，探索造血型扶贫项目，助力黄林坑村"浙中第一蜜蜂村"建设和民范村酒坊建设，激活乡村发展新动能。

赓续奋斗守初心，奋楫前行谱新篇。站在新的历史起点上，磐安慈善人将秉持初心如磐的信念，以一往无前的奋斗姿态，团结凝聚更广泛的社会爱心力量，为磐安慈善事业发展创造新局面，开创新未来。

磐安村 VA "慈善之夜" 气排球赛

金华经济技术开发区

幸福金开　聚爱无限

金华经济技术开发区成立于1992年，2010年升格为国家级经济技术开发区。2013年10月与金西经济开发区成建制整合，实行"一块牌子、统一对外，一套班子、统筹管理"，区域面积261.8平方千米，常住人口50万人，2023年地区生产总值425.77亿元，是金华重要的政治、经济、文化、商贸中心。公益慈善也在这片欣欣向荣、充满爱和奉献的沃土上蓬勃发展。

向善金开，厚植慈善基因。开发区是一块孕育慈善的土壤，崇德向善，好人辈出：古有官到能贫、官罢囊空的汤溪县第一任知县宋约，乐施好善的巨族祝氏；今有广泛涌现的慈善人物，获评浙江好人12例、"金华好人"103例、"金华市道德模范"6例。"好善可风，为善最乐"的慈善文化理念代代相传。

大爱金开，慈善蔚然成风。洋埠镇让宅村的书记是第三届"金华慈善奖"个人捐赠奖获得者，自2021年以来，累计捐赠款物43万余元用于家乡建设，带领村民苦干实干，让一个无人问津的小村庄蝶变成美丽乡村；今飞控股集团有限公司是第三届"金华慈善奖"机构捐赠奖获得者，在企业发展的同时，一直不忘回报社会，本着"建设社会、回报家乡"的宗旨，热心捐款资助希望工程、扶贫救灾、公共教育等，近三年累计捐赠超450万元。2022年，今飞集团在开发区慈善总会设立今飞公益基金，认捐1000万元，用于助学、助困、助老等方面。他们是推动开发区慈

善事业发展的优秀代表，他们的善行义举，充分诠释了崇德向善的价值追求和互助友爱的传统美德。

　　幸福金开，慈善花开似锦。在开发区，爱心之火燎原，人人为慈善，慈善为人人。开发区慈善总会自2019年7月成立以来，截至2023年底，累计接收善款物资3505.23万元，帮扶支出3017.32万元。创新探索社区慈善模式，设立基金，助老、助残、助困、助学、助医，社区治理、数字慈善、慈善宣传，"家门口的慈善"人人触手可及。开发区慈善不断在平等、博爱中前行。针对"新金开人"，2023年，开发区慈善总会推出随迁子女助学项目，帮助有困难的随迁子女更好地学在金开，让"新金开人"在金开更有归属感、幸福感和获得感。

　　木欣欣以向荣，泉涓涓而始流。开发区将继续践行"惠民慈善、法治慈善、创新慈善、阳光慈善、全民慈善"理念，强化慈善宣传、拓宽筹资渠道、完善救助体系、加强自身建设、汇聚爱心力量，开拓奋进、扎实工作，努力开创开发区慈善事业发展新局面，为构建幸福金开贡献慈善力量。

2023年8月18日，开发区在世贸城市音乐节上开展"携手参与慈善　共创美好生活"宣传活动

永康市阳光爱心义工协会

缘于看见，始于善念，长于陪伴。永康市阳光爱心义工协会（以下简称"阳光协会"）于 2009 年初创，缘起一人一相机走访调查，一直致力帮扶困境儿童。在 2014 年正式注册成立后，阳光协会开启了"关爱陪伴 赋能成长"的公益之路，并逐渐发展成规范化、专业化、项目化的 5A 级社会组织，获得浙江省品牌社会组织、浙江省清廉社会组织建设百家范例（第一批）等荣誉。

坚守初心，关爱帮扶。阳光协会成立至今，秉持"让爱温暖困境儿童"的使命，累计走访困境儿童超 6500 名，帮扶本地困境儿童 786 名；开展各类公益活动 1581 场次，吸引志愿者 3.9 万人次；成为"金保未"未成年人关爱保护机制试点单位，全国维护青少年权益岗创建单位。

多元助力，精准赋能。阳光协会围绕基础助困、发展提升和家庭赋能，迭代形成"1+N"（1 指困境儿童需求，N 指社会各方力量聚合）项目体系和服务模式。其核心项目"爱的抱抱——助力困境儿童成长计划"以"陪伴、扶志、赋能"为理念，由社工带领志愿者对困境儿童及家庭开展精准服务，提升困境儿童情绪认知、人际交往、团队协作等能力。阳光协会围绕困境儿童多元化需求，开展助学帮扶、环境改造、就业扶持、健康素养、情绪赋能和家庭支持"六大行动"，整合各方资源，社工、志愿者联动开展专业服务，保障项目的可持续性和有效性。该项目荣获第五届中国青年志愿服务项目大赛银奖，第六届浙江慈善奖项目奖等荣誉。

建强阵地，擦亮品牌。15 年来，阳光协会得到了各级党委、政府以及有关部门的肯定和支持，获得 935 家爱心资源（企业、团体、个人）的助力，累计募捐收入达 1708.43 万元，善款支出 1452.22 万元。阳光协会受到中央、省市等各级主流媒体关注，吸引来自全国多地的政府职能部门及社会组织前来交流学习。

下一步，阳光协会将持续关注困境儿童，以协会之力为他们的成长带去更多的阳光与温暖。

金华市幸福家人公益协会

金华市幸福家人公益协会成立于 2014 年 5 月，是一家非营利、非政府性社会慈善组织。2021 年 1 月被评为金华市 4A 级社会组织，现有注册志愿者 7800 人。10 年来，秉承"幸福家人，让人们更幸福"的理念，集聚社会爱心，为慈善事业发展贡献力量。

率先在全市承接新时代文明实践站（所）便民服务，开创社会组织参与基层治理新模式。创办"城市膳粮幸福家人大食堂"，倡导"吃饭也是一种公益"，创新嵌入式社区养老服务模式，筹集爱心资金超 500 万元。

2022 年 9 月，协会荣获浙江省人民政府第七届"浙江慈善奖——志愿服务奖"。首任会长张丽萍获评全国妇女儿童维权先进个人、浙江好人。执行会长孙建斌获评浙江省社会组织品牌领军人物。

暖暖夕阳，为老人打造"幸福晚年"。专注"物质关怀＋爱与陪伴"助老模式的拓展，实施温暖城市遗忘者、"暖暖夕阳 爱心益餐"、"爱在邻里 关爱空巢老人"等助老服务项目。形成以社区为平台、以社会公益组织为载体、以专业志愿服务为主导、以发展邻里志愿者为辅助，整合社会资源参与的"五位一体"联动模式。6 年来，送餐超 18 万份、服务时长 3 万小时、累计服务对象超 1 万人次，这些助老公益项目成为协会的品牌公益项目。

爱心妈妈，为孩子撑起"幸福梦想"。专注困境家庭和留守儿童，执行青苗雨露、小雨伞·伴成长、点亮北斗——心屋幸福梦等助学助困项目，招募符合条件的"爱心妈妈"，结对周边的乡村留守儿童或困境家庭儿童，每月开展 1 次上门服务，组织 1 次小组集体活动，为其提供为期 1 年的标准化照料和陪伴服务。招募发动 3500 多名"爱心妈妈"开展定向结对帮扶，资助了 3000 多名困难学生顺利完成学业。

文艺下乡，为乡村共筑"幸福家园"。2020 年，创新公益组织联合基层政府推进社会慈善事业模式，组建"幸福家人艺术团"，进驻乡村文明实践所（站），开展文艺下乡活动，先后为全市 500 多个乡村开展演出和志愿服务 8500 多场，出动志愿者 16 万余人次，受益群众超过 200 万人次，满足了村民对文化生活的需求。

善美金华，信义之城。协会将进一步积聚爱、传递爱、宣扬爱，努力打造国内一流的现代化社会慈善公益组织，为金华打造现代化国际枢纽城贡献更多力量。

兰溪市心舞社会工作服务中心

兰溪市心舞社会工作服务中心，于2014年在国网兰溪市供电公司的支持下成立，是由民政部门认定的5A级社会组织。中心开展电亮明瞳、卫生健康、应急支持、助残助弱等公益活动，将人大代表履职与公益慈善结合，面对社会问题经过有效连接多方共建共治，开展政策倡导、渠道建设、落地实施的慈善公益平台组织建设，推动公益可持续发展。服务宗旨为因为需要，所以去做，搭建爱的桥梁。

电亮明瞳，与光同程。10年写《角膜劝捐日记》300万字，帮助40人捐献角膜，使79人重见光明；为30位角膜捐献者家属购买大病保险；"角膜捐献背后的精准扶贫"项目被列入《中国社会组织报告2019》蓝皮书；帮助6名视障孩子到浙江省盲人学校就读。

卫生健康，守护生命。坚持10年持续推进"让爱回家 关爱阿尔茨海默病老人"项目，开展科普活动并发放45000个"黄手环"和1000个"定位符"，为老人点亮"回家的路灯"。坚持8年推动AED与急救普及的项目开展和政策倡导。目前已在兰溪、金华等多地共落地29台AED，给生命多一分希望。在兰溪10所乡镇小学建设"水滴医务室"，提供医疗物资及安全防护培训。

政策倡导，社会治理。理事长胡芳连任三届金华市人大代表，将慈善公益和代表履职相结合，先后提交各类建议议案150项，落实及部分落实102项；积极参与国家抗癌药政策的制定，使114种以上抗癌药列入国家医保；参与推动浙江省电动自行车管理、老旧小区电梯加装、居家养老等条例的立法工作；推动金华眼库、献血屋、AED与急救普及、关爱阿尔茨海默病老人等系列民生实事落地。

多年耕耘，中心先后荣获浙江慈善（志愿服务）奖，金华慈善（楷模）奖等荣誉，并成为全国三八红旗手工作室、浙江省司法厅基层立法联系点、金华市高技能人才心舞创新工作室等。

未来，兰溪市心舞社会工作服务中心将继续搭建爱的桥梁，让社会更加温暖而美好。

金华市

QU ZHOU

——浙江慈善名片——

衢州

南孔圣地沐儒风 三衢慈善开新篇

衢州，一座有礼的城市，一个充满爱的地方。

衢州市位于浙江省西部、钱塘江上游、浙皖闽赣四省边际，市域面积 8844 平方千米，辖柯城、衢江 2 个区，龙游、常山、开化 3 个县和江山市，常住人口 229.7 万人，2023 年地区生产总值 2125 亿元。衢州有着万年文化史和 4000 多年建城史，1994 年被评为国家历史文化名城。衢州是伟人毛泽东的祖居地，《清漾毛氏族谱》被列入首批《中国档案文献遗产名录》。作为南孔圣地、围棋仙地，历史上儒风浩荡、贤才辈出，滋养了深厚的慈善文化根脉。

崇贤有礼，善举源远流长。中华慈善精神在衢州这方热土上绵延传承，慈善事例不胜枚举。追忆历史，作为孔子后裔的第二故乡，孔子阐述的"老者安之""人而不仁如乐何"等蕴含着崇德向善、敬老爱亲、传承道义等思想精华在此传扬；全国十大商帮之一龙游商帮明代商人毛文瑛在广东新会通海河上架起石桥，方便百姓通行，名曰"浙江桥"。回望过去，1989 年 8 月，总长 79.5 千米的乌引总干渠开工建设，衢州众人捐款、以劳代资 8036 万元，"民办公助"建成"江南红旗渠"，引来源头善水，惠泽 72 万亩农田、50 万民众。喜看今朝，衢州慈善，从小至大，精彩蝶变。2002 年 8 月衢州市慈善总会正式成立，2023 年 5 月更名为衢州市慈善联合

衢州风光

橙色慈善课堂

总会，更改的是名称，不变的是爱心。全市慈善系统共募集善款 10.73 亿元，救助支出 8.84 亿元，惠及 253.92 万人次困难群众。岁月如歌，善贤无边，一代代爱心人士，一项项善行义举，孕育出一朵朵爱心玫瑰，筑就了三衢大地幸福花园。

同心向善，与时代同行，与党和政府同向，与人民群众同欲，这是慈善的使命。全市上下"共同一日捐"，市委、市政府主要领导带头"一日捐"并批示嘉勉，构建了党委、政府重视，机关单位示范引领，群众团体、社会组织踊跃参与，爱心企业、会员、市民携手助力的慈善工作新格局；同企业主体"共绘一张图"，应时而

生 4000 万元"慈善助力"专项资金，有力推动"救助＋慈善"融合发展，加快实施"爱暖银龄、爱护未来、爱筑医路、爱化残障、爱伴无忧"五大行动，打响"善聚三衢"慈善品牌；与社会组织"同献一份爱"，实施"安心善行""慈善爱心冰箱"等一批创投项目，给予资金和资源支持，让慈善关爱到边、到点、到人，营造温馨的社会慈善氛围。

捐资助学，爱心"筑梦未来"。春风化雨，大爱如流。全市慈善组织心系百年大计，情牵人才培育，发放助学助教资金 1.98 亿元，受益 13.87 万人次。2023 年开始，总会会同教育、民政、人社等部门启动"筑梦未来"慈善助学项目，面向在衢在读的低保、低边、特困、孤残、烈士子女家庭，8000 余名高中段学生将在三年内获得 1600 多万元的资助，每人每学年资助 2000 元，这是衢州市首个全市同步、市县协同、覆盖面最广、投入资金最大、涉及受助对象最多的慈善助学项目。江山成坤房地产公司董事长郑小明捐资助学 500 万元，获中华慈善突出贡献奖。

福利院活动

助医济困，点燃希望之光。慈善助医，让爱心化作一道道温暖阳光。总会始终把医疗救助作为重点项目之一，全市累计支出慈善助医资金1.45亿元，救助低保、低边、特困等困难患者7.42万人次。2022年以来，全市慈善组织联合9家医院，开展"慈善助医，共促健康"活动，实施"康复前行""清肺行动""妇幼同行""爱眼光明行"等40个项目，精准补助4305个困难家庭患者，成为慈善公益的"金名片"。衢州慈善"慈善爱心血透视"、江山慈善"血透项目"，获浙江慈善项目奖。

大爱无疆，倾情帮扶赈灾。中央有号召，衢州见行动。慈善帮扶，携手共进，从西藏那曲到新疆和田、乌什，从吉林公主岭到四川北川、平武、叙永、沐川、古蔺，6年来，全市慈善捐助47个项目，捐款3016万元，助老、助医、助残、助学、助困，打好慈善帮护"组合拳"。大灾凝聚大爱，患难方显真情。哪里有灾情，哪里就有慈善的身影。市域内重特大洪灾、新冠疫情防控，衢州慈善自觉扛起责任担当，四川汶川、雅安，云南鲁甸，甘肃积石山，地震灾区流淌着衢州慈善之爱；印度洋海啸地震救助，有着衢州慈善的身影。全市慈善赈灾支出5582万元，救助24.76万人次。

善行善举，情暖千家万户。慈善之花开遍了三衢大地，弥漫着爱的芬芳。总会在全社会倡导弘扬"人人关心慈善，人人参与慈善"的大爱精神，积聚善能善源，开展精准帮扶。64个社会组织、7122名慈善人，栉风沐雨，辛勤守护，成为困难群众的希望之光。"东方慈善超市""爱心联盟""爱在人间""悦心里""幸福夕阳红""老年幸福食堂"，一批批慈善品牌应运而生，绽放异彩；衢江"早餐奶奶"毛师花二十五年如一日每样早餐5毛钱，"老话面馆"黄春云每月捐款十余年不间断，一个个慈善故事感人肺腑、催人奋进；方建荣、李香如、李金道、王敏岚、汪燮卿等，一代代慈善使者奔波劳累、奉献大爱。衢州慈善，用爱心和行动谱写了一首首动人的慈善之歌。

慈善，是一座城市的文明尺度，彰显城市的"温度"。慈善事业，功在当代，利在千秋。昨天，衢州慈善创新有为；明天，衢州慈善将笃行不息，奋力谱写"崇贤有礼，善行三衢"新篇章！

都说衢州美，爱心花更香，慈善正当时。

孔氏南宗家庙

南孔圣地　慈善柯城

　　柯城区位于钱塘江上游，是国家级历史文化名城，"南孔圣地"孔氏南宗家庙、"围棋圣地"烂柯山、"浙西佛教圣地"灵鹫山皆坐落于此，素有"三圣之地"美誉。区域面积609平方千米，常住人口54.8万人，2023年地区生产总值670.68亿元。

　　有教无类，仁义有道。柯城人自古孝敬父母、助人为乐、救助灾民、兴办学校，慈善文化历史悠久。孔氏南宗名贤大力倡导孔子"有教无类"理念，以家塾和其所管理的三大书院为核心，对宗族裔孙普惠助学，免费供应午餐，免收学杂费、书簿费和敬师米，资助资质优异者参加科举考试、出国留学等。有教无类的善举不但普惠族人，也惠及县人，私学亦收受学童，家学常授徒千人。1945年，孔氏衢县私立尼山小学设12个班，学生600余人，其中孔氏裔孙不足10%，无异于公立小学。

　　崇德向善，善举感人。2003年12月，柯城区慈善总会成立，慈善文化大力弘扬。衢州是日军细菌战浙江受害最深之地，2009年柯城仍有"日军细菌战烂脚病"患者39人，恶疾难除，痛不欲生。万少华领衔组建了"日军细菌战烂脚病医疗救助小组"，利用休息日上门为患者刷脚、洗脚、消毒、上药、包扎，风雨无阻，至2015年，行程5万多千米，上门换药2500余人次，回收销毁医疗垃圾1100多千克。2016年，万少华获授中宣部"时代楷模"称号，入选中国好人榜，获评最美浙江人等。在万少华及其团队的精神感召之下，越来越多柯城人加入志愿服务队伍，温暖着这座"仁义之城"。

同心向善，善意涌流。区总会自成立以来，坚持"扶贫济困、赈灾救难、助学助困、安老助孤"二十余载，累计筹集善款3242万元，助学助医、赈灾助困2274万元；与衢州东方商厦合作创办"东方慈善超市"，2006年获首届浙江慈善奖。慈善组织，百花齐放，"雪儿梦""曙光公益"等，乃积极投身慈善事业的优秀组织。

柯城区慈善总会将咬定目标，不懈努力，继续发挥"汇集爱心、传递温暖、扶危济困"重要平台和组织桥梁作用，持续擦亮"南孔圣地，慈善柯城"金名片。

衢州市实验教育集团慈善义卖捐赠仪式

大爱新城　最美衢江

衢江区地处浙、闽、赣、皖四省边际交汇处，是集公、铁、水、空"四位一体"的枢纽之城，区域面积 1748 平方千米，常住人口 37.6 万人，2023 年地区生产总值 328 亿元。在这片神奇的土地上，孕育了丰厚的慈善文化，且历久弥坚，赓续不辍，形成了仁政亲民、普济大众、乐善好施、扶危济困的社会风气。

文明之源，善行薪火相传。回望历史，衢江慈善事业源远流长。历代衢江儿女传承着崇德向善、扶困济弱的慈善情怀。初唐名杰、盈川县令杨炯以"友爱光天下、恩波浃后尘"诠释大爱之于社会和谐的重要性；云溪车塘村的明代富商吴赈荣、吴赈隆兄弟"输粟两千斛以济通州之欠，并输白金一百七十两于京"；明代《针灸大成》作者杨继洲悬壶济世、心系百姓，普济大众理念一直影响衢江民众。立足当下，衢江慈善事业蓬勃发展。2005 年，衢江区慈善总会成立，慈善之花盛开，共筹集各类善款 5109.81 万元，开展 300 余个慈善项目，22.16 万人次受惠。

山呼海应，两地携手同行。携手西部，区慈善总会积极参与四川平武县扶贫救助工作，开展"明眸活动""农村老人健康体检"等活动，捐赠善款 165 万元；衢江农商银行捐赠扶贫资金 80 万元，定向支持平武脱贫攻坚、慈善公益帮扶等，传递了衢江人民跨越山海的深情厚谊。对接东部，鄞衢两地守望相助、和衷共济，主

衢江风光

动对接鄞州区慈善总会，争取资金 395 万元，为白血病、尿毒症、恶性肿瘤等患者家庭雪中送炭。

助学扶老，温暖传播万家。区慈善总会坚持开展"情系学子、慈善助学"系列活动，援助贫困家庭大学新生 359 人，发放助学金 113 万元；万向集团"四个一万工程"助学金发

衢江区慈善总会向平通镇中心小学校寄宿制学生捐赠床上用品

放 292.46 万元，助学 987 人次。区内企业奉献爱心，向衢江教育基金会捐款 2700 多万元。"衢州市首届慈善之星"上方村民曾志炎，以"再穷不能穷学校，再苦不能苦孩子"的善心，捐献 2470 多万元汇入慈善之池。实施"善居工程"，推进"山区夕阳红"项目，让困难群众生活更有质量，让老年人感受社会的温暖。

站在新的起点，衢江区慈善总会将以更加开放的姿态、更加创新的举措、更加务实的作风，推动衢江慈善事业高质量发展，让慈善的种子在三衢大地落地生根发芽、开花结果。

龙游风光

瀫水之滨　善行龙游

　　龙游系衢州东大门，拥有"万年文明、千年古城、百年商帮"的历史积淀、"四省通衢汇龙游"的交通区位、"两江化一龙"的美丽山水、"开放包容、唯实惟先"的社会风尚，县域面积1143平方千米，常住人口36.72万人，2023年地区生产总值318.94亿元。热心公益、助人为乐已浸润在龙游人的血脉之中。2005年1月，龙游县慈善总会成立，秉持"快乐慈善，慈善快乐"的宗旨，奔行在慈善公益之途，累计募集慈善款物1.25亿元，发放慈善款物1.05亿元。

　　回溯历史，慈善故事不胜枚举。"龙丘为三衢望邑，历有伟人。"北宋吕防热心办教育，捐赠家产给官府创办鸡鸣书院，孕育出"一门五进士"的经典故事；南宋嘉定五年（1212年），夏氏族人夏峰用毕生积蓄修建浮桥，方便百姓畅行。龙游商帮致富不忘桑梓，林品茂、林巨伦家族素有爱乡睦邻之风，林巨伦独资修建石虹塘寺、马戍口凉亭、竹溪诸桥；纸商傅元龙"生平于地方事业颇能尽力，建凤梧书院，修通驷桥、明伦堂、鸡鸣塔，诸役咸与焉"。

立足当下，慈善事业一脉相承。以原有乡贤会为基础，设立 15 个乡镇（街道）慈善分会，慈善工作站分布于各个村落，慈善氛围浓郁，慈善行动频出。在全县范围内开展"慈善一日捐"活动，依托腾讯公益平台开展慈善项目线上募集，在万向信托公司设立 50 万元龙游县慈善总会专项基金，推动宁波龙游商会在慈善总会建立 500 万元"山海星辰"专项基金，已结对帮扶 22 名困难学子、21 位百岁老人。

奔向未来，助老扶幼任重道远。"学子圆梦""筑梦小书房""儿童大病救助"等项目，为千万困难学子点燃新希望；"百岁老人关爱""情暖千万家""善居工程""山区夕阳红行动"等项目，为数以万计老年人送去温暖，更向社会传播了敬老爱老、爱幼护幼的新风尚。

今天的龙游，慈善理念已深入人心，慈善行动时不我待，慈善事业发展更应与时俱进，龙游将以此为己任，推进"人人可慈善、处处可慈善、时时可慈善"的大慈善观，为促进区域发展奋力添彩。

龙游爱在人间协会走进泽随敬老院慰问

相依相随的江郎山

锦绣江山　义风城邑

　　江山，素有"东南锁钥""浙闽咽喉"之称，拥有 2019 平方千米的锦绣江山，生活着 60.44 万勤劳智慧的江郎儿女，2023 年地区生产总值 405.77 亿元。这里是浙、闽、赣三省边际的工业新城、旅游胜地、山水家园；这里是一片钟灵毓秀的土地，一个"义风"高扬的城邑。

　　千年古道慈悠长。巍巍江郎山，激荡着守望相助的悠悠情怀；绵绵须江水，澎湃着乐善好施的源源动力。从唐宋年间的江郎书院到元代初年的梅泉书院，从明洪武年间的养济院到清乾隆年间的育婴堂，从清代武显将军黄大谋的京都江山会馆到民国国务总理熊希龄夫人毛彦文的北京香山慈幼院，从清光绪年间特大洪灾乡贤八方互救到抗战期间全民募款捐物共赴国难，再到抗美援朝全县 19.4 亿元（旧币）慷慨支援。这，正是历代江山儿女崇德向善、心系家国地域文化秉性的完美诠释。

锦绣江山凝大爱。2003 年 12 月，江山市慈善总会成立。20 年募捐 3.45 亿元，滚烫的数字弥漫着慈善爱心的无穷魅力。年复一年的"慈善一日捐"，体现了江山儿女的爱心担当。江山虎集团等 32 家捐赠百万元以上的爱心企业，撑起了江山慈善的擎天大柱。小微企业主王荣清连续十七年资助困难学子，八旬失地农民郑伟正夫妇连续五年蹬着三轮车到慈善总会献爱心，退休老师徐秋萍、退休干部周日成连续慈善捐款逾十载，让慈善爱心显得意义非凡。

一路芬芳一路歌。20 年来，累计发放慈善救助资金 2.73 亿元，受益群众 113.53 万人次。1966 名肿瘤和器官移植患者、1998 人次血透患者、883 人次白内障患者，得到了慈善帮扶；76584 人次师生、28152 名困难群众、1058 个残疾人，感受到了慈善温暖；524 名爱心企业与爱心人士的 805 万元抗疫捐赠，成为江山慈善最生动的写照；911 万元四川赈灾募捐、443 万元东西部扶贫协作，让江山慈善在千里山河间激情穿越。20 年来，省示范慈善组织、省慈善扶贫品牌项目等荣誉纷至沓来；三级慈善组织全域覆盖，乡村慈善活力迸发；数字化捐赠平台应运而生，"指尖慈善"成为最便捷的参与；慈善文化由点及面，慈善氛围日益浓厚。

与时代同行，与党委、政府同向，与民生福祉同频。助力打造三省边际现代化中心县城，江山慈善人信心满怀，激情澎湃。

走进乡村的慈歌善舞

常山风光

大美常山　慈善乐土

　　常山是浙江省的西大门，县域面积 1099 平方千米，常住人口 26.7 万人，2023年地区生产总值 213.9 亿元。常山，素有"八省通衢、两浙首站"之誉，国家地质公园、宋诗之河、人间大花园，她不仅有生态环境之美，乡村振兴之美，工业蒸蒸日上之美，城市繁荣之美，全域诗和远方文旅之美，而且有古今恤孤拯困的慈善之美，爱心底蕴深厚，世代传承不息。常山之美，美美与共。

　　慈善历史，源远流长。读析县志，万缘有塔，育婴有堂，养济有所，修桥铺路，泽在生人。早在东汉永元十四年（102 年）、阳嘉二年（133 年），多例赈贷会稽饥荒之躅恤之举载入《汉书·顺帝本纪》。慈善之例，斑斑可见，不胜枚举，百年坚固不倒傥溪拱桥就是清末民初常山慈善的典范。

　　慈善组织，引领风尚。新中国成立后的常山，慈善事业蓬勃发展，社会各界参与热情高涨，"一方有难，八方支援，众志成城"蔚然成风。助老、助学、助困、

助医、助残、抗震救灾等行动，无一不彰显慈善之义，关联常山人民之爱心。爱心之花，绚丽多彩。2003年，常山县慈善总会成立，县委副书记、副县长任名誉会长，县级领导及相关部门负责人担任会长、副会长，保障慈善事业健康有序，引领社会慈善风尚。

慈善行动，汇聚成河。慈善一日捐、留本捐息冠名慈善基金捐、小额冠名基金捐、定向捐、日常捐、赈灾捐、村级慈善帮扶基金捐及向上向外争取捐助等，在常山成了日常。县慈善总会始终将阳光慈善、廉洁慈善视作最根本的生命线，做到公开透明、暖心服务，在消薄行动援助、抗击疫情、公益事业、东西协作、助医助困的慈善救助上不遗余力，东西部合作援助四川古蔺942万余元，重点关注贫困学生就学、发放助学助教资金2488万元，彰显了慈心为民的风貌。润物无声，在慈善总会的引育下，一个集2000多名志愿者、8支服务大队的阳光志愿者协会，活跃在常山大地。

善行的点滴，都是公益的真情；小善聚大爱，诠释爱的真正力量。常山县慈善总会将不忘初心，善行为民，让慈善之美融入大美常山。

情暖山区，爱洒夕阳——山区夕阳红行动让爱无界

钱江之源 慈爱开化

  开化，位于浙皖赣三省交界处，是钱塘江的发源地、钱江源国家公园的核心区。县域面积 2231 平方千米，常住人口 24.7 万人，2023 年地区生产总值 188.22 亿元。开化是习近平总书记赞誉的"好地方"，锚定"人人有事做，家家有收入"的致富理念，是崇德、慈爱、友善的道德高地。

  从善如流千古传。北宋太平兴国六年（981 年），开化寓"开明教化"之义建县。千年以来，受本源思想影响，"地方人士，大都乐善好施，且不欲居其名"。民国年间，开化变授之以鱼为授之以渔，"救济院 + 习艺院"创下慈善新模式。一脉相承的慈善之风，使开邑"健讼之风稍息，杀人之人颇少"。

  慈善如歌今胜昔。新中国成立后，特别是改革开放以来，开化慈善事业创新发展，形成"三大特色"。一是"慈善一日捐"，持之以恒不间断。2003 年开化县慈善总会成立后每年 9 月 5 日的"慈善一日捐"与起始于 1989 年的"植树拜年"，一同成为全县两大固定节日，历久弥新，从未间断。据统计，从 2005 年起，10.79 万

龙顶飘香　幸福开化

人次参与这项活动，累计募款 1347.49 万元。二是锚定山区教育，久久为功向未来。2019年，设立"钱江源教育基金"，当年募集慈善资金 2533.99 万元。不断创新启动的"圆梦助学""筑梦未来""助你飞翔"和"善缘书屋"等项目，不仅为困难学子点燃了新希望，更为

"夕阳红行动"走进开化霞山村

"再穷不能穷学校，再苦不能苦孩子"的"开化精神"注入了新内涵。三是结对山海协作，资源共享结善缘。与杭州上城区、嘉兴桐乡市、绍兴越城区等地慈善总会结对山海协作，拓展慈善工作领域，推进慈善资源共享；设立生态保护基金，拓展慈善领域，实现乡镇慈善分会全覆盖。

大爱无疆谱新篇。历经二十余载，开化慈善从小众到大众，由盆景变风景，实现质的飞跃。单位捐和个人捐、定向捐和公开募相结合，夯实了慈善基金基础；常态化的助孤、助老、助学、助残、助困、助医，弘扬了传统美德，厚植了家国情怀。蔡齐茂、徐桂生等爱心企业家，荣获浙江慈善奖；残疾人画家汪玉婷奋发图强，义卖画作，反哺社会，被誉为"最美女画家"，时任全国人大常委会副委员长韩启德为她题词：大爱无疆，积善存爱。

慈善，是精神，是文化，更是促进社会繁荣、衡量社会文明进步的重要标志。开化将锚定"处处有善、时时可善、事事行善、人人慈善"的美好愿景，推动传统慈善向现代慈善转型升级，为打造现代化国家公园城市，努力成为中国式现代化山区新样板，贡献慈善新力量。

龙游爱在人间协会

龙游爱在人间协会成立于2014年12月，行动纲领是"凝聚爱心，共建最美"。10年间，从一个几十人的QQ群逐步发展为拥有正式会员384名、群友近千人、规章制度及机构健全的4A级社会组织。10年慈行，为爱"圆梦"，共捐款捐物385万元，帮助困难弱势群体61700人次，举行慈善活动300余场。

成长心连心，助学筑未来。制定统一的助学金标准、考核审查制度，每年举办结对大会一对一签订《助学协议书》，"六一儿童节"到山村小学"三送"，春节走访送温暖，举办"成长心连心夏令营游学活动"，累计结对困难学生157名、支付助学金229.07万元，已培养14名大学毕业生走上工作岗位。

百善孝为先，敬老我先行。"问礼、养生、体心"，这是该项目得以成功的体悟。"问礼"，即每年端午和重阳携礼慰问老人，开展百岁老人普查，以彰显中华之孝道。"养生"，即关注老人的健康与生活，上门义诊、理发、陪护。"体心"，即呵护老人的情感与心理，丰富其文化娱乐生活。协会有一支80多人的文艺团队，全县所有的敬老院和许多乡村文化礼堂留下了他们表演的足迹。连续两年实施由省慈善联合总会主办、龙游县慈善总会承办的"山区夕阳红行动"公益慈善品牌项目。

情暖困境女，关爱暖人心。针对"两癌"妇女与家庭突发性灾难，2021年启动"情暖困境妇女"项目。"暖"的方法有两种：一是通过腾讯"99公益日"网络捐赠平台，募集助困资金；二是通过项目培训赋能、发展养殖种植业，增强造血功能。每年结对帮扶30名困境妇女，提供帮扶资金9万元，用于购买"龙游麻鸡"鸡苗、饲料等，受益妇女逾百人。

"赠人玫瑰，手有余香。"协会收获满满，先后获得了浙江慈善奖——机构捐赠奖、参与脱贫攻坚三年行动优秀组织奖，获评最佳志愿服务组织，衢州市抗击疫情先进社会组织、市级品牌社会组织、最有影响力社会组织，龙游县扶残助残先进集体、"最美龙游人"年度人物等荣誉称号。

衢州市衢江爱心联盟协会

　　衢州市衢江爱心联盟协会前身是 2012 年"衢州爱在人间 QQ 群"，2015 年 1 月 27 日正式注册登记，由从事社会公益事业的志愿团队与投身社会保障事业的爱心企业、最美人物、爱心志愿者以及爱心协作团队共同组成。协会自成立以来，组织开展了"赠人玫瑰，手留余香""3·5 学雷锋"等公益活动 660 余场，获得 5A 级社会组织、浙江省品牌社会组织，省慈善联合总会战"疫"典型优秀案例奖、衢州市十大优秀志愿服务集体、最美衢州身边好人等 20 多个荣誉称号。

　　关注特殊群体，传递公益温情。协会始终将困难家庭和"一老一小"作为公益帮扶的重点，急他们所急，助他们纾困。每年春节前开展"关爱特殊家庭"活动，迄今帮助困难家庭 580 余户，慰问金和物品价值总计约 72.4 万元；组织"关爱老人，与爱同行""乐享银龄，幸福社里"和"山区夕阳红行动"等志愿活动，为山区老人及孤寡老人送温暖，受益者 34560 余人次，发放慰问金和物品总计约 92 万元；每年 8 月，开展"筑梦启航，感恩有你"活动，关爱莘莘学子，已发放助学金约 124 万元，资助大学生 285 人次。

　　聚焦公益创投，解决实际困难。多年来，协会充分发挥社会组织的桥梁和纽带作用，开展各种公益创投项目 15 个，投入资金约 85 万元。针对衢江部分偏远乡镇困难家庭房屋陈旧、电线布置混乱的安全隐患，实施"安心善行"困难家庭安全用电公益创投项目，完成 500 户家庭线路改造，受益 1200 余人，获评 2023 年度衢州市最佳志愿服务项目。"筑梦启航 感恩有你"项目获评 2023 年度省老干部局最美银耀志愿服务项目。

　　助力"抗疫""创文"，展现公益担当。在"抗疫"和创建文明城市工作中，协会全体会员发扬主人翁精神。在 2020 年新冠疫情防控期间，协会组织 40 余名志愿者，在高速和公路卡点负责体温测量，累计志愿服务超过 5000 小时，组织 266 名会员和爱心人士捐款约 8.4 万元，募集口罩、医用酒精、牛奶等物资支援抗疫一线。在创建文明城市工作中，协会组织志愿者 758 人，投入志愿服务 40 多万小时，捐用资金 485.38 万元。

江山市悦心理社会服务中心

伴随着中国式现代化铿锵的时代脚步，得益于公益慈善事业的快速发展，2021 年 2 月，江山市悦心理社会服务中心应运而生。

根植慈善沃土，赢得硕果满枝。悦心理深植于江山深厚的慈善文化土壤之中，以提高个人、家庭、社会的心理健康水平为宗旨，以留守困境儿童、特困老人和婚姻家庭为重点服务对象，以心理健康讲座、心理咨询援助、婚姻家庭指导为主要服务内容，是江山市目前唯一一家以党建为引领，以社会工作者为支撑，以社区志愿者为依托的专业心理服务机构，获得了全国联动公益活动优秀组织、浙江省妇女儿童公益事业爱心支持单位、衢州市最有影响力社会组织、江山市先进慈善义工服务团队和最佳志愿服务组织等荣誉称号。

汇聚慈善合力，构建公益阵营。悦心理现有专兼职服务人员 24 人，团队志愿者 226 名（其中慈善爱心妈妈 100 人），与江山市慈善总会等 23 家爱心单位建立了长期的协作关系，是省关心下一代基金会青少年心理健康服务、江山市慈善总会心理健康服务、双塔街道等乡镇社会工作站运维等服务项目的承接单位。

情注困境儿童，爱心托举希望。学校留守困境儿童心理援助，是该中心与市教育局、市慈善总会联动的最佳服务项目之一。三年来，坚持以 19 个农村学校关爱儿童之家为依托，以 2112 名学校留守困境儿童为工作对象，以心理辅导讲座、心理疏导集体活动、"一对一"结对帮扶等成果，有效纾解了留守困境儿童的认知、情感、人格和行为等不良心理问题。三年来，累计开展心理健康讲座 287 场次，接受热线咨询 1063 人次，组织团队咨询服务 121 场次，开展个案咨询援助服务 845 人次，组织和参与各类慈善志愿服务活动 68 场次。

"悦心、悦人、悦己"，是江山市悦心理社会服务中心始终不渝的追求。以爱与关怀，为需要心理帮扶的人们点亮希望之光，悦心理社会服务中心初心如磐，使命在肩。

衢州市

ZHOU SHAN

—浙江慈善名片—

舟山

昌国慈善有传承　教化人心促和谐

舟山，地处中国东部黄金海岸线与长江黄金水道交汇处，古称昌国，是"港、景、渔"资源优势独特的国家级群岛新区、国际性港口与海岛旅游城市、海洋经济先导区、国务院批准的中国（浙江）自由贸易试验区。有 2085 个岛屿和 270 多千米深水岸线，海域面积 2.08 万平方千米，陆域面积 1440.2 平方千米，辖 2 区、2 县，全市常住人口 117.3 万人，2023 年地区生产总值 2100.8 亿元。宁波舟山港年货物吞吐量居全球第一、集装箱吞吐量居世界第三。勇立潮头、守望相助、慈心善行，彰显了舟山城市品格和文化底蕴，孕育着丰沃的慈善土壤。江河汇聚之地，美丽东海之滨，崇善若水滋润着舟山这座通江达海的千岛之城。

大爱慈善有遗风，慈脉赓续强教化。舟山是世界著名渔场和海上交通要道，唐朝以降，海上烽堠十二铺有嵊泗列岛岛屿，岛际相望，烽火相传，既是国家海防安全需要，也是海上救援重要基地。千百年来，岛民以捕鱼为生、与大海为伴，形成

舟山风光

2023 年 10 月 24 日晚，舟山市慈善总会举办重阳节慈善公益晚会

"同舟共济、守望相助、相濡以沫、患难与共"的善行文化。秦朝方士安期生，曾在桃花岛上炼丹制药，救助众生。三国方士葛玄隐居舟山炼丹，悬壶济世，为民治病。葛玄侄孙、东晋方士葛洪著《抱朴子》，在临城一带隐居，为当地百姓施药治疗。清初年间，东极渔民财伯公雾天晚上点燃火把为渔船导航。民国时期，著名爱国实业家、慈善家刘鸿生捐资创办定海公学（舟山中学前身）；宁波帮巨商、近代上海工商界领袖、定海人朱葆三，解囊相助桑梓公益慈善；1942 年 9 月，东极渔民冒死救起 384 名英国落海战俘，传为佳话。

普陀山是中国佛教四大名山之一，承载了源远流长的观音文化，慈悲为怀、救苦救难深入人心。普陀山佛协积极参与慈善事业，每年捐助约 3000 万元扶贫济困；向四川达州市第一中学捐赠 500 万元；捐助 1000 万元建起雷神山、火神山医院；2011 年 9 月 13 日，普陀山佛协捐款 4.5 亿元建造的朱家尖大桥扩建工程"观音大桥"通车。

1999 年 1 月，舟山市慈善总会应运而生。至 2023 年，共筹集款物 11.49 亿元，发放救助款物 9.7 亿元，受益人数 121.4 万人次。

舟山慈善总会在普陀山开展公益林植树活动

因地制宜创特色，赠人玫瑰留余香。小城显大爱，营造慈善氛围。舟山慈善总会制订舟山市慈善文化弘扬五年行动计划，积极利用互联网＋、项目对接、定向捐等方式开展募捐。广泛开展慈善氛围营造。在巩固慈善网站、公众号等常规宣传平台的基础上，创办《慈善舟山》刊物。积极与主流媒体合作，打造融慈善媒体宣传矩阵。2023年，通过网络众筹、市新闻传媒中心"党报大篷车"、市电视台"汪大姐来了"等平台募款22.48万元。2023年，参与募捐爱心人士11.15万人次，参与单位1441家。凸显海岛味，打造慈善品牌。开展"书循环 善循环""小善大爱 福送百家""慈善救援 爱心护考""老有所'医'慈善药箱""百里文廊 慈善暖吞""体彩送清凉""爱心点燃希望""福田助老 善泽夕阳""山海协作 这个冬天不太冷""情系港城 商海领航"等十余项特色品牌建设活动。"慈善一日捐"家喻户晓，成为社会各界参与面最大的慈善捐资品牌，近五年来，4006家次单位、5.28万人次参与，共计捐款7310.08万元。开展舟山特色慈善基地和团队建设，全市现有200多支公益慈善团队，约30万人热心慈善公益活动。建立了由11支公益团队组成的慈善公益联盟，在文旅项目、民营酒店、市文化艺术中心建成 3 家慈善文化基地。积善成大德，喜获慈善硕果。慈善之花，绚丽芬芳，慈善之果，甘甜馨香。市慈善总会困难劳模专项补助（救助）、大病医疗救助、"祥生集团·关爱孤儿成长"项目，获浙江慈善奖"慈善项目奖"。市慈善总会原名誉会长彭国镇，两获中华慈善总会颁发的"中华慈善优秀工作者（志愿者）奖"；祥生实业集团有限公司董事长陈国祥，三获浙江慈善奖，入围第七届中华慈善奖，企业荣获浙江慈善奖（项目）、全国第二届中华慈善奖突出贡献奖；2009 年，浙江黎明智造股份有限公司被国务院评为"扶残助残先进集体"；普陀山佛协 2021 年被评为全国脱贫攻坚先进集体，2022 年获第七届浙江慈善奖（机构捐赠奖）；2023 年，市慈善总会获得浙江省最佳慈善组织奖。

紧扣重点抓项目，泽被民众福源长。舟山慈善总会紧紧抓住重点项目，推进慈善事业发展。目前有救助项目十大类 30 余种，涉及助老、助孤、助残、助学、助医、助困等方面。

普济生命慈善大病救助：关爱因病致贫群体，缓解本市患有恶性肿瘤、尿毒症、再生障碍性贫血、严重心脏病、器官移植等特定大病贫困群众的医疗困难问题，近十年累计救助 3751 人次，支出救助资金约 3574 万元。

阿福哥工作室：成立于 2019 年 11 月，依托互联网开展帮扶救助慈善公益活动，通过连接政府福利救助资源和民间爱心力量，开通爱心热线接受市民各类困难求助，包括助学助老、扶贫帮困、人员走失救援以及慈善政策咨询等，迄今共接到电话求助 1129 起，特殊应急类（人员走失等）130 起，办结率 100%，获得群众感谢锦旗46 面。

舟山市慈善救援：经过近三年培训、演练、实战，队伍管理逐渐规范成熟。目前，救援队建立了 5 支专业规范化巡防中队、3 支巡防大队，有成员 640 余人，三年来共开展 133 次搜救任务，找回走失人员 135 人次。

慈爱善行结硕果，奋进永远在路上。舟山市慈善总会将锚定"建设宜居、韧性、智慧的海上花园城市"目标，加大募捐救助与弘扬慈善文化双线发力，提升慈善参与率、慈善贡献力，为加快实现海上花园"蝶变"与民生幸福"加码"双向奔赴，让这座城市充满慈善之光。

定海鸟瞰

文化名城　共济翁山

　　定海，意为"海波永定"，唐开元二十六年（738年）始置县名翁山，位于长江口与杭州湾交汇处，是长江流域对外开放海上门户和通道，区域面积为1444平方千米，常住人口50.8万人，2023年地区生产总值698.7亿元。

　　同舟共济抗外敌，为商致富哺乡里。定海是鸦片战争首战之地，1841年9月，第二次定海保卫战中，葛云飞等三总兵率5000余名各族将士殉国，壮怀激烈、感天动地。受"同舟共济"海洋文化和"慈悲为怀"观音文化影响，"家天下，善乡里"慈善之风贯穿定海千年。清代知县缪燧捐俸禄办义学，现存蓉浦学院；民国朱葆三、刘鸿生等实业家办学兴医，造桥铺路，获当时政府"乐育菁莪"嘉奖；"东海侨乡"造福桑梓，在我省首个海岛侨思馆深藏。

　　善脉绵延续传承，山海同心向未来。步入新世纪、进入新时代，"为商致富，反哺乡里"慈善传统发扬光大。定海区慈善总会2003年12月成立至2023年底，筹集款物2.95亿元，支出救助款物2.39亿元。企业捐助，蔚然成风。"舟山市伟兴慈善基金会救助困难家庭尿毒症患者"项目，发放救助金约588万元；上海晟地集团捐资3400万元建造白泉文化公园；浙江金鹰股份成立伊始就参与慈善，捐款2700余万元；森森集团推出"森森爱心"项目，开展大病医疗救助。助力公投，善风和畅。发挥慈善参与社会治理作用，推进"美在定海"培塑工程。引领公益团队常态化开展活动，投入资金118.5万元；设立"新时代文明实践基金"，每年投入30万元；设立"见义勇为基金"100万元。结对助学，兼济天下。实施"山海同心向未来——东西部教育帮扶协作"项目，推进对口支援决策，发动爱心企业和爱心人士开展捐赠助学，捐建四川、云南等希望小学，投入资金约2000万元。慈善总会获浙江省慈善优秀机构奖，被评为浙江省品牌社会组织、浙江省慈善联合总会先进会员单位。

慈念善行遍岛城，余香飘入百姓家。环卫工人钟耿平，既救人生命，又予人援手，自2011年来在海滨公园9次下海救人，挽救7位落水者性命，劝返10余名跳海轻生者。2018年，他把见义勇为10000元奖金捐赠区慈善总会；2019年，他捐赠5000元给贫困学子；2020年，他捐出20000元支援抗击新冠疫情……洗桥阿婆殷桂兰捐赠所有退休金，几十年如一日清洗石桥，2020年，定海区将新建的一座石桥命名为"阿婆桥"。老人去世后，其女儿筹集60万元成立助学慈善基金。凡人善行，更见大爱。

千年以降，慈善不渝。定海慈善一以贯之秉持"有你定好·人人慈善"理念，期望在现代化定海建设中绽放更璀璨的慈善光芒。

开展慈善年会爱心捐款活动

沈家门渔港

渔都港城　美丽白花

　　普陀，梵语意为"一朵美丽的小白花"，因境内佛教名山普陀山而得名。全区陆域面积458.6平方千米，常住人口38.61万人，2023年地区生产总值456.5亿元。

　　渔都港城聚移民，慈善渊源赓续传。普陀，被誉为"东方渔都"，是一座互帮互助理念根深蒂固的城市，渔民与风浪搏斗，形成同舟共济的慈善理念。普陀深受佛教文化影响，慈悲为怀思想深入人心。明末清初，东极岛上渔民陈财伯在岛上举火导航；清乾隆年间，虾峙渔民救助因台风漂流至此的日本"春日丸"船员；1942年，东极渔民在日军枪口下勇救"里斯本丸"落水英军战俘。民国时期，沈家门乡贤刘寄亭助建鹤龄泉、沈家门存济医院等。新中国成立后，旅美华侨林依心捐赠10万美元建普陀中学图书楼。时代在前进，2003年5月，普陀慈善总会应运而生，2023年度获评省慈善联合总会先进会员单位称号，被评为5A级社会组织，被市慈

242

善总会评为年度先进集体。20 年来，共募集慈善资金 2.17 亿元，救助支出 1.93 亿元、受益 153934 人次。

关注民生有新招，老幼病弱受惠益。创设精准扶贫医疗救助责任保险。在全市率先对低保对象合规自负医疗费进行商业补充保险，创设"政府＋慈善＋保险"，2018 年 9 月至 2023 年底，通过政府推动、慈善总会筹资、保险公司运营模式，共理赔 11437 人次。协作开展白内障患者康复行动。2019 年 4 月起，开展 60 周岁以上老年人白内障患者康复"光明行动"，4 年多来共救助 2722 人次。

重点捐赠展未来，慈善助力惠民路。推出"善行普陀·情暖万家"慈善救助项目 35 个。响应政府"小岛你好"行动。2022 年 11 月起，开展"药有保障"活动，向边远小岛 60 岁以上老年人、低保低边特困人群、重度残疾人群患高血压、糖尿病病人免费赠药，惠及 12446 人次。关爱青少年儿童的教育。2022 年 1 月设立总额 200 万元的"百润—孤困儿童扶助慈善基金"，帮扶 20 名孤困儿童完成学业。2008 年至 2016 年，将中远集团捐赠的 800 万元、舟山鑫亚船舶公司捐赠的 1000 万元、和润集团有限公司捐赠的 1588 万元，用于六横中小学和幼儿园建设。

九万里风鹏正举，大爱普陀慈善行。道虽迩，不行不至；事虽小，不为不成。砥砺奋进二十年，不忘初心；向上向善筑未来，恪守宗旨。普陀慈善事业，未来可期！

普陀区慈善总会义工分会开展助老服务活动

蓬莱仙岛　慈善福地

　　岱山，是全国十大重点渔业县之一，有 404 个岛屿，陆域面积 326 平方千米，常住人口 21.34 万人，2023 年地区生产总值 804.7 亿元。

　　海山仙山有慈善，乐善好施美名扬。岱山，自唐至清设置蓬莱乡，蓬莱即我国传说中的仙山，故岱山有"蓬莱仙岛"美称；岛形状如岱宗泰山，因名岱山。文化悠久，慈善绵长。秀山乡贤厉家设立"厉树雄基金"，东沙义商戴源和、刘宏祥施"粥棚"。2004 年 6 月，岱山慈善总会成立。20 年来，募集善款 1.71 亿元（不含浙石化冠名岱山教育基金 2 亿元），慈善救助支出 1.47 亿元。2022 年，岱山慈善总会获"浙江省品牌社会组织"称号。

　　慈善网络全覆盖，泽被民众尽欢颜。2009 年后，全县 87 个行政村社全部建立

岱山县鸟瞰

慈善联络站，慈善工作网络在舟山全市率先全覆盖。授予联络站相应额度救助权，"家门口慈善"情暖千家万户。成立志愿者、知青两个直属分会，"爱心加盟"汇聚10余支公益团队。擦亮慈善"红马甲"品牌，厚植"人人可慈善"理念。慈善总会获全省"万村慈善帮扶基金工程"竞赛活动"组织奖"。

老有所依幼有助，设立基金惠桑梓。岱山籍在外发展的企业家遍布全国。县总会引导乡贤回报故乡，设立了"银台基金""深圳企业家·晴娃娃基金""宁波岱商基金"，共募集1422.5万元。常石集团、舟山海港港口开发公司等企业定向捐赠善款3169.5万元，助力乡村公益事业。开展"助学圆梦"，培植"爱心接力"，受益大学生工作后加入慈善队伍。开展常态化"情暖夕阳红"志愿服务和慈善宣传。2012年起步的"造血型"扶贫基地建设，为792户贫困家庭劳动力创造就业机会。

海纳百川，有容乃大。岱山慈善总会将依法行善、为民谋善、以德扬善、守正创新、担当作为，在助力高质量发展海岛样板中贡献慈善力量。

2019年4月14日，在岱山海岬半程马拉松赛道上，慈善志愿者擎旗跑宣传慈善

东海明珠　和美嵊泗

　　嵊泗，又称嵊泗列岛，位于长江与钱塘江入海口的交汇处，有"东海鱼仓""海上牧场"之誉，共有岛屿 630 个，陆域面积 97 平方千米，人口 6.5 万人，2023 年地区生产总值 142 亿元。

　　守望相助民风淳，同舟共济传统厚，嵊泗自古就有扶危济困的传统。2003 年12 月，嵊泗县慈善总会成立，在乡（镇）、村（社区）建立组织，延伸至每个有人小岛；成立义工队和志愿者组织 3 个，注册 9700 人。

　　各界联动聚众力，锐意创新拓渠道。慈善工作走出一条政府、企业、社会、公共、外地联动的新路。党委、政府十分重视慈善事业，每年财政预算内安排 35 万元工作经费，主要领导经常出面为慈善项目筹募资金。2016 年，县政府为涉渔救助基金安排 120 万元启动资金。嵊泗本地经济总量小、企业少，县慈善总会通过嵊泗籍在外的企业家和曾在嵊工作过的老领导拓宽资金募集渠道，上海东庆食品有限公司刘庆个人捐赠 200 万元，设立"惠学助学基金"。尊老爱老成为常态。每年为全县 10 个公益性敬老院捐赠价值 30 万元的米和油，开展全县困难老年人送医送药行动。突出互联网络优势。与县级机关党工委共同打造"礼岛心愿汇"网络公益服务平台，机关党员干部捐出家中闲置物品，困难群众认领，邮政免费快递到家。运作

嵊泗夜景

4年来，困难群众领取物品2536件。

项目运作显实效，雪中送炭惠民生。正在运行的公益慈善项目23个，其中省市覆盖项目6个，助医、助困、助学、助老、助残、赈灾等救助支出3994.68万元，47685人次受惠。如"海损海难事故救助帮扶基金"，仅近5年就救助渔民家属27人；"渔区困难老人送医送药三年行动计划项目"，每年向渔村困难群众发放价值10万元的150张购药卡和助医卡。

风正一帆悬，潮平两岸阔。新时期，嵊泗正扬帆起航，奋力打造海岛样板县，慈善组织将紧紧抓住这一机遇，在助力区域发展、乡村振兴等方面彰显自身价值和责任担当。

嵊泗县慈善总会义诊活动

舟山市香园社工服务中心

　　舟山市香园社工服务中心自 2015 年成立以来，秉持"温暖社工、品质服务、崇德向善"的服务宗旨，积极发挥社会服务作用，健全"慈善＋社工"运行机制，通过各个项目平台，聚焦困难群体帮扶，推进多方主体合作共同服务，不断建立健全服务群众的长效机制，倾力开展"一老一小"社会救助、社会事务、拥军抚恤、禁毒戒毒等 16 个项目，累计资助项目资金达 80 万元。

　　"五社联动"新模式，基层治理有创新。构建"社区＋社会组织＋社工"为联动主体的社工人才服务模式，项目资源、需求、服务"三张清单"模式。积极探索"慈善＋社工＋志愿"体系，开展各类志愿活动服务 15 万余人次，成立专业志愿服务团队 10 支，志愿者人数 800 余人，各类宣传报道 200 余次。

　　"军嫂之家"暖人心，拥军品牌显特色。与市妇女儿童医院合作的"军嫂之家"项目，十年来累计为军嫂们提供产前、产中、产后等服务 4 万余人次，解决了许多军人的后顾之忧。舟山市妇女儿童医院也被舟山市委、市政府评为"拥军优属先进单位"。

　　戒毒项目得人心，促进和谐护稳定。戒毒项目开展十年来，共计协助 88 个社区戒毒康复人员成功戒毒，累计提供各类服务 35800 余人次。社区戒毒个案获浙江省禁毒委社会工作优秀案例评选一等奖，中心主任竺珊燕被评为浙江省第六届"最美禁毒人"，中心总干事陈琳获浙江省第八届"最美浙江人·最美禁毒人提名奖"。

　　踏上新征程，再创新辉煌。新时期，新追求，舟山"香园"将继续创新，整合"慈善＋社工"资源，开展形式多样、有作为、有特色、有实效的服务活动，探索对重点服务对象物质救助和精神帮扶工作"双提升"，扩大社会慈善影响力。

舟山市

舟山市千岛救援队

舟山市千岛救援队成立于 2019 年 4 月，位于普陀区展茅街道，是浙江省首批省级社会力量救援队伍之一、舟山市 4A 社会组织、舟山市慈善总会首批慈善联盟成员单位之一。获市安全生产先进单位、社会组织公益之星等称号，负责人叶剑波获评省防汛防台先进个人、省社会组织领军人物等。

牢记宗旨。作为一支非营利、非政府性的专业民间救援队伍，千岛救援队始终坚持以志愿服务为原则，以"少说多做、默默奉献"为宗旨。救援队于 2020 年成立党支部，组成党员先锋突击队，积极发挥党员先锋模范作用。

应民所急。2019 年 4 月至 2023 年 12 月底，救援队共接警 1600 余次，包含自然灾害救援、寻人救援、疫情消杀防控等，救援时间 61656 小时，出勤 12938 人次，抢救财产约 750 万元。2019 年 10 月国庆期间，"米娜"台风登陆舟山，千岛救援队近 50 人在狂风暴雨中废寝忘食，奋战三天两夜，转移受困群众 100 多人、涉水车辆 30 多辆，救援受伤群众 10 余名。

授人以渔。"救宣益路行，平安你我他。"救援队积极组织安全教育、自救与互救进学校、社区、企业等场所的活动，尽其所能让群众达到人人会急救、个个会应急。聚焦提升科普宣传实战性、实效性，救援队建立 500 平方米的综合应急救援基地体验中心，以"应民所急，平安普陀"为主题，融合海岛特色及应急科普元素，布局"大战略""大减灾""大安全""大应急"等展示篇章；设置海上安全展区，利用内部船舶空间塑造独一无二的海港展示与体验环境。

舟山市千岛救援队将以灾难事故、人员搜救、疫情防控等社会救助为己任，闻讯而动，救援必达，赴汤蹈火，为社会和谐稳定作出应有的贡献。

舟山市麦乐社工服务中心

舟山市麦乐社工服务中心（以下简称"麦乐"）成立于 2020 年 5 月，是一家非营利、非政府性专业社工机构，现有注册志愿者 6750 人。4 年来，麦乐坚持"专业、创新、多元、奋进"的宗旨，致力于慈善行动的多元服务。新冠疫情防控期间，承接全市第一家镇街级社工站运营；与在舟高校合作开展常态化志愿者培训；与舟山电视台《汪大姐来了》栏目合作；执行全市无人抚养儿童关爱项目、流动儿童融合项目、"小岛，你好"恩宝幸福家园计划等，项目资金超百万元。获第五届浙江省青年志愿服务项目大赛铜奖、舟山市品牌社会组织、舟山市公益创投大赛一等奖等，中心督导邵夏莹获浙江省志愿服务工作突出个人称号。

小麦姐姐讲故事，点亮心中小橘灯。成立之初，麦乐依靠儿童阅读公益服务"小麦姐姐讲故事"，三年内推动超千户家庭参与并壮大岛城公益亲子阅读队伍。为了满足外来流动困境儿童需求，麦乐执行"点亮小橘灯"系列活动，通过困境家庭阅读陪伴计划，与爱心家庭结对帮扶，构建社会支持网络，开展"关心生理、关心学习、关心生活"服务，搭建"家—校—社"体系，三年来已累计帮助近 200 户家庭重塑自信。该项目已成为中心特色项目。

小岛你好同参与，共建幸福好家园。执行省级基金会"小岛，你好"恩宝幸福家园计划，招募海岛当地困境儿童和外来务工人员子女，项目组成员走访困难家庭与海岛外来务工人员家庭，根据其困难群体需要提供家访及定制个案服务。通过精准对接，定期开展早期线上线下阅读课使其获得低偿优质的早期教育资讯及服务。

启蒙童心慈善行，慈善书屋见成效。2022 年，开启"启蒙童心慈善行"活动，以慈善书屋为平台，开展红色教育、赋能计划、青蓝相继、团队培育等 4 个子项目活动，提高了青少年的学习生活技能，培养了他们"知善行善"的慈善理念。书屋共开展活动 40 场，参与 1800 多人次。

行百里者半九十。麦乐将通过资源连接、资金资助等方式，全面扩大公益慈善服务领域，向善而行，力行不懈。

和合情韵润古今　慈爱仁心溢台州

　　台州的"台"读作 tāi，因天台山而得名，位于浙江省沿海中部，是浙江沿海的区域性中心城市和现代化港口城市，陆域面积 10050 平方千米，辖 9 个县（市、区），常住人口 671.2 万人，2023 年地区生产总值 6240.68 亿元。台州，有着"佛宗道源、和合圣地"之称，是活佛济公的故里，更是慈善事业的热土。

　　文化泽被，崇善尚和。文化的力量是润物细无声的，台州的"和合"文化更是如此。习近平总书记在《之江新语》中提到，我们的祖先创造了无与伦比的文化，而"和合"文化正是其中的精髓之一。台州作为"和合"文化的重要渊源地，蕴含

台州风光

2009 年 5 月 14 日，首届"5·15 台州慈善公益日"主题晚会隆重举行，以台州民营企业为主体的社会各界现场捐款 9865 万元

着天人合一、尚和、崇善的价值理念，台州人的价值观融合了"以和为贵、和而不同、善解能容"的传统文化精髓。慈善事业秉承和合文化精髓而发展，历史上就有官办慈善养济院、育婴堂、甘露亭，民办慈善公正会、同信社等。2003 年台州市慈善总会成立，新一代慈善人践行着新时代慈善工作，引导世人积极修心行善，提升道德修养，全市累计募集慈善款物 54.55 亿元，拨出 39.54 亿元。市委、市政府高度重视慈善事业，多次召开慈善大会、设立慈善贡献奖、参与慈善一日捐，市领导深入调研慈善工作，出台《台州市关于推进慈善事业高质量发展实施意见》，市人大常委会主任会议专题听取慈善工作汇报，并提出指导性意见。从政府重视到项目运作再到民间慈善活动，台州慈善事业蓬勃发展。慈孝宴、慈善晚会、慈善年夜饭，已成为慈善常规活动；"9·5"中华慈善宣传月，慈善元素遍布公交车、站台、楼宇、广场，慈善文化进校园活动从未间断，以慈善为主题的校园文化展演、征文活动等此起彼伏，小手牵大手，益路同行，成为台州人行善路上的一道道亮丽风景线；全

2008 年 5 月，台州市慈善总会募集的首批抗震救灾物资启运

面覆盖的乡镇、村社区慈善组织，以和合善治提升了困难群众的生活幸福成色，崇善尚和的社会氛围在台州越发浓厚。

民企助力，行善求新。市慈善总会立足台州民营企业发达的实际，搭平台、建基金、优服务，精心设计救助项目，创新募捐方式，以菜单式的项目接受爱心企业家的挑选，为他们回报社会奉献爱心提供服务。引导企业建立基金，实行双方管理、互相监督，让企业捐得放心、用得明白。这种模式大大激发了企业家的捐赠积极性，变传统的上门劝募为企业家主动参与，匿名捐赠者陈先生近两年捐赠 5000 万元，台州农商银行、民泰银行等一大批爱心企业及个人成为捐赠的楷模，民营企业已然成为捐赠的主力军，全市共建立基金及小微基金 1000 余个，捐赠善款占总额 80%；方远集团、杰克缝纫为代表的众多民企慈善家，都在以不同方式身体力行参与慈善事业。

助推发展，慈善先行。2021年市委、市政府出台相关政策，对慈善事业的发展提出了新希冀。台州慈善顺应时代发展，发挥第三次分配的作用，积极担起使命，因地制宜开展慈善基地创建，为具备一定劳动能力的困难群众提供就业岗位、创业指导和种植养殖、劳务输出补助，助力困难群体脱贫致富。现有省、市、县三级慈善基地162个，涵盖工农业、电商、加工业等不同行业；路桥建立百家基地，通过赋策激活力、赋岗促就业、赋能解难题实现全方位高质量的救助和帮扶。聚焦打赢脱贫攻坚战，以助学助医、助力乡村振兴等项目为载体，向四川、新疆、西藏、青海等对口帮扶和支援地区捐赠款物1.4亿余元。推出市域范围内的山海协作，路桥结对天台、温岭结对三门、玉环结对仙居，在乡村振兴、道路建设、助学助困等方面加速了步伐。

践行宗旨，普善济困。项目化推进助困、助学、助医、助老、助孤、助残、赈灾等领域救助活动，以慈善补齐民生短板，以慈善传递大爱温情，使慈善事业成为替政府分忧、为困难群众解愁的有效渠道。特别是海正"润心家园"项目，将扶贫与扶志、扶智、润心有效结合，帮助思想困顿、学习困惑和家庭困难的"三困"学生，得到中华慈善总会会长批示肯定。台州地处沿海，常受台风侵袭，赈灾救助成了台州慈善的主要工作之一，从防台防洪、抗震救灾到疫情防控，慈善身影从未缺席。在汶川地震、利奇马台风、新冠防控等灾害中，发动全社会开展爱心捐助，捐款达3.77亿元，这一笔笔捐款体现了大灾之下的台州大爱。义工团队活跃在台州大地，有海上生命守护神之称的温岭水鬼郭文标，40多年如一日，一次次从死神手里夺回生命，海上救出1959条人命，救助船舶470余艘。飞马应急救援队、红枫救援队、雄鹰救援队等一批批由业余人员组成的海域、山地以及应急救援团队，自行装备、刻苦训练，成为台州冲在一线、救死扶伤的无名英雄。

台州地阔海冥冥，云水长和岛屿青，山海辽阔，大爱无痕。台州市慈善总会将着力构建现代慈善组织体系，培育现代慈善文化，打造善行台州品牌，为奋力谱写中国式现代化台州实践新篇章贡献慈善力量。

大陈岛垦荒纪念碑

慈汇椒江　善洒万家

　　椒江，地处台州湾入口处，古称"海门"，陆域面积 280 平方千米，海域面积 1604 平方千米，常住人口 88.1 万人，2023 年地区生产总值 790.3 亿元。

　　乐善古风，赓续绵延。椒江大地，崇德向善的慈善文化底蕴深厚。古有葭沚崇广寺建育婴堂收养弃儿，乡绅叶箐捐资创建章安金鳌书院，何锡庚、周作新创建东瓯书院；今有爱心企业慷慨解囊救助社会弱势群体的慈行善举。慈善文化代代相传、生生不息。2003 年 8 月，椒江区慈善总会成立，截至 2023 年底，累计募集各种善款 2.56 亿元，助困、助学、助医、助残、赈灾等支出 1.47 亿元，惠及困难群众约 9.13 万人次；罗邦鹏获第三届"浙江慈善奖"个人奖，"有心有爱"贫困心脏病患者救助项目获第三届"浙江慈善奖"慈善项目奖。

　　慈汇椒江，上善若水。椒江大地，行善热潮蔚然成风，慈善事业高歌猛进。一日捐、定向捐、冠名捐等多种善款捐赠形式齐头并进；每笔捐款明细公开透明；慈善助学、慈善护苗等救助项目有序开展；区慈善总会、镇（街）慈善分会、村（社区）慈善工作站三级慈善组织网络全覆盖。

善洒万家，大爱无疆。椒江大地，四张慈善金名片流光溢彩。助老帮扶传递温情。获首届"台州慈善奖"的大陈岛在岛垦荒队员慈善生活补助基金项目实施 20 年，逐年提高定期生活补助，有效解决垦荒队员年老多病、收入微薄等困难。助医惠民合作共赢。实施 20 年的尿毒症患者定期血透补助项目，既帮助低保低边尿毒症患者"零负担"安心就医，又促进医院肾内科发展。助学护航纾解困难。总会实施贫困学子"圆梦助学"项目，扩大救助范围，提高救助标准，救助对象包括高中（职高）生、大学生，截至 2023 年，累计发放助学金 794.05 万元，资助困难学生6634 人次。资助新建慈善实体。慈善资助新建慈善实体——椒江区社会福利院暨台州市慈善福利院，集居住养老、康复医疗、临终关怀于一体，2012 年 6 月正式投运，该项目获第三届"台州慈善奖"慈善突出贡献（项目）奖。

这一抹明媚耀眼的慈善光芒，穿越历史绽放异彩；这一股向上向善的慈善力量，绘就民生温暖底色。在奋进慈善事业新征程上，椒江区慈善总会正聚合椒江人民之力，不忘初心、守正创新，谱奋斗之音符，奏慈善之华章。

2024 年"点亮梦想 希望远航"振盛缝制机械有限公司（振盛教育基金）定向资助下陈中学学生

黄岩全景

慈行黄岩　善润橘乡

　　黄岩，置县初名为永宁，武周天授元年（690年）改名为黄岩，区域面积988平方千米，常住人口71.2万人，2023年地区生产总值637.7亿元。千年永宁，中华橘源，模具之都，宋韵文化源远流长，慈善精神薪火相传，是历史与现代交融、产业共城市齐飞、慈善同美景辉映的滨江都市区。

　　慈善基因传千秋。古有耗尽家财修建五洞桥的北宋皇族后裔赵伯沄，心系天下、以百姓福祉为善念的一代贤相杜范，卖地卖字画在家乡办学的一代大儒柯璜。今有捐出房产创办淑德女子小学的林卢素云，设立"陈芳允奖助学金"的"两弹一星"元勋陈芳允，被称为"11个孩子妈妈和72位老人女儿"的"最美浙江人"彭彩荷。2003年6月，黄岩区慈善总会成立。截至2023年底，共筹集善款3.6亿元，支出救助款2.45亿元，救助群众13万人次；总会被评为5A级社会组织，两次获评全省品牌社会组织；"慈善文化进校园"项目荣获第二届中华慈善突出贡献奖。为弘扬慈善精神，总会编撰了《爱的礼赞 心的奉献》，汇编了《慈善的阳光》和《慈善笔记》。

　　千方百计募善款。总会广泛开展筹募善款活动，尤其是通过"中华慈善日"等

2010 年黄岩退休干部为青海玉树灾区捐款

系列活动使慈善宣传深入人心，3 家企业捐赠冠名基金 2000 万元以上，7 家企业捐赠冠名基金 1000 万元以上；"慈善 + 司法"救助基金、"爱玛"助学金、卢氏兄弟助学金等专项基金，夯实了黄岩的慈善基座；复建"双宝珠"塔的公益项目化捐赠活动，成为黄岩又一历史文化景观。

诚心实意救助人。总会坚持民本情怀，以扶贫济困为重点，以"救助 + 服务"为核心，为困难群体雪中送炭，为民生幸福添砖加瓦。贫困家庭"尿毒症"患者助医项目，资金总规模达 1800 多万元，资助达 4400 多人次。上郑乡干坑村付学朋依靠父母手控塑胶球创造生命奇迹被央视关注后，获得约 12 万元的专项基金和两台价值约 30 万元的呼吸机。贫困家庭大学生"圆梦"助学项目，每年帮助近百名寒门学子走入大学校园。20 个慈善基地，帮助低收入农户增加收入。"黄岩西部公益事业慈善资助项目"获第二届"浙江慈善奖"，乡村"美丽走廊"建设扶贫公益项目入围第六届"浙江慈善奖"。全区注册的慈善义工 5000 余人，"支援生产防护服 我为抗疫尽点力"作为典型案例受到省慈善联合总会发文表彰。

慈行黄岩，善润橘乡。新时代新征程，黄岩区慈善总会积极适应新形势新情况，发挥慈善事业在第三次分配中的作用，为高质量发展贡献慈善力量。

以慈为路　以善为桥

路桥区位于浙东南黄金海岸线中部，陆域面积 328 平方千米，海域面积 199 平方千米，常住人口 63.4 万人，2023 年地区生产总值 783.31 亿元。

义利并重，川流不息。义利并重的路商精神和慈善文化生自先民，传之今人。古有乡贤杨晨"倾囊赈灾"扬名史册，现有洪云兰"举家救孤"获评 2005 年"爱心中国——首届中国最具影响力的百位慈善人物"。路桥区慈善总会于 1999 年 3 月成立，2018 年 8 月取得公开募捐资格。至 2023 年底，募捐总额 4.8 亿元，慈善救助和公益活动支出 2.5 亿元，惠及困难群众 26.3 万余人次，获第二届浙江慈善工作优秀机构奖。

以慈为路，善行闻道。织密组织网络，建成覆盖全区的 15 家慈善分会、216 个村级慈善工作站、100 家"输血""造血"功能兼顾的慈善基地，形成上下衔接、接

路桥城区

力救助的合力。广泛募集善款，"慈善一日捐""慈善月"系列活动深入人心。积极开展公益项目劝募行动，"市民陈先生"慷慨捐赠 2500 万元冠名"一路温暖"系列救助项目，成为榜样。推动慈善文化"六进"活动，路桥小学"翼文驿站"多年风雨无阻免费向环卫工人等

2024 年 5 月 15 日，慈善文化进校园活动之爱心捐款

提供"爱心午餐"、衣物、图书和"暖心咖啡"，此善举经媒体报道后反响巨大，阅读量突破 1.2 亿人次。树立典型、彰显大爱，路桥农商银行、浙江泰隆商业银行分获第五届、第七届浙江慈善奖"机构捐赠奖"，鲍文陆获第七届浙江慈善奖"慈善楷模奖"，高萍等 4 人获评省社会组织领军人物，3 个镇（街道）慈善分会和 9 个村级慈善工作站获省级示范称号。

以善为桥，行稳致远。路桥区慈善总会一路前行，坚定且出彩。获第五届"浙江慈善奖"（慈善项目奖）的"困难群众大病重病救助"项目，每年使上百名病人的生命得到呵护；"困难大学生慈善助学"项目，每年帮助 200 多名寒门学子实现大学梦；"慈善情暖万家""慈善救助百户生活困难家庭"项目，为困难家庭解决燃眉之急。近年来，总会不断拓展救助边界，针对困境中的退役军人、尿毒症患者、白内障患者和环卫工人等群体，因地制宜推出救助项目。区慈善总会被评为台州市品牌社会组织、台州市慈善义工工作先进团体。

慈善路桥，未来可期。路桥区慈善总会在新时代不忘初心，守正创新，充分发挥"路""桥"的责任担当，毅行在努力谱写中国式现代化路桥新篇章的征程中。

台州府城文化旅游区之台州府城墙、巾山塔群

府城临海　温暖之城

　　临海，地处浙江东部沿海、长三角经济圈南翼，陆域面积 2251 平方千米，海域面积 1590 平方千米，常住人口 110.9 万人，2023 年地区生产总值 891.88 亿元。作为浙江省首个获评国家历史文化名城的县级市，深厚的历史文化底蕴为临海慈善事业的发展提供了源源不断的动力。

　　慈善传统源远流长。府城千年，慈善文化在这里世代传承，发展不息。自古以来，临海便有育婴堂、救济院等慈善机构，以及众多民间组织。地方官员及城乡居民中，乐善好施之辈层出不穷。从民国时期的屈映光、陈省几到现代的吴元渺、张海林夫妇以及"轮椅义工"吕巍巍等，皆是临海慈善事业的典范。2003 年 12 月，临海市慈善总会成立。秉承着人道主义精神，致力于扶贫济困，总会以"助老、助孤、助学、助医、助残、助困"为工作重点，迄今共筹集善款 12.11 亿元，支出救助款 10.63 亿元，救助群众 8.16 万人次。2021 年，市慈善总会被评为 4A 级社会组织，曾获第二届浙江慈善优秀机构奖。

　　慈善工作果实累累。市慈善总会秉持现代慈善理念，根据实际情况动态调整救助标准，确保慈善资源合理分配；积极创新救助模式，通过物质与服务的多维救助，推

动社会救助由"供给型"向"需求型"转变；充分发挥义工力量，组建服务小分队，为低保对象、特困供养人员等困难群众提供多样化上门服务。其中，多人获得全国最美敬老志愿者、浙江省五星级义工、"浙江好人"等荣誉称号。

慈善项目高效运行。市慈善总会以需求为导向，打造了一系列具有地方特色的慈善项目。黄坦蓝莓慈善基地的稳定运行，不仅解决了低收入群体的收入问题，还提升了他们的自我救助和发展能力，该基地 2020 年被省慈善联合总会列入"浙江农信慈善基金"造血型扶贫基地第三轮扶持名单。银丝幸福食堂项目让高龄老人能够"食有所依"，得到社会一致好评。雏鹰助飞项目关注特殊儿童群体，通过开展

巧手互动、美食秀等活动，让留守儿童和新临海人孩子感受到社会大家庭的温暖与关爱。这些优秀项目既是临海慈善的呈现，又传递了社会的关爱。

民有所急、我必有应，民有所困、我必有为。未来，临海市慈善总会把握新形势、新变化和新要求，创新募集渠道，整合社会资源，推动"小慈善"向"大慈善"转变。

临海市慈善总会义工积极开展迎新春、送对联、剪虎福等送温暖活动

曙光温岭　大爱之城

　　温岭，地处台州东部，三面濒海，市域面积 2005 平方千米，常住人口 144.1 万人，2023 年地区生产总值 1351.3 亿元，被誉为"曙光首照地、东海好望角"。山的奇秀、海的韵味、人的诚心，铸就了守望相助、扶弱济困的慈善基因。创业热土、创新高地、物阜民丰，催生了大众参与、人人行善的慈善理念。

　　善举成就大爱。2003 年 12 月，温岭市慈善总会成立，现代慈善事业生根萌芽，苗壮成长。2007 年，16 个镇（街）建立慈善分会；2021 年，实现 649 个村（社、居）慈善网络全覆盖。市慈善总会坚定"慈心向党，善举为民"信念，善歌高奏，开拓创新，截至 2023 年底，累计筹集款物 9.23 亿元，支出 6.26 亿元，获"中华慈善突出贡献项目奖""第二届中华慈善突出贡献（组织）奖"，荣获历届"浙江慈善奖" 8 个奖项，获评"省品牌社会组织"；3 个分会和 24 个村慈善工作站获省级示

曙光碑

温岭市慈济养老院

范称号。2023 年 7 月，温岭慈善工作获中华慈善总会会长批示肯定。

坚守慈善初心。弘扬慈善文化，建立展厅、网络、纸质、墙报、视频、活动相结合的多元化传播机制，让向善的力量充盈街头巷尾；拓宽筹资渠道，厚植慈善根基，款物募捐稳步攀升。社会精英的慷慨解囊，普通大众的倾情相助，慈行善举在温岭大地蔚然成风；一件件实事凝聚着一颗颗爱心，一桩桩善举书写了一个个希望。新时代美丽乡村建设支出 7296 万元，助力乡村振兴。疫情防控和"东西部协作"项目支出款物 1 亿元，彰显了慈善独特的作用。着力扶贫济困，助学、恤病、帮残、扶幼、助老、赈灾等善行遍及全市各个角落，支出 4 亿多元，惠及 65 万人次，托起了困难群体"稳稳的幸福"；优化义工服务，在册义工 19976 名，义工服务 16 万多人次，让生活在这座城市的人们时时感受到美好。

坚持守正创新。慈善与惠民双向奔赴，项目亮点频现。"让流动花朵美丽绽放"、豪成慈善儿童之家、"一次也不用跑"医疗救助、"大爱无尘"等项目获省政府表彰；慈济养老院、豪成慈善儿童之家、滨海岳松老年活动中心等慈善实体，聚焦一老一小，助推乡村振兴；公共政策推进义工（志愿者）队伍建设成为省级试点，造血型扶贫基地建设考核连续两年居全省首位。

"夏日盛景可待，未来美好可期。"如同世间所有的道路，现在的行进必基于前人的铺筑；而今天的开拓也必将成为继续前行的路基。温岭市慈善总会肩负新使命，将继续汇聚慈善力量，奋力续写现代慈善事业的"温岭样本"。

玉环市月环桥

慈润榴岛　善行玉环

　　玉环，地处乐清湾畔，是中国最年轻的县级海岛市，市域总面积 2279 平方千米，常住人口 64.3 万人，2023 年地区生产总值 745.98 亿元。

　　怀为民慈心，行济世善举。从商周始，玉环经 3000 余年的迁移复垦，孕育出兼收并蓄的移民文化，造就了"慈心为民，善举济世"的仁义品格。清雍正"展复设厅"以来，崇善行善之风日盛，养济院、救生局、育婴堂、幼童义学、救济院等慈善机构先后设立。中华人民共和国成立后，玉环慈善事业蓬勃发展。尤其是 1998 年玉环市慈善总会成立之后，慈善事业高歌猛进，设立 12 个乡镇（街道）慈善分会，222 个村（社区）建立慈善工作站；累计募集慈善资金 4.8 亿元，慈善救助支出 4.0 亿元，慈善救助困难群众 16.2 万人次。

　　树慈善楷模，润温情榴岛。玉环是民营经济和股份合作制的发源地之一，先富起来的优秀民营企业家不但是经济发展的先锋，更是慈善事业的楷模。2004 年以来，设立 118 个由捐赠企业冠名的留本慈善基金，累计总金额 1.2 亿元。2022 年以来，探索慈善基金创建，在市本级及 9 个乡镇（街道）设立总金额 3.9 亿元（十年期）

的慈善基金。行业专项基金也是社会各界捐赠的重点，仅面向贫困学生的资助项目，就有"高克火·刘爱琴"助学基金、玉环烟草助学基金等，总金额 1500 多万元。

建慈善品牌，铸大爱之城。坚持多元救助方式，重点实施"六大救助"项目，包括慈善助学、大病救助、尿毒症患者免费血透、慈善暖冬、"人人捐基金"爱心大联动、低保户故有所葬等，仅 2023 年市慈善总会就投入慈善金 3782.6 万元，救助困难群众 23398 人次，落地实施 179 个公益项目。创新"慈善护苗"等行动，从救难帮困的社会救助领域，拓展到支持科教文卫体、生态环保等社会建设领域，从输血型慈善救助的道德实践层面拓展到造血型助力发展的社会治理层面。

悠悠千载情，慈善不相离。东海浪涌，潮起潮落，自强不息的玉环人守望相助，扶危济困，在榴岛大地上书写着一个又一个动人的慈善故事，在打造"一极三城"、建设"四个玉环"的过程中，用爱谱写新的慈善华章！

玉环市"善行慈善"志愿服务队开展"玉见清凉"活动，为低保群众送去清凉慰问品

和合共生　慈善同行

天台，素以"山水神秀、佛宗道源"闻名天下，是历史悠久、人文荟萃的浙东名邑，县域面积 1432 平方千米，常住人口 46.9 万人，2023 年地区生产总值 368.88 亿元。

慈和天然相依，善绵千载。天台是和合文化发祥地，慈善与和合天然相依，在和合文化的孕育下，天台福地多善人，慈善民俗延绵不绝，自古就有舍宅建庙、放螺于溪的美谈，乐善之风遍布台邑。2003 年 12 月，天台县慈善总会成立，天台慈善开启新篇。20 多年来，天台建立了留本捐息冠名基金、"我为困难群众献爱心·慈善人人捐"等长效募捐机制，累计收入 3.4 亿元，开展了系列乡村振兴、扶老救孤、

国清寺

恤病助残、促进教育等慈善帮扶活动，拨出救助资金3.2亿元，县慈善总会获评4A级社会组织、台州市清廉社会组织示范点。

关爱"一老一小"，共护"朝夕美好"。总会聚焦"老小有依""老小有养""老小有乐"，努力托起"一老一小"的幸福梦。开展慈善年夜饭、爱

爱心家园困境儿童在进行茶艺培训

在夕阳·情暖寒冬、中秋节慈善送团圆、重阳节"崇善敬老"、山区夕阳红行动等活动，营造全社会尊老、敬老、爱老的良好风尚。开展金秋圆梦·启程助学、六一儿童节关爱青少年、鲁冠球三农扶志基金"四个一万"工程、慈爱小屋等项目，助力解决贫困代际传递问题。秉持"让寒门学子立志成才"的理念，总会创办慈善实体爱心家园，打破传统的助学模式，通过全过程的救助参与让困境儿童享受优质的学习和生活资源，2018年开园至今供养困境儿童68人。

走乡村振兴路，圆向善致富梦。总会坚持以产业带动乡村振兴，建立了泳溪乡灵坑村山油茶种植项目、雷峰乡野放产蛋鸡养殖基地、平桥镇新西村杨梅合作社基地等。平桥镇新西村杨梅合作社基地连续两轮入选"浙江农信慈善基金"造血型扶贫基地项目，实现村民增收并辐射带动周边村镇。目前，总会共建成20个慈善分会（代表处）、392个村社工作站，打通了慈善工作的"最后一公里"。

风好正是扬帆时，不待扬鞭自奋蹄。天台是一座慈善之城、和合之城，孕育了道济天下的济公文化，滋养了慈悲仁慧的济世精神。天台县慈善总会将继续实干笃行，行稳致远，让"处处有善、人人行善"成为共识，"守望相助、扶危济困"蔚然成风，为谱写高质量发展新篇章贡献更大慈善力量。

国家 5A 级景区神仙居

慈润仙居　　善传千秋

仙居，地处浙东南，县域面积 2002 平方千米，常住人口 43.3 万人，2023 年地区生产总值 321.02 亿元。

明德至善，一脉相承。仙居是"慈孝文化之乡"，儒佛道三教文化在此交汇，其核心理念——与人为善、明德至善、修德养性浸染着仙居慈善文化。古有捐钱财、引溪水、灌良田的羊溥、汲渊，今有慷慨解囊、鼎力相助的浙江仙琚制药股份有限公司等爱心企业。慈善事业生生不息，慈善思想一脉相承。2004 年，仙居县慈善总会应运而生，乡镇（街道）慈善联络处、村（居）工作站实现全覆盖，救助项目囊括各类群体，《仙居县慈善志》得以编纂，总会被评为浙江省品牌社会组织和 5A 级社会组织。截至 2023 年底，共募集善款（物）4.08 亿元，发放救助款（物）3.47 亿元，救助 27.78 万人次。

三位一体，高质发展。建设一仓一院一基地，"仓"为慈善仓库，名为爱心小

屋，为台州市首设，延伸古代义仓功能，集物资接收、储存、捐助、慈善活动开展于一体。利奇马台风期间，爱心小屋接收物资捐赠近250万元，迅速发放到困难群众手中。"院"为慈善学院，依托县开放大学，提供智力支持，支持人才成长，构建慈善人才库，助推慈善活动走向规范化。"基地"为慈善婚礼基地，将婚俗改革与慈善事业融合，在5A级景区神仙居南天顶上举行仪式，让山川大地见证幸福和善行的美好，拓宽募捐渠道的同时赋予婚姻更丰富的内涵，获中华慈善总会会长批示肯定。

"居"仁由义，助力发展。努力构建"慈善＋基地＋农户"服务模式，让"先富带后富"的美好愿景转化为慈善服务"募资金、赠种羊、送蜂桶、建基地"，土特产"茶香飘满山、蜜香溢满园"的生动实践。造血型养羊扶贫，帮助困难党员脱贫；发放蜂桶，设立蜜蜂养殖扶贫项目，蜂农甜蜜致富；推进建立实践基地，因地制宜种植高山茶叶，培育茶叶品牌，开展种植培训，让茶农"富口袋"也"富脑袋"；扶持小龙虾基地创建，"龙虾节"人潮涌动、场场爆满，虾旅结合，当地群众走上致富新路。实施"心手相连·慈善暖冬""慈善助学·夏日圆梦""慈善健康工程"等项目，点燃向善之火。

高质发展正当时，奋力扬帆开新篇。仙居县慈善总会正以阳光慈善为抓手，接续奋斗、砥砺前行，为打造高质量发展山区样板贡献慈善力量。

仙居县慈善志愿者迎新春下乡送温暖活动

上善若水　慈爱三门

三门，位于东海之滨的三门湾畔，县域面积 1510 平方千米，常住人口 37.9 万人，2023 年地区生产总值 350 亿元。

上善若水，善行千载。在三门，优秀的传统文化、社会主义先进文化和慈善文化，是这片土地千锤百炼、聚水成海的灵魂所在。三门慈善机构在宋代就已经出现，有珠岙义仓、海游育婴堂、同善堂、亭旁五乡仓厫、叶家庄义阡等，至晚清民国不断完善。清康熙《宁海县志》记载："西南九十里，宁海邑城乡皆行之，荒废已久，今幸年谷颇登，应遵朱夫子法。"说的是宋淳熙九年（1182 年）春，朱熹（任浙东常平茶盐公事）为备荒救灾，在三门（1940 年前，三门隶属于宁海）推行社仓建设，注重"善"文化推行的故事。

上善若水，水润万物。传递慈善理念，厚植文化沃土，千百年来口口相传的慈

山乡静美

善故事感动着这座城市的每一个人。近年来，三门举全县之力打造全民慈善、弘扬慈善文化、丰富慈善活动，激活"善"的基因。全力构建"大慈善"格局，将慈善服务中心升级为全省首个县级联合帮扶中心，在全省率先探索"助共体"改革，有效整合社会力量。通过"创新引进＋本土孵化"融合发展，设立助医、助学、善治等专项基金，建立村慈善组织，健全慈善网络。探索"社区＋慈善组织＋志愿者＋儿童"模式，开展"益善学堂"项目，免费为适龄儿童授课，进行善文化教育，从小培养儿童的慈善理念。

三门廉善文化馆

慈善若水，汇聚成海。县慈善总会紧跟时代、贴近需求，自 2003 年成立以来，募集善款 3.96 亿元，支出 2.51 亿元，先后获浙江省慈善工作先进集体、浙江省抗癌爱心单位等 32 项荣誉称号。聚力推进慈善实践，结合三门八大水系、十大乡镇街道，探索"慈善基地＋产业基地＋致富工坊"建设相融合路径，因地制宜挖掘本地特色产业，设立亭旁镇油橄榄种植、珠岙茶场、云涧村养鸡场等多个造血型助富慈善基地，吸纳困难群众就业。探索慈善信托，打造县慈善总会乡村振兴慈善信托，撬动上千万元资金资助困难群众和公益项目等，充分发挥慈善第三次分配作用。

慈善是生命的源泉，洒向人间都是甘甜。在湫水山下、珠游溪畔，一代又一代三门人依水而居、依善而行，在此生息繁衍，一方水土滋润着蟹乡大地，结出一代又一代人的慈善之果。

玉环市救助救灾协会

玉环市救助救灾协会创建于 2005 年，是一家专业化的 5A 级社会组织，目前在册义工约 4500 名。协会以"传播慈善、服务社会"为宗旨，开展敬老助残、助学帮困、应急救灾等各项公益性活动，获评中国共青团中央优秀志愿服务团队和浙江省品牌社会组织、示范性慈善基地、清廉社会组织百家范例。

时代文明树新风，守护家园有温度。协会成立以来，由几十人的团队发展为拥有"社会救助、应急救灾、公益救援"三大板块的专业性应急服务体系，拥有 15 支专业化义工服务队的社会组织，筹划各类公益活动 2000 多场次，帮扶困难群众 30 万人次，筹集善款物资 500 余万元，累计志愿服务时间 30 万小时以上。2014 年创建玉环首家爱心"慈善超市"，向全国 15 个省市贫困山区群众援助价值近百万元的各种救助救灾物资，受益群众达 5 万余人。2020 年新冠疫情防控期间率先组建抗疫先锋突击队坚守"玉"门关 52 天，配合民政、慈善部门保障本市 21 家敬养老院和数百名困境儿童的日常生活物资，消杀、疫情防控物资等。

党建引领聚善心，品牌公益为百姓。协会自 2018 年成立了党支部，组建了一支以 30 多名党员为骨干力量的党员义工先锋队，创新打造独有的红色品牌项目，包括"党员四季茶"、"公益 365"医护助老项目、"绿蛙"手工坊助残项目、"绿鹰"乐学课堂项目、"爱心面包房"公益早餐项目、"爱在榴岛"红色系列公益项目（系每月一场主题公益活动）等。

人文润城，美善为先。玉环市救助救灾协会将继续秉承"传播慈善、服务社会"的创会宗旨，以"立德行善、廉洁守心"为核心标准，不断创新公益项目和服务质量，为构建美丽、和谐的玉环贡献自己的一份力量。

台州市黄岩区义务工作者协会

从"东南小邹鲁"，到台州老工业基地，再到"永宁江时代"，黄岩这座"甜了千年的城"开启"千年永宁、中华橘源、模具之都"新征程。黄岩的甜不仅是蜜橘的甜，更是向善因子散发的甜。2006年2月，黄岩义工协会在橘邑生根发芽，从最初十几人发展到如今的1万人。在黄岩，"崇善"正成为一种社会共识，"向善"正成为一种精神力量，"行善"正成为一种生活方式，协会亦被授予品牌社会组织称号，被评为清廉社会组织建设百家范例和5A级社会组织。

共赴慈善之约，共襄慈善盛举。成立近20年来，协会积极开展慈善募捐和救助工作，共接收捐赠1757万元，使用善款1544万元，救助困难群众超20万人。设立的"卫峰助学基金"和"慕宝公益基金"，既创新行善形式，又丰富工作内涵，为支撑慈善事业发展提供有力保障。

建设慈善文化，打响慈善品牌。在橘乡，"人人尚善、人人可善"的慈善文化蔚然成风。橘乡有大爱。在中央财政的支持下，2015年黄岩义工"橘乡有爱"济危助困项目得到民政部立项，通过精准开展助学、助困、助残、助孤等系列活动，多渠道筹资，多形式挖掘社会资源，及时解决困难群众燃眉之急，项目在2017年全国宣传推选学雷锋志愿服务"四个100"先进典型活动中获最佳志愿服务项目。党员争先锋。协会与黄岩区96345党员志愿服务总站联合打造"红动永宁"党员志愿服务品牌，组建党员志愿者队伍上千支，有2000名党员常年参与志愿服务活动，有效密切党群关系。项目化运作。从"善居工程"为困难家庭改善居住条件，到"助老收纳整理"提升老年人生活质量；从"困境儿童关爱"守护儿童健康成长，到"呵护马路天使"增强环卫工人幸福感……如今，一场场公益活动浸润着每个人的心灵，激励着每个人的行动。

善美橘邑，正德厚生。在黄岩，"赠人玫瑰，手留余香"的奉献精神蔚然成风，并在全城形成一种乐善好施、博施济众的氛围，在这里，动人的慈善故事每天都在上演。

台州市春雨公益协会

  2015年，春雨公益协会（以下简称"春雨公益"）在台州成立，传承发扬垦荒精神及和合文化，以立足台州、成为百年公益组织为愿景，至今累计开展公益项目10多个，活动近5000场，帮助超万人；"市民同心，清洗市民广场"项目获台州市市长批示，被授予"浙江省品牌社会组织"称号和5A级社会组织荣誉，取得慈善公募资格。截至2023年底，募集善款1000余万元，助困、助学、助残等支出1000余万元。

  春雨公益发起人王炳华帮助云南省武定县10万人顺利脱贫，被当地群众称为"核桃县长"，被评为"中国好人"；会长许金亮获评浙江省品牌组织领军人物；副会长黄玲素发起成立台州市红十字春雨志愿应急救援队，出资100万元购置设备，组织参与救援基地建设，并参加中国红十字会第十二次全国会员代表大会。

  近十年来，春雨公益重点打造三张金名片。金名片一："面包雷锋"项目。风雨无阻坚持三年多日行一善，1100个日日夜夜，累计送出10万个爱心面包，价值近百万元，帮助环卫工人、残疾人1万人次；项目志愿者写下1000多篇感人的《学雷锋日记》，被群众亲切称为"面包雷锋"。春雨公益还提倡"粮食不浪费，车窗不抛物"的环保理念，倡导绿色生活，以最小切口奉献"幸福台州"。金名片二：助力台州马拉松项目。春雨公益连续七年作为台州国际马拉松官方公益合作伙伴，为运动员提供服务和补给，组织500多个志愿者，设立终点美食补给站，送出1万份台州特色美食为运动员免费服务，广获点赞好评。金名片三：应急救援项目。成立台州市红十字春雨志愿应急救援队，参与超强台风利奇马临海救援、疫情防护和消杀，进行各类应急救援和志愿服务50场次，进行20多场应急救护知识培训，在全市水上救援技能竞赛中获团体总分第一、个人第一佳绩。

  慈善公益是能力与意愿的叠加。春雨公益将继续在助学、文化、救援、乡村振兴、助老扶困等公益慈善领域积极作为。

台州市

浙江慈善名片

LISHUI

丽水

慈心为民古处州　善行济众新丽水

　　"碧波千顷映云烟，秀山丽水谱新篇。"丽水，地处浙江省西南部，古名处州。山是江浙之巅，水是六江之源，丽水是"浙江绿谷"，是华东地区重要生态屏障，生态优势无与伦比，素有"中国生态第一市"的美誉。2002 年 11 月，时任浙江省委书记习近平第一次来到丽水，赞叹"秀山丽水、天生丽质"。市域面积 1.73 万平方千米，是全省陆域面积最大的地级市，辖 9 个县（市、区），常住人口 252.8 万人，2023 年地区生产总值 1964.4 亿元。丽水自古以来就是一座慈善文化底蕴深厚、源远流长的城市，乐善好施、扶危济困，倡导慈善、力行慈善的中华优秀传统文化，在这片红色热土上不断发扬光大。

　　行远自迩，向善笃行。丽水慈善，慈心为人，善举济世，从古至今流传着许多

坤德桥

脍炙人口的暖心故事。宋代梁佽创设义塾，供附近穷苦学子无偿就学；元朝王毅饥荒时推行"劝分之法"，让富裕户按人口留粮，余粮救济贫困户；清代朱虚竹创设义田公所，将谷租全部用来赈灾济民；近代黄张凤一生节衣缩食，独自收养数名弃婴，展现了人间大爱。善行义举，无私奉献，这些无不是处州儿女赓续弘扬慈善精神的真实写照。2005年1月，丽水市慈善总会成立，以初心践使命、以爱心聚合力，慈善事业由此开启新篇。截至2023年底，全市累计接收社会捐赠等收入15.65亿元，其中市本级2.21亿元；救助支出9.54亿元，其中市本级1.4亿元。2020年6月，丽水市慈善总会第四届理事会换届以来，尽慈善之力，固民生之本，广大企业家和社会爱心人士不忘投身慈善，慈善事业实现了规模从小到大，参与面从寡到众，受惠面从窄到宽的跃变，累计募集资金9467.71万元，占总会成立19年来募集资金总额的43%，取得了历史性进步，以砥砺丽水更加广泛地激发和汇聚慈善力量，推动全市慈善事业实现高质量发展。

臻于至善，笃行致远。丽水市正处于开辟跨越式发展的新境界。在市委、市政府的高度重视下，"党委领导、政府推动、逐级配合、各方支持"的慈善工作机制逐步形成。政策环境持续向好。注重加强制度建设，党委、政府制定出台《促进慈善事业健康发展的实施意见》《加快推进慈善事业高质量发展的实施意见》等一系列政策制度，构建形成了全市慈善事业政策制度体系的"一张网"。慈善氛围日渐浓郁。2021年9月，市两办印发了《关于开展2021年"慈善一日捐"活动的通知》，丽水市"慈善一日捐"活动时隔6年再次启动，加快营造"人人心怀慈善、人人参与慈善"的良好氛围。总会以此为契机开展"中华慈善日""慈善嘉年华"等主题活动，选树慈善典型，弘扬慈善文化，扩大丽水慈善的吸引力、感召力和影响力。事业发展趋向均衡。总会坚持"大慈善"发展理念，推进市县联动，紧密联系公益组织，将基层慈善工作列为重要议事，出台《特色慈善项目扶持办法》《资助公益组织开展项目活动经费实施办法》等，扶持了县（市、区）慈善总会的"乡村理发师""陪同就医"及社会公益组织的"爱心共享厨房""关爱困境儿童"等立足于慈善供需变化、品牌化、多元化的慈善项目，夯实慈善事业均衡发展的基础。

浙丽行善，精准施善。总会本着"党和政府最关心、爱心人士最关注、困难群众最需要"的原则，着力解决一批群体性困难，为困难群众送去慈善的关心关爱。

关心城市环卫工人，连续四年为市区所有环卫工人投保意外险，为他们撑起爱的保护伞；关注"计生失独家庭"，首次尝试为全市失独家庭父母投保意外伤害和疾病及住院护理费保险，帮助解决住院照护和医疗费的实际困难；缓解大病患者家庭困难，出台《大病救助实施办法》，打破以往救助力度弱、标准不统一的传统模式，按照实际个人支付医药费金额划定救助额度，并通过市医保局排摸数据给各县（市、区）分配名额比例，全市统筹后统一规范救助；持续实施助学，调整以往针对大学新生一次性救助的方式，若家庭持续困难可资助至完成学业；关爱"最可爱的人"，实施"关爱抗美援朝老兵""为困难退役军人送温暖"等项目，为他们送去了慈善关爱；开展"迎新春送温暖"行动，每年安排资金慰问灾民、留守（困境）儿童、"五老"人员、伤残或困难退役军人、低保家庭、残疾人家庭等特殊群体，把慈善温暖送进千家万户。

大道至简，实干为要。精神"红"、生态"绿"、创新"金"，是丽水的三张"金名片"。丽水正以浙西南革命精神为"丽水之干"铸魂、赋能、立根，打响"红色浙西南、绿色新丽水"区域品牌，创新打造"金色"增长极，建设富有特色的青年发展型城市的先行示范路。新征程上，丽水慈善将砥砺前行，准确把握新时代慈善事业发展的总体方向，为推动山区慈善事业实现跨越式高质量发展而创新有为。

莲都区古堰画乡

丽水市"中华慈善日"主题宣传暨"慈善一日捐"活动启动仪式

画乡莲都　大爱无言

　　莲都地处浙西南腹地、瓯江中游，区域面积1502平方千米，常住人口57.8万人，2023年地区生产总值518.46亿元。莲都是著名的休闲之乡、摄影之乡、油画之乡，也是具有"乐善好施、扶贫济困"优良传统的慈善之乡。清光绪三十二年（1906年），处州知府萧文昭捐出银圆250元，1910年又将变卖田产所得1485两银子，全部捐出办学。为了传承弘扬慈善精神，2006年5月，丽水市慈善总会莲都分会应运而生，2010年7月，莲都区慈善总会正式成立。

　　心耕善田读桃李，慈举滋养学子心。"善之本在教、教之本在师"，再穷不能穷教育。2011年7月，瓯宝安防科技股份有限公司带头倡导、捐资60万元建立"瓯宝慈善基金"，至今已帮助160多位寒门学子完成学业。为了让爱心"接力棒"传下去，总会又争取浙江中立建设集团和莲都农商行分别出资300万元、1000万元人

莲都风光

浙江中立建设教育慈善基金捐赠仪式

民币，设立"中立教育慈善基金"和"莲都农商行教育慈善冠名基金"，奖励优秀困难学子和教育工作者。新时代，在莲都这个文人辈出、具有耕读传家文化传统的书香之乡，崇文重教蔚然成风。

无边善美只此心，爱心善款暖人心。总会以为身患重疾的困难群众分忧解难为己任，筹集善款设立大病救助项目和"尿毒症患者救助基金"，为身陷困境中的患者提供医疗救助和专业的心理支持，帮助他们树立战胜疾病的信心。迄今，共有16700多名患者受益，发放救助金3459万元。润物细无声的人文关怀，让受惠者如沐春风。

寒冬未尽善暖来，慈心善举显大爱。2015年11月13日，雅溪镇里东村突发山体滑坡，27幢房屋被埋，39名群众遇难。"一方有难、八方驰援"，区慈善总会第一时间发出倡议，动员社会各界募集赈灾，爱心企业和各方人士纷纷伸出援助之手，募得善款1798万元，支援救灾抗灾。"灾难无情，人间有爱"，党和政府的关怀如同春日暖阳，激励里东人民振奋精神，重建美丽家园。

赠人玫瑰，手有余香。莲都区慈善总会将不忘慈善初心，以责任赴使命，凝聚更广泛的社会爱心力量，共同参与新时代慈善事业。

龙泉风光

剑瓷之都　善行龙泉

　　龙泉，位于浙江省西南部，地处浙、闽、赣边境，素有"驿马要道、商旅咽喉"之称，市域面积 3059 平方千米，常住人口 28.5 万人，2023 年地区生产总值 183.53 亿元。山是江浙之巅，水是三江之源，剑是国家非遗，瓷是人类非遗，深厚的历史文化底蕴造就了乐善好施的慈善风气，代代传承，生生不息。2006 年，龙泉市慈善总会成立，现设 19 个慈善分会，已建 160 个慈善工作站。

　　多方筹措，凝聚大爱。总会面对经济欠发达的实际，积极想法子、找门路，多方筹措资金，形成全市凝聚大爱的浓厚氛围，自成立至今共募集善款 9886 万元。"慈善一日捐"踊跃奉献爱心。每年市四套班子领导带头捐款，市直机关单位党员干部紧跟步伐，各部门单位、各乡镇（街道）踊跃捐款。"定向捐赠"风景这边独好。爱心人士李绛以"爱云慈母基金"为名个人单笔捐款 1000 万元，成为龙泉慈

善个人捐款数额之最。"慈善拍卖"开创募集先河。推出"不忘初心·匠新同行"青瓷宝剑爱心拍卖系列活动，动员青瓷宝剑工艺大师和新生代工匠捐赠作品，在四川广元、广东东莞、福建厦门、浙江杭州等地举行多场拍卖会，筹集善款710多万元。

扶贫济困，慈善惠民。全面开展救灾、助困、助学、助医、助老、扶贫等各项慈善公益活动，共支出5032万元，帮助贫困家庭45244个，资助学生2025人次，帮助大病患者16721人次，帮助困难老人1982人次。推进"善居工程"建设，完成120户居家改造，改善了低保家庭居住和生活条件。开展大病救助工作。对白血病、先天性心脏病、癌症等大病患者进行救助，支出善款155余万元。帮扶低收入群体，开展"头等大事""爱心洗衣房""让爱回家""爱润童心"等活动，给困难群体实实在在的帮助。助力困境学子帮扶，总计支出善款117万元，资助大学生261人次，中小学生232人次；为困境儿童在养育、教育、医疗、心理辅导等方面提供支持和帮助。

千川汇海阔，风正好扬帆。龙泉慈善人将秉持"剑瓷品质·极致匠心"的龙泉精神，以更加昂扬的姿态，接续奋斗、开拓创新、再创佳绩，为高水平建设现代化品质龙泉贡献更多慈善力量。

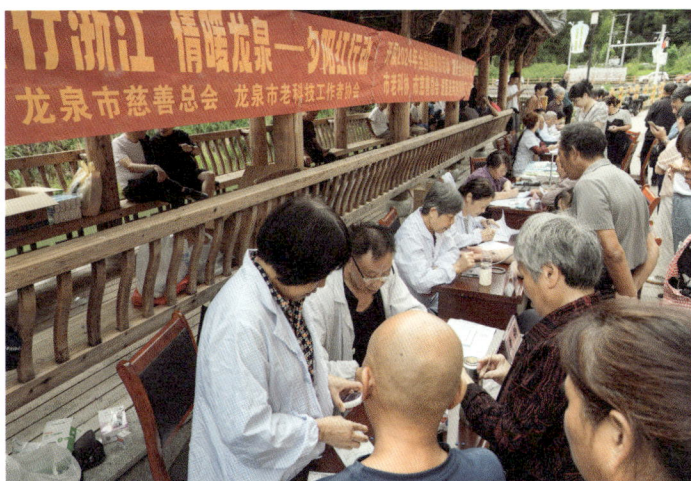

龙泉市慈善总会会同市老科协组织老医生、老专家到乡镇、村、敬老院送医送药

慈润青田　善行天下

　　青田，位于浙江省东南部，县域面积 2493 平方千米，常住人口 51.66 万人，2023 年地区生产总值 300.2 亿元。作为浙江（青田）华侨经济文化合作试验区，青田县慈善事业也在蓬勃发展。

　　"三乡"文化蕴大爱，源远流长润四方。青田，从古至今便闪耀着普济劝善的慈善光芒，向世界传递着慈善的力量。作为名人之乡，这片热土孕育了刘基、章乃器等众多爱国先驱，他们的慈善精神代代相传、延绵不绝；作为石雕之乡，青田的石雕匠人们技艺精湛，将慈善的理念融入其中，创作出众多传世精品；作为华侨之乡，这里热爱国家、情系桑梓的慈善风尚兴盛风行，走出了林三渔等一众爱国华侨。在慈善文化的熏陶下，1999 年 10 月，青田县慈善总会应运而生，慈善文化得到了传承与光大。华侨中学的兴建，"山汤公路""景云大桥"的建造，都离不开总会慈

景云大桥

善力量的支持。总会被评为品牌社会组织和 5A 级社会组织。

赤子情深系故土，众力汇聚暖侨乡。华侨，作为青田慈善最闪亮的金名片，他们虽侨居异国他乡，仍怀揣着拳拳赤子之心，将青田慈善的火种播撒到世界的每一个角落，同时倾力回馈桑梓、反哺家乡，支持青田慈善事业。

荷兰华侨向青田捐赠防疫物资

在华侨事迹的感召下，越来越多的公众加入慈善事业，救助资金实力不断增强。截至 2023 年底，总会共募集各类善款 1.9 亿元，慈善助学、恤病、敬老、抚幼、扶贫、赈灾等各类支出 1.43 亿元。

扶贫助困送温暖，铸就慈善金名片。多年来，县慈善总会重点打造三个金招牌。第一，"慈善年夜饭"温暖寒冬。该项目 2006 年首次开展，已连续举办 19 届，为坚守岗位的环卫工人以及敬老院的孤寡老人们送上丰盛可口的年夜饭，赢得了社会各界的广泛赞誉。第二，"慈善助学"点亮希望，该项目不仅覆盖了从高中到大学的学业救助，更在救助内容上不断拓展创新，从单纯的学业资助延伸到生涯规划指导，救助对象包括低保家庭、困难残疾人子女等，助力他们通过学习改变人生。第三，"阳光童行"照耀童年，38.1 万的华侨衍生了庞大的"侨留守"群体，总会量身打造"阳光童行"项目，开展"6+X"系列关爱活动，为侨留守儿童提供全方位的关爱与呵护。该项目入选浙江省"十四五"妇女儿童实事优秀案例，《人民日报海外版》予以专题报道。

"志之所趋，无远弗届；穷山距海，不能限也。"青田县慈善总会将持续传承和发扬侨乡慈善文化的核心价值，守正创新，积极作为，为助力青田实现跨越式高质量发展贡献出慈善力量。

梯田日出

云善人和　洞宫福地

　　云和，居瓯江上游，是丽水市地理中心，被誉为"洞宫福地"，面积989.6平方千米，常住人口12.9万人，2023年地区生产总值103.7亿元。

　　洞宫福地，大爱潺潺。云和素有扶弱济困、包容谦和之传统民风。新出土的大庆寺宋代梅氏夫人墓志铭载："尤乐于施与，夫人首为捐金。"明末清初，接纳数万因战乱、饥荒迁云之闽汀州人、畲族人，数百年与之守望相助、和谐相处。抗战时期，山城云和成为临时省会，浙江省第二儿童保育院迁驻云和，云和人民纷纷捐款捐物，帮助500余难童度过饥荒。新中国成立后，敬老帮学、扶弱济困活动在云和大地蓬勃开展。云和县慈善总会自2005年1月成立以来，共募集善款7600多万元，《2022浙江城市慈善发展指数报告》显示，云和以人均121.66元捐赠金额位列丽水市第1位；2023年，云和慈善总会获评5A级社会组织。

　　慈善标杆，引领风尚。"帮扶济困、乐善好施"已成为云和的新时尚。退休干部李光亮十年如一日，在城乡开展扶困助弱志愿活动，一个人带动了一群人，温暖了一座城，感动了一个时代，"老李帮忙团"获第四届浙江省慈善志愿服务奖，"老李帮忙团"党支部于建党百年之际荣获"全国先进基层党组织"称号，并在北京接受表彰。丽水华宏钢铁制品有限公司积极开展助力百善行动孝计划等项目，捐款设立"重大疾病专项救助资金"，累计捐款1712.4万元，让众多身陷困境的家庭重新看到了希望，2022年华宏公司获省政府颁发的慈善机构捐赠奖。

小县大城，善心永恒。自云和实施"小县大城"发展战略以来，3万多山区群众集聚到县城就业创业，但仍有1万余名老人留守山区，生产生活极为不便。县慈善总会对症下药，以慈善项目建设为抓手，以精准扶贫为重点，不断延伸慈善触角，创新推出"百善行动'孝'计划"等系列地方特色慈善项目，如"善居"工程让160户留守老人结束了居住破旧房的历史，"暖心包"工程让1363位留守老人与志愿者爱心结对，10支"山区夕阳红"项目义工团队常年为留守老人开展义诊、理发、送戏等14项服务，累计惠及3.6万人次。经省慈善联合总会推荐，"善居工程""山区夕阳红"项目在全省26个山区县推广。

以方寸昭万类，寓磅礴于袖珍。云和县慈善总会将不断探索"小人口、大慈善"的山区慈善事业发展新格局，创设更多"小而美、小而精"的特色慈善项目，让群众真正从慈善中受益，让慈善薪火代代相传，让慈善服务助力云和奋力打造全国山区县域新型城镇化样板。

浙江卫视首席主播何敏多次到云和山区开展助教活动

大爱菇乡　善行庆元

　　庆元，浙江省的南大门，县名寓意着"美好的开始"，县域面积 1898 平方千米，常住人口 14.1 万人，2023 年地区生产总值 101 亿元，是中国生态环境第一县、百山祖国家公园核心地。

　　善行义举，古风今兴。庆元慈善，自古崇演，对鳏寡孤独、疲癃残疾者，明朝就始设"养济院、漏泽园、育婴堂"等；庆元自古自然灾害较为频繁，通过劝募捐筹建立社仓，遇到灾情，则开仓赈粮，救济饥民；架桥修路等公益事业，庆元先人出资出力，乐此不疲。善行义举古风薪火相传，在新时代菇乡大地焕发出新气象。庆元县慈善总会成立于 2005 年，以打造"大爱菇乡·善行庆元"县域慈善品牌为牵引，从零起步，从小到大，走出了一条富有山区特色的慈善之路，"庆元慈善样板"得到了《人民日报》等众多主流媒体的点赞。县慈善总会 2022 年获第七届"浙

百山祖

江慈善奖"乡村振兴奖，2023 年获评 5A 级社会组织，2024 年被评为浙江省品牌社会组织；会长荣获"全国敬老爱老助老模范人物"、首届"长三角慈善之星"、"浙江省第四届十大慈善之星"等荣誉。

爱心食堂

建个基金，做点善事。2012 年，庆元县在青竹村率先试点，创立全县首个村级慈善爱心基金，开启了一条全新的村级慈善公益之路。经过 10 多年的深耕，乡镇（街道）慈善分会、村级（社区）慈善工作站实现全覆盖，建成村级慈善爱心基金 106 个，基金总额达 1731 万元。截至 2023 年，村级慈善爱心基金实现增值收益 596 万元，开展助学 2625 人次、敬老 27107 人次、助困 13631 人次，慈善之花在菇乡大地簇拥绽放。全县建成冠名慈善基金 84 个，筹集慈善爱心资金 1977 万元，慈善项目和冠名基金开展慈善活动 1600 多场次，惠及群众 10 万多人次，形成"人人可慈善、处处有大爱"的菇乡新风尚。

特色慈善，菇乡样板。立足山区实际，以群众需求为导向，精准实施"重阳敬老百村联动""乡村理发师""百村崇学""菇乡孩子看世界""慈善光明行·白内障复明""脊髓损伤者生活重建"等系列慈善项目。这些有辨识度、有影响力、有生命力的特色慈善项目，形成了山区发展的"庆元慈善样板"，庆元慈善经验在首届亚洲公益论坛上作交流分享。2023—2024 年，庆元被列为慈善助力乡村振兴试点县、加快山区海岛县慈善事业发展试点县，是全省唯一的慈善"双试点"县。

征程万里风正劲，重任千钧再奋蹄。慈善公益常做常新、永无止境，庆元将一如既往地奋发有为，开拓创新，做深做实"大爱菇乡·善行庆元"县域慈善品牌，推动新时代慈善事业高质量发展迈上新台阶。

缙云仙都

黄帝缙云　以爱筑城

缙云，地处浙江省南部腹地，县域面积 1503 平方千米，常住人口 40.8 万人，2023 年地区生产总值 319.7 亿元。

根植黄帝文化的缙云，善举生生不息，历史上涌现出壶镇吕载扬兄弟、河阳朱虚竹等一大批慈善名家，留下贤母桥、继义桥、义田公所等饱含慈善精神的古迹，"崇尚礼教、耕读传家""尊祖睦族、善行义举"的家风家训，并赓续形成特有的仁爱慈善文化。2006 年，缙云县慈善总会成立，慈善事业开启新篇章，截至 2023 年底，募集款物总收入 2.95 亿元，发放 1.44 亿元；总会被评为浙江省慈善联合总会先进会员单位、浙江省品牌社会组织和 5A 级社会组织。

善者成风，点滴汇暖。实现纵向到底、横向到边的慈善组织网络、义工队伍全覆盖。慈善组织积极有为，政策措施精准有力，从传统到项目化，从单一向多元化，从精英到大众化，通过项目化、联动式、多层级运作，全力打造现代大慈善新格局。企业募捐滔滔不息，大众点滴涓流成河，掀起"一天筹资 3100 万助力民安桥建设""五个月组建总规模超亿元教育基金"等一个个善行浪潮。

善者成河，帮扶送暖。以项目引资源、以项目促规范、以项目带发展，着力打造暖心之城。"缙情帮"医保防贫项目，有效破解群众因病致贫返贫难题，做法入选省数字社会最佳案例集和省医保系统示范点。聚焦困难家庭，建设覆盖全县的 82 家村级"爱心浴室"，解决洗澡难问题；"善居工程"，帮助全县 230 户家庭改善居住和生活条件，共享发展成果。在县城重要点位设置 33 个"暖心小屋"，展现城市便民举措和暖心形象；10 个社区推进"暖心之家"公益项目，关爱一老一少。

善者成城，崇德兴暖。汇聚社会力量，以小杠杆撬动大资源，放大慈善效应。慈善文化传承教育扎实，省慈善文化教育基地"花落"河阳古民居，构建可持续发展慈善文化教育长效机制；探索"慈善＋教育"融合赋能新模式，推动慈善文化进校园。慈善嘉年华活动有声有色，结合中华慈善日，精心策划了四届大型创意慈善嘉年华盛会，举办书画展，创新慈善文化建设。"融媒姐姐帮帮团"品牌深入人心，与缙云融媒协作，创新"媒体＋公益"实践，提高社会认知度和群众公益热情，打造特色慈善项目品牌。慈善超市搭建爱心平台，万客缘慈善超市 14 家门店向全县低保户发放爱心卡、设立捐赠物资接收点等社会公益平台，共筑爱心桥梁。

厚德至善，慈心筑城。面向未来，缙云慈善人将以理念创新为引领，探索模式创新，实施举措创新，推动成果出新，共筑"文明缙云 暖心之城"。

缙云县村级慈善工作站成立仪式现场

遂昌南尖岩风光

遂城有爱　善行平昌

　　遂昌，位于浙江省西南部，县域面积 2539 平方千米，常住人口 19.3 万人，2023 年地区生产总值 181.07 亿元。作为全国绿色发展百强县、国家生态文明建设示范县、首批大花园示范县及省数字经济创新发展试验区，遂昌在现代化进程中焕发出勃勃生机，也展现出独特的慈善魅力。

　　千年文脉育善城。遂昌古名"平昌"，建县已有 1800 多年历史，好川文化、汤显祖文化、浙西南革命精神等铸就深厚慈善文化根基。古代民间常设普济堂、育婴堂、栖流所等慈善机构，以开仓调粟、安抚流民、慈老恤幼、施医给药等方式救助贫困者，各地商贾还通过举办慈善活动来联络乡人，形成重要的民间慈善力量。慈善传统在千年文脉中赓续传承，2005 年 6 月遂昌县慈善总会成立，极大推动了慈善事业健康发展，2011 年总会被评为丽水市社会组织先进单位，2023 年被评为 5A 级社会组织。

　　岁月有爱行善举。坚持树品牌、行善举，以"月月关怀，季季暖心，年年相助"为宗旨，全力打造"岁月有爱"慈善金名片。月月关怀行动，聚焦低保、低边家庭、

"慈善敬老·共享戏韵"活动走进遂昌颐养中心

残障人士、孤寡老人、困境儿童及退伍军人，通过助医、物资捐赠、心理疏导和危房改造等多样服务，让其真切感受到来自社会的温暖。季季暖心行动，每个季度都为全县因特殊原因而面临生活困境的群众提供帮助，助他们重燃生活的信心；实施春季"启航计划"、夏季"微笑六一"、秋季"圆梦之旅"、冬季"温暖快线"等四季助学行动，平均每年发放助学金近百万元，援助过千人次。年年相助行动，每年发放上百万救助资金，帮助百名特重大疾病患者渡过难关；在丽水市首推"陪同就医"项目，年均发放陪同就医卡千余张，安排专人为困难人员提供预约挂号、陪诊检查、付费取药等全流程服务，为重大疾病患者提供高质量医疗陪护。

博施济众扬善风。推动慈善社会化、全民化、常态化，逐步形成了"政府引导＋企业责任担当＋社会力量共助"的慈善之路，截至2023年，全县已成立45只慈善基金，筹集善款1.73亿元，发放1.17亿元，惠及11.26万人次。与嘉兴南湖、绍兴诸暨等地联合打造山海协作慈善项目，"小鸡快跑"慈善项目已连续三年为村集体和农户增收300万余元。

今日遂昌，已形成人人向善、人人行善之风，做好人、行善举更成为遂昌人身边的"最美风景"；面向未来，遂昌慈善持之以恒擦亮"一城好人，满城善风"的底色，助力建设和美现代化家园。

人文古邑　善美松阳

　　松阳，系处州肇始之县，位于浙江省西南部，县域面积 1401 平方千米，常住人口 20.3 万人，2023 年地区生产总值 153.99 亿元。享有"古典中国县域样本""中国绿茶第一市""最后的江南秘境"之誉，是中国传统村落示范地、绿茶价格指数发布地。

　　善心济世传佳话。"松古平原，处州粮仓"，特有的地理优势孕育了这片土地独有的农耕文明，自古以来，这里家族和睦、邻里相亲、善心济世的优良民风兴盛不衰，关于行善的故事比比皆是。至今仍留存的 200 多座古桥、数百座施茶亭，均由民间贤达捐建或邻里筹建。据传，枫坪先人张美松个人独资建桥 4 座、助资建桥十余座；象溪高良仁独建施茶亭 70 余座；贯一小学、寿年小学、俭公小学等数十所学校，均由民间善人捐田亩筹银两所建；三都呈回汤氏吴母不办寿宴修村道，100多年后的今天，"太婆路"依旧发挥着作用；古市潘凤鸣捐六旬寿金建"六旬桥"但从不过所建之桥，意喻"只为他人，不为己为"。自古以来形成的利行人、馈桑梓的慈善情怀，纯粹而又自觉。"忠厚慈善传家远，诗书礼仪继世长"已然成为一代代松阳人刻在骨子里的善良与教养。

　　善意盈怀谱新篇。松阳县慈善总会成立于 2006 年 5 月，以人为本、慈善为怀、

松阳县风光

扶贫济困、救孤助残、赈灾救援、助学兴教、助力公益是其坚守的宗旨。至 2023 年底，共募集善款 9751.5 万元，累计发放善款 6007.2 万元，受益人数 20 余万人次。总会组织实施的给山区留守儿童送关怀，给

爱心企业捐助松阳留守山区儿童

老弱群体送清凉、送健康、送慰问等助学、助医、助贫、助发展活动，皆浸润着慈善之力，其中"慈善音美"送师资项目获教育部好评，总会获得丽水市慈善基层组织建设先进集体奖。先后涌现出了一大批发展不忘民生、热心回馈社会的爱心企业和爱心人士，康恩贝中药、松泰房地产、云中马、华威门业等爱心企业发展不忘慈善，林苑路桥工程公司父子两代坚守十七年从善不动摇，"五送"（送温暖、送健康、送关怀、送希望、送动力）活动温暖千家万户。

　　拥有一颗善爱之心，有大善若水、泽及万物之胸怀，是松阳慈善人不息的行动。在奋力建设现代化田园松阳中奉献更多慈善之力，是松阳慈善人的承诺。

外舍新城

大爱善谷　景秀人宁

　　景宁，位于浙江省西南部，是全国唯一的畲族自治县和华东地区唯一的少数民族自治县，面积 1950 平方千米，户籍人口 16.6 万人，2023 年地区生产总值 102.82 亿元。景宁，一个慈风善雨的幸福家园。马氏天仙因慈成仙的传说、六岁稚童茅屋守孝的故事，千百年来传颂不衰。慈善的情愫一代一代流淌在千家万户的血液里，乐施善行成为这片土地上人们的坚守和骄傲。2006 年 12 月，景宁县慈善总会成立，慈善融入发展新进程，截至 2023 年底，募捐收入 5235.08 万元，善款支出 4701.07 万元。

　　爱润五有，支撑起慈善事业新格局。围绕百姓生活有味，实施三元慈善爱心食堂、善居工程、爱心卡等爱润生活类项目，提升了农村留守群体的生活品质；围绕百姓增收有源，实施慈善光伏、慈善茶业基地、留守老人养殖、留守妇女培训等爱润生产类项目，为困难群众增收提供帮助；围绕百姓健康有力，实施慈善婴儿爱心包、抗疫包、大病救助等爱润生命类项目，为困难群众健康提供有力帮助；围绕百姓圆梦有望，实施大学生圆梦计划、山里孩子看大海、助学结对等爱润梦想类项目，实现助学全覆盖；围绕百姓日子有彩，实施山区夕阳红行动、蓝马甲公益行、慈善文化"六进"等爱润文化类项目。"爱润五有"系列慈善项目的实施，构建起了景宁慈善事业高质量发展的全新格局。

慈善赶集，联结起服务群众新通道。直面农村留守群体日常生活所困所需，整合各方资源，组织慈善志愿者、爱心组织实施慈善赶集项目，为农村留守老人送上养生养老讲座、慈善文艺演出、义诊义补义剪、集体生日等服务，打通慈善服务群众的"最后一公里"，纾解了留守老人日常生活服务缺失、文化精神缺失、人际交流缺失等问题，赢得了山区留守群体的高度评价。

创新赋能，凝聚起大众慈善新力量。文化创新，让关心慈善的人越来越多。县委、县政府组织召开慈善表彰大会，树立时代标杆、引领慈善风尚；创作《用爱去画爱的美丽》《景宁有爱》《善·缘》等文艺作品，赋予慈善文化时代内涵；组建慈善文化义工分队，丰富乡村留守老人的业余生活。实现组织创新，密织慈善网络，实现村（社区）慈善工作站、乡镇（街道）慈善分会建立全覆盖，慈善志愿者队伍不断壮大，慈善工作走进千家万户，慈善支持力量越来越强。

千峰林立，祥云满天。沐浴新时代阳光雨露，畲乡景宁已然成为人心向善、人人行善的幸福善谷，绽放出大爱慈善的美丽和灿烂。景宁慈善人将锚定"大爱善谷，景秀人宁"的目标，用爱去画爱的坚守，在传承中创新、在务实上发力、在感化中升华，为少数民族县域经济建设贡献更多的慈善元素、慈善力量。

慈善歌舞表演

云和县老李帮忙团服务中心

云和县老李帮忙团服务中心（以下简称"中心"）由退休老干部李光亮倡导，于2010年7月成立。中心秉承"帮助别人，快乐自己"的理念，组织4400多名志愿者用爱心在扶老、济困、助学、助残、助医等方面开展系列化服务，用真情服务群众，成为全国社会组织强党建、强服务的品牌。"老李帮忙团"党支部于建党百年之际荣获全国先进基层党组织称号，党支部书记、团长李光亮作为代表在北京接受表彰；创建"志愿服务温暖一座城"的品牌，受到浙江省领导的赞扬；"老李帮忙团"曾获第四、五届浙江慈善奖志愿服务奖（团体、个人）和省敬老文明号、省最美老干部（团体）、省最佳志愿服务组织等称号。

慈善赋能，开拓创新。中心未成立前，党员阳光志愿者就率先在新华社区成立"居家养老"服务中心，为15位残疾儿童及80周岁以上空巢老人提供服务。2013年创新"暖巢"队伍，为需要帮助的老人、残疾人提供医疗、家政、落实户口、法律维权等服务。开展"关爱帮扶儿童成长""爱老敬老寸草心""福彩有爱益同行"等行动，使251位儿童和227位80周岁以上老人受益。2022年获评省"最美银耀志愿服务团队"、关爱帮扶儿童成长"最美银耀服务项目"，获丽水市"模范集体"等称号。

慈善大爱，创建品牌。以热心公益服务社会、以奉献爱心服务群众，把扶贫济困、践行向善作为服务主题，做到年年有重点，月月有目标。自2015年起，志愿者每年结合春节、学雷锋活动月、助残日、重阳节等时机，上门慰问退役老军人，为他们提供法律、家政、健康等服务，为他们提供精神慰藉，使优抚政策更好、更具体落到实处，610余名退役老军人直接受益，2018年10月9日的《中国国防报》对此进行了专题报道。每年还筹资5万多元，投入扶贫济困、扶弱助残的慈善活动中，使140多人直接受益，助力营造人人参与公益慈善的和谐的社会环境。

"老李帮忙团"将再次出发，心向未来，在"扶贫济困，践行向善"中把工作做得更好。

庆元县志愿者协会

庆元县志愿者协会（以下简称"协会"）自 2010 年成立以来，以"为政府分忧、替百姓解难"为宗旨，组建了 10 支特色志愿服务队，形成了 37 个子项目，累计开展 5600 余次服务活动，服务总时数超 19 万小时，直接受益人数超 7 万人次。协会被评为 5A 级社会组织和省市品牌社会组织、浙江省清廉社会组织建设百家范例（第一批）。

慈善助老传温情。"情暖夕阳"项目连续 10 年开展敬老助残活动 500 余次，"光明行动"针对全县 16 个乡镇的"低保低边"老人开展复明行动，"安居行动"帮助孤独鳏寡改善家居环境、提供陪伴服务。

慈善助残树信心。"曙光加油站"项目，对接专业心理辅导师，为残障人员疏导心理，帮助他们树立对生活的信心，同时，帮他们对接工厂解决就业问题。

慈善助学解民忧。联合相关基金会开展圆梦助学、彩虹计划、向阳而生、童心向阳、微笑一帮一等爱心助学项目，为 367 名困难儿童累计发放助学金 414450 元。联合缙云县爱在蒲公英志愿者联合会开展"解忧计划"，为孩子们的心灵撑起一把爱心伞，帮助少年解除烦恼。

慈善助困暖人心。联合浙江省妇女儿童基金会开展"焕新乐园"项目，为 193 户低保家庭的儿童改造了居住环境，给予了爱心陪伴。

慈善助医惠民生。联合浙江省青少年发展基金会和中国出生缺陷干预救助基金会，开展"小鹿灯——愈见未来、无陷未来"项目，向先天或后天患病的儿童伸出热情之手，共拨付医疗救助款 57.60 万元。

慈善护蕾促成长。协会"元生元爱"项目为涉外婚姻单亲家庭儿童提供了"改造环境""爱心陪伴""学习辅导""心理疏导"等一系列志愿服务，帮这群特殊的孩子走出了困境。项目获 2024 年浙江省青年志愿服务项目大赛银奖、第四届浙江省志愿服务项目大赛铜奖、2023 年丽水市新时代文明实践小园丁志愿服务项目大赛银奖、第七届中国青年志愿服务项目大赛全国赛优秀项目奖。

如今，红马甲的足迹已遍布庆元大街小巷，大爱无声声自远，慈善精神如蒲公英的种子般随风播撒，扎根在庆元的各个角落。越来越多的人投身慈善活动中，用力所能及的方式点亮道德之光，汇聚社会暖流。

丽水市关心下一代公益基金会

丽水市关心下一代公益基金会（以下简称"基金会"）成立于2016年6月，主管单位是丽水市关心下一代工作委员会。

广泛筹集助学资金。自2016年成立以来，不断向社会各界积极募集资金。截至2024年8月，基金会共募集资金1793万元，还间接带动市、县两级关工委系统筹集爱心资金7800多万元，为帮助贫困学子奠定了坚实的资金基础。

通过与众多爱心企业建立合作关系，获得企业的资助。例如与中天集团、德信控股集团、吉利集团等企业开展专项助学行动，为学生们带来了大量的助学资金和资源。

资助大量贫困学生。基金会成立后，资助了全市众多家境贫困的青少年儿童，让许多因家庭经济困难而面临辍学的学生重新获得了学习的机会。2018年资助学生950人；2019年，与其他单位合作开展多项助学活动，为贫困学子发放助学金。实现了对家庭贫困大中小学生的全覆盖式资助，从小学到中学再到大学，不同阶段的贫困学生都能得到基金会的帮助。

创新助学模式与机制。建立市县联动机制：将全市关工委系统作为一个有机整体推动助学工作，市关工委负责整体布局和协调，搭建统一助学网络平台，设立统一热线电话，县级关工委负责学生家庭情况调查摸底等工作，提高了助学工作的效率和精准度。成立公益助学联盟：联合《处州晚报》发起成立"丽水帮帮团"公益联盟，整合助学资源，避免学生重复资助，使有限的助学资源得到最大化利用。开展多样化助学活动：除了资金资助外，基金会还开展了"创梦助学"活动，为有创业梦想的贫困青年提供支持，帮助他们实现创业梦想，从根本上解决家庭贫困问题。与浙江省关心下一代基金会等合作开展"爱心圆梦"助学活动，如在松阳县古市中学和民族中学的助学活动中，为100名家庭困难学生每人发放2000元助学金。注重思想道德教育：在帮助学生解决经济困难的同时，基金会还注重对受资助学生进行社会主义核心价值观教育，帮助其树立正确的世界观、人生观和价值观，鼓励他们将爱心传递下去。

踏上新征程，基金会将始终坚持以关心下一代工作为中心，在服务青少年健康成长上用心用力，切实维护好、实现好、发展好下一代切身利益。

丽水市

省级慈善组织代表

浙江省妇女儿童基金会

浙江省妇女儿童基金会（以下简称"基金会"）成立于1981年，作为由浙江省妇联主管，在省民政厅注册的具有公募资质的5A级社会组织，基金会秉承"关爱妇女儿童疾苦，保障妇女儿童权益，发展妇女儿童事业"的宗旨，传递"让每一位妇女、儿童都获得平等发展，收获美好生活"的愿景，致力于为妇女儿童撑起希望的天空，让更多温暖和关怀触手可及。

截至2023年底，基金会筹集款物6.35亿元，支出款物5.4亿元，帮扶弱势妇女、儿童174万人次，关爱从"浙"里出发，辐射全国32个省份，收获全国三八红旗集体、中国妇女慈善奖贡献奖、浙江慈善奖等多项荣誉，"中基透明度指数"长期以满分成绩并列全国第一。

基金会围绕党政中心大局、聚焦妇儿所需所盼，实施"焕新乐园""圆梦助学""康乃馨女性健康关爱计划"等一系列品牌项目，在扶困助难、健康关爱、教育赋能到紧急救灾等多个领域发挥积极作用，帮助广大妇女儿童平等享有发展资源、发展机会，提升妇女儿童获得感、幸福感、安全感。其中，"焕新乐园"项目致力于阻断贫困的代际传递，累计为全国超过1万户困境家庭儿童改造居住环境，发动6万余名志愿者提供19万人次的陪伴服务；"康乃馨女性健康关爱计划"项目为浙江省近15万名困难、低保家庭的妇女免费投保两癌公益险，减少因病返贫致贫；"圆梦助学"项目为浙江省超过1万人次低保及低保边缘家庭学生提供持续助学资助，圆寒门学子求学梦；"浙里有爱"项目积极关注全国各地灾情疫情，累计发放抗疫救灾款物价值5227万元，助力受灾妇女儿童渡过难关。

使命呼唤担当，奋斗开创未来。基金会将更加聚焦妇女儿童急难愁盼问题，连接多方力量办实事、解难事，持续增进妇女儿童民生福祉、不断满足妇女儿童的新期盼新需求，为浙江勇当先行者谱写新篇章贡献巾帼之力，让爱与希望在浙江大地绽放！

浙江省残疾人福利基金会

浙江省残疾人福利基金会成立于 1985 年 6 月 4 日，是省残疾人联合会主管，具有公募资格的 5A 级社会组织。其宗旨是弘扬人道、奉献爱心，全心全意为残疾人及其他困难群体服务。截至 2023 年 12 月，累计筹集善款 7.53 亿元，关爱帮扶残疾人 155 余万人次，四次获浙江慈善奖，获评浙江亚运会、亚残运会浙江省先进集体，其"中基透明度指数"长期以满分成绩并列全国第一。

近年来，浙江省残疾人福利基金会广泛凝聚社会力量，以残疾人现实困难和特殊需求为导向，围绕教育助学、医疗救助、残疾预防、就业帮扶、康复融合、生活品质提升六个方面，进一步增强残疾人获得感、幸福感、安全感。重点整合基础深厚的教育助学、助教类公益项目，推出"破茧计划"，通过助学金、升学金、奖学金、奖教金发放，帮助残疾学生、残疾人家庭子女和特殊教育工作者实现个人成长、社会融合和自我价值。全面梳理特色鲜明的心智障碍人群帮扶类项目，推出"爱星守护计划"，以儿童关怀、家长支持、社区融合、支持性就业、学术研究、康复机构能力建设等为主要帮扶领域，关注心智障碍群体，帮助他们享有无障碍、有尊严、有品质的生活。开拓创新运用高科技手段助力残疾人事业高质量发展类项目，推出"科技赋能计划"，围绕 AI 技术助残、残疾预防、康复诊疗、电商就业等不同领域，全方位、多角度助力残疾人共享美好生活。

残疾人群体是一个特殊困难的群体，需要格外关心、格外关注。浙江省残疾人福利基金会秉持初心，以打造"政治过硬、实力过硬、品牌过硬、公信力过硬、能力过硬"一流基金会为目标，将不断探索公益新路径，为残疾人事业的蓬勃发展贡献不竭力量。

浙江省老年事业发展基金会

浙江省老年事业发展基金会（以下简称"基金会"）成立于 1989 年 7 月，是浙江省民政厅主管的公募基金会，主要业务范围是支持老年事业发展，资助与开展各类老年公益慈善项目和活动，资助城乡特殊困难老年人。

多年来，基金会贯彻积极老龄观、健康老龄化理念，发挥省级平台作用，持续推进为老服务的资源矩阵、服务矩阵和品牌矩阵，助力打造"浙里康养"老龄工作金名片。一是突出"老有康养"。2013年以来，基金会积极推动在浙"全国爱心护理工程"建设，以老年人照护服务为重点，关注失能老人的长期照护服务，聚焦专业护理、规范管理，培养造就一支专业化护理员队伍，推动形成一批颇具影响的养老机构。目前，全省共有34家护理院成为全国爱心护理工程建设（示范）基地，各类护理床位近2万张。二是助力"老有所医"。2002年，以"构建和谐社会，共享人间光明"为主题，省老龄工委、省老年事业发展基金会等共同发起"送光明"行动，每年为生活困难老人免费实施白内障摘除和人工晶体植入手术。截至2023年底，"送光明"行动坚持"小而精、小而实"，惠及我省23个市（县、区）近9000名老年人，成为全省"白内障复明工程"示范。开展"暖心安宁""公益助听"等公益项目，大力支持我省老年健康支撑体系建设。三是推动"老有所为"。着眼于老年人健康快乐精神富有，参与主办八届"浙江孝贤"的评选活动，每年主办一次全省"长者情"老年声乐大赛，每年举办二次全省老年乒乓球团体邀请赛，充分展示浙江老人活力，形成关爱老人、支持老龄事业、弘扬良好风尚的社会氛围。

浙江省老年事业发展基金会将立足实际、守正创新，努力推动模式创新，推进项目创牌，为打造积极应对人口老龄化的"浙江样板"贡献更多力量。

浙江省青少年发展基金会

浙江省青少年发展基金会（以下简称"基金会"）成立于1991年，是共青团浙江省委主管的具有公募资格的5A级社会组织。基金会聚焦青少年成长"急难愁盼"，开展以"希望工程"为核心的青少年公益项目。截至2023年底，累计筹集善款8.24亿元，关爱帮扶青少年超百万人，两次获评全国先进社会组织称号，七次获浙江慈善奖，"中基透明指数"长期以满分成绩并列全国第一。

近年来，基金会精准分析低收入家庭青少年需求变化，在"助学共提升、助困共陪伴、助医共守护、助业共扬帆、助急共成长"五个维度一体发力，实现三大转型升级。一是帮扶内容从硬件向软件延伸。推出"希望工程·壮苗计划"，向农村学校提供助教帮教服务，增强学校师资力量，支持学校围绕科技、艺术、体育、劳动等方面开展"一校一品"特色项目，捐建促进青少年德智体美劳全面发展的梦想足球场、希望数智教室等配套设施 2100 个。二是帮扶领域从教育向卫生延伸。探索"政府主导、共青团动员、社会参与、家庭自救"相结合的青少年医疗救助体系，"向阳花少儿医疗救助行动"联合全国 31 家定点合作医院，救助重疾青少年 5782 名；"小鹿灯·愈见未来"浙里儿童健康守护计划利用大数据实现精准主动救助，并创新推出白血病专项救助行动。三是筹资手段从线下向线上延伸。于 2016 年在全国共青团系统率先开发建设"亲青筹"公益众筹平台，依托各级共青团组织提供救助金额灵活、覆盖范围广泛的个性化服务，并联合腾讯公益、阿里公益等平台宣传推广优质众筹项目，近年来网络众筹 2.57 亿元，2.71 亿余人次参与捐赠。

面向未来，基金会将积极探索青少年公益事业新模式、新路径，不断擦亮希望工程金字招牌，努力在加强青少年思想引领、推动教育优质均衡发展、引领社会风尚等方面贡献更多力量。

浙江大学教育基金会

"国有成均，在浙之滨。"浙江大学始终秉承"求是创新"校训，以天下为己任、以真理为依归，在中国高等教育发展史上书写了浓墨重彩的篇章。学校的发展，离不开社会各界的支持和帮助，1994 年，为纪念竺可桢老校长的卓越贡献，开拓海内外共创教育大业渠道，"浙江大学竺可桢教育基金会"（现名"浙江大学教育基金会"，以下简称"基金会"）在社会各界贤达的鼎力支持下注册成立，历经四校合并、会名更名，成为我国有重要影响力和引领力的大学教育基金会之一。

30 年来，基金会不断在探索中成长壮大——2015 年和 2021 年两次被民政部评为5A 级社会组织，2017 年被民政部认定为慈善组织，"中基透明度指数"多次获满分成绩，2021 年担任中国高等教育学会教育基金工作研究分会理事长单位。

基金会始终秉承"汇八方涓流，襄教育伟业"的宗旨，凝聚社会各界和广大校友的心力智慧，广泛筹措资源，资产总规模在 2023 年底突破百亿元大关，累计支出近 45 亿元，有力推动浙大教育事业和社会公益事业发展，辐射人数超 100 万人。一是践行办学使命，形成了"人才—大师—学术—文化—校园""五位一体"的支撑保障新模式。设立 800 余项校院两级奖助学金、国际交流基金、创新创业基金、实习实践基金，支撑学校卓越人才培养；加强 100 余项讲席教授基金、奖教金、青年学术人才培养基金管理，支撑学校顶尖师资队伍引育；设立 400 余项学科建设基金，支撑学校一流学科建设。二是勇担社会责任，为社会提供了崇德向善的"浙大方案"。支出 1 亿多元推进云南景东和贵州台江、湄潭等地区教育、科技、医疗帮扶工作；围绕"一带一路"倡议布局，加强与文莱等共建国家的交流合作。三是坚守慈善初心，成为我国高校慈善领域的样板标杆。发挥教育基金工作研究分会理事长单位作用，带动 260 多所会员单位共同推动公益慈善，辐射全国 400 余所高校。

三十而立启新程，风劲帆满再出发。基金会将坚持以汇聚兴学力量、弘扬慈善文化、服务社会发展为使命愿景，勇当高校慈善领域的榜样标杆，做好学校迈向世界一流大学前列的支撑保障，为进一步推进我国高等教育与公益慈善事业改革发展作出积极贡献。

浙江省见义勇为基金会

浙江省见义勇为基金会（以下简称"基金会"）成立于 1994 年，是省公安厅主管的公募基金会，是 4A 级社会组织。基金会下设秘书处、业务处，主要职能是宣传、慰问见义勇为先进人物，帮扶见义勇为困难人员及家庭。

历届省委、省政府领导十分重视见义勇为工作，习近平总书记在浙江工作时期，多次接见见义勇为先进代表，出席纪念浙江省见义勇为基金会成立 10 周年暨第十届浙江省见义勇为先进分子表彰大会并发表重要讲话，为基金会建设发展提供了遵循、指明了方向。30 年来，基金会始终坚持"情系英雄所系，利为英雄所谋"的工作准则，在困难救助、慰问帮扶、弘扬宣传、筹款募资等方面做了大量工作，取得了丰硕成果，选树了"最美妈妈"吴菊萍、"最美司机"吴斌、"最美子弟兵"孟祥斌、"最美保安"李迎福、"最美少年"尹丹、"最美外卖员"彭清林等一大批可歌可泣的见义勇为典型人物，用榜样力量引导广大群众提升思想认识、品格修养、道德水平，激发团结互助的友善心态和乐观向上的进取精神。其间，连续 14 年组织开展"春天的问候"慰问见义勇为困难人员公益活动，获评"浙江慈善奖"。同时，持续深化拓展见义勇为困难家庭"安居工程""重病补助""子女助学"等公益项目，截至 2023 年底，慰问 2919 人次，发放

1480.2 万元，得到见义勇为群体和社会各界的高度肯定。

见义勇为事业是构建和谐社会宝贵的精神财富，浙江省见义勇为基金会将始终秉持有担当、不懈怠的工作斗志，不断将见义勇为精神发扬光大，为高水平建设平安中国示范区再创佳绩、再立新功。

浙江省马寅初人口福利基金会

浙江省马寅初人口福利基金会（以下简称"基金会"）成立于 1994 年，是 5A 级社会组织，具有公开募捐资格，先后获得优秀社会团体、品牌社会组织等荣誉。

30 年来，基金会继承和弘扬著名经济学家、教育家、人口学家马寅初先生爱国爱民、实事求是、追求真理的崇高品格和科学精神，围绕人口发展和健康浙江战略，资助和兴办有关人口福利的项目和活动，推动人口福利事业的发展。

基金会关注计划生育遗留问题，从为千百失学女童解困纾难，到坚持 20 载"春苗计划"助学公益项目，凝结慈善大爱。

2002 年，基金会创立金色年华大型养老机构项目，从 2008 年一期开园到 2022 年二期竣工，一个占地 200 多亩，床位 3600 张的养老机构展现在杭州午潮山南麓。"金色年华"已成为浙江养老事业的一张金名片！

2004 年，基金会创办了马寅初纪念馆。20 年来纪念馆早已成为浙江省爱国主义教育基地，下一代的第二课堂……2024 年春，纪念馆展陈升级，修缮嵌画铺陈一新，马寅初"均衡"理论在新时代光辉闪耀。

2020 年"新冠"来袭，基金会迅速行动募捐财物，投入抗疫。联合浙江大学开展重大智库项目，两个多月完成《浙江省新型冠状病毒疫情扩散的影响因素及其早中期识别研究》等 5 个调研报告，得到省政府和民政、卫健等部门高度赞赏。

此外，基金会还携手马寅初纪念馆主办了"马寅初经济思想论坛与促进区域经济文化发展交流会"，联合省人口与健康学会举办了纪念马寅初先生诞辰 140 周年研讨会并与省计生协、九三学社合作开展了"构建新型婚育文化"等课题研究。

近年来，基金会牵手社会力量开展"幸福助老"公益项目和活动，积极践行"浙里康养"，助力银发经济。同时，创新传统公益品牌，"春苗计划"推陈出新。2023 年在江山市开展"春苗计划 浙有善育——新生儿听力筛查（复筛）暨耳聋基因检测公益项目"，一年多来项目成效令人瞩目。

未来，基金会将紧跟时代步伐，为助力我国人口高质量发展作出不懈的努力！

浙江省农业技术推广基金会

浙江慈善名片／省级慈善组织代表／

浙江省农业技术推广基金会（以下简称"基金会"）成立于 1995 年，是一家主要由民营企业家出资建立的基金会。30 年来，基金会坚持走"国办与民办相结合"农技推广道路，按照"扶小、扶新、扶优、扶农民"宗旨，筹集资金 8 亿多元直接用于基层农技推广。

坚持不懈资助创新农作制度试验示范项目。1995—2023 年，省、市、县三级农技推广基金会资助农业经营主体实施创新农作制度试验示范项目达到 1.5 万多个、300 多万亩。这些资助项目亩均产值达到 1 万元以上，亩均纯收入有四五千元，通过多年的实践，创新农作制度试验示范已结出丰硕成果。还与省残疾人福利基金会、浙江农林大开展合作，先后资助了多名残疾人农户项目和大学毕业生回乡创业就业。

积极资助培育民办农技推广平台。省、市、县三级民办农技推广平台已达 122 个，共接收省内外研修生、实习生达 4500 多人次，开展各类短期技术培训 20 余万人次。通过研修培训，有不少人成为新型农业经营主体和职业农民；许多平台已成为带动一方产业发展的重要基地。

开展评选奖励基层农技推广先进人物与优秀项目。30 年来共评选奖励基层农技推广突出贡献人物 143 人，评选奖励先进基层农技推广工作者（万向奖）3085 人，评选奖励先进农技推广组织（先进集体）619 个，评选奖励基层农技推广优秀项目（宝业奖）140 个。

加强基金募集和运营管理。始终以良好的社会形象赢得各方支持，践行了一条社会化、多元化的农技推广资金筹资渠道，并通过基金保值增值来资助农技推广项目。目前省、市、县（市、区）三级基金会基金总额已达到 5 亿多元。

基金会的工作得到了历届省委、省政府和社会各界及农民群众的充分肯定，2004 年被民政部授予全国先进民间组织称号；2022 年被评为浙江省品牌社会组织。

新征程上，浙江省农业技术推广基金会将持续深入探索国办与民办相结合农技推广路子，充分发挥民办农技推广基金会在农技推广工作中的独特作用，为我省农业增效、农民增收和乡村振兴作出新的更大贡献。

宁波大学教育发展基金会

宁波大学教育发展基金会（以下简称"基金会"）在浙江省民政厅和浙江省教育厅的支持下，于 2007 年 1 月 22 日正式注册成立。基金会的核心使命是通过多元化的资金筹集渠道，促进宁波大学教育事业的蓬勃发展。自成立以来，基金会已经得到了包括"宁波帮"人士、国内外校友、热心的社会各界人士、企事业单位、社会团体等的广泛支持与慷慨捐助。

宁波大学是"宁波帮"及其后代支持家乡建设与发展的一座历史丰碑，在全国高校中别具特色、独树一帜。1986 年，包玉刚先生捐资创办宁波大学后，邵逸夫、包玉书、赵安中、曹光彪、汤于瀚、李达三、朱绣山等老一辈慈善家纷纷慷慨解囊，为学校的发展作出了巨大贡献。随后，包陪庆、曹其镛、孙弘斐、周亦卿、黄庆苗、朱英龙、杨咏曼等中生代继续接力，为学校注入新的活力，而包文骏、李本俊、黄崇圣、孙荣良等新生代也积极加入，形成了一个由老一辈持续支持、中生代紧随父辈步伐、新生代积极投身的良性循环。在过去的 30 多年里，超过 70 位"宁波帮"及其后代捐资设立了近 200 个捐赠项目，包括 60 多项基础设施建设项目和 70 多个奖项与基金，累计捐款金额接近 8 亿元人民币。

包氏教学楼群、邵逸夫图书馆、林杏琴会堂、曹光彪科技楼、安中大楼、李达三外语楼、绣山工程楼……在宁波大学，随处可见一幢幢由"宁波帮"捐赠，并以他们的名字命名的建筑。"宁波帮"的精神深入人心，已成为学校文化的一部分。这种精神不仅体现在对学校的慷慨捐助上，更融入教育教学之中，激励着"宁大"学子"创业闯世界，合力兴家乡"。李如成、叶建荣、项乐宏、董阿能、黄必胜等新一代宁波企业家接过前辈的接力棒，他们正以实际行动，继承和发扬先辈们的爱国爱乡精神，积极参与教育事业，为实现"办好人民满意的教育"的目标提供坚实的保障。

宁波新老企业家们薪火相传，共同书写着支持宁波大学教育事业发展的华彩篇章。

展望未来，他们将继续携手前行，为培养更多优秀人才、推动社会进步贡献力量，让宁波大学的光芒更加璀璨夺目。

浙江绿色共享教育基金会

唯有守正，方能行远。作为杭州本土一家具有 54 年历史的民营企业，华立集团从一个小手工作坊发展至如今全球化的多产业集团，纵观这 50 余载发展历程，"责任"二字始终贯穿其中：从最初抱着对员工和企业负责的朴素"责任者"，到随着企业的发展壮大演进至与国计民生经济社会息息相关的"企业公民"。酌水知源、缘木思本，社会责任已经成为华立人身上的重要基因，50 多年来，华立积极参与各类公益慈善事业，教育、助困、环保、抗震救灾等，都是华立关注的重点。

"把公益当作一项永续事业来做。"2007 年，为了让公益慈善项目更为体系化和规范化地运作，寓意着健康、和平、美好的"浙江绿色共享教育基金会"（以下简称"基金会"）应运而生。基金会以促进"推动社会文明进步、自觉守护绿色家园、人人分享健康生活"为目标，在缩小城乡教育差距、环境保护等方面发挥作用。"绿色共享·助学行动""绿色共享·助教行动""绿色梦想计划"等覆盖全国各地的公益项目持续推进。累计资助学生 8000 余名，培训乡村教师 1 万余名，受益学生超 5 万人。同时，基金会在乡村振兴工作中以提升帮扶点"造血"能力为重点，投入百万余元，为建德市大洋镇柳村村打造有机蔬菜基地、田园牧歌研学营地等产业项目，使其从无资源、无产业、无特色的三无村变成建德市首批"未来乡村"自然基地模板。

"水积而鱼聚，木茂而鸟集。"如今基金会不仅仅是华立员工的公益平台，越来越多的企业、爱心人士也参与到了基金会的各项公益活动中。基金会作为连接政府、爱心企业和个人、欠发达地区和困难群体的桥梁作用日益显现。

基金会始终坚守初心，走正路、利社会。至 2023 年底，累计公益支出超 5300 万元，公益足迹遍布全国 45 个市区县。先后获得浙商最具影响力慈善基金会、5A 级社会组织、浙江慈善奖、浙江省品牌社会组织、浙江省最佳慈善组织等众多荣誉。

未来，基金会将不忘昨天的来路、无愧今天的所托、不负明天的梦想，在公益的漫漫征途中砥砺前行，与大家一起共赴热爱、共谱新篇。

浙江嘉行慈善基金会

海亮集团历时 35 年，成长为一家以教育事业、有色材料智造、健康产业为主体的世界 500 强企业。作为党和国家培育支持下成长起来的企业，海亮集团致富思源，秉持"既讲企业效益，更求社会公德"的发展理念，开创"教育 + 农业"乡村振兴模式，在公益领域积极作为，把对社会贡献的最大化作为企业永恒的追求。2007 年，发起成立浙江海亮慈善基金会（现"浙江嘉行慈善基金会"，以下简称"基金会"），在教育助学、乡村振兴、扶贫济困、残障儿童救助等多个领域展开精准帮扶。截至 2023 年底，累计捐赠总额超过 21.47 亿元，惠及 110 余万人次。

"治贫先治愚，扶贫先扶智"，教育扶贫是带动欠发达地区发展的撬板，是阻断贫困代际传递的根本举措。基金会重点以教育助学为支点，关注社会各类弱势学生群体，创新多样化的教育助学项目助力人才振兴、教育振兴，进而助推乡村振兴。

乡村教育振兴，星星之火燎原。2021 年，"乡村教育振兴工程"项目应运而生，以"服务一所学校、树起一面旗帜、孕育一片森林"为教育公益目标，带动县域教育水平整体提升，实现人才回流。该项目已覆盖全国 8 省 1 自治区 1 直辖市的近 20 所学校，获评 2023 年度浙江省慈善事业引导资金激励对象。

开创"援藏班"，支援西藏教育。2020 年，在海亮教育天马学校正式落地全国第一个由民办教育创办的援藏班。

孤儿养育，扶鸿鹄之志高翔。"雏鹰高飞孤儿"培养工程始于 2013 年，每年在全国范围内招募失依孤儿，由基金会全额资助孩子成长过程中的所有费用，为其提供"衣、食、住、行、医、保、教"全方位培养，无任何附带回报条件。该项目已辐射全国 20 个省份，累计接收培养 315 名孤儿，共有 130 名考上大学，其中 69 名已大学毕业参加工作。该项目荣获第六届"浙江慈善奖"慈善项目奖。

持续探索慈善助学扶困途径。基金会先后启动英烈子女培养、贫困少年英才培养、"一带一路"国际英才培养、贫困大学生资助等慈善助学项目，发挥自身力量。

未来，浙江嘉行慈善基金会将持续围绕现有的系统化公益项目，以教育聚焦下一代成长、以教育实现扶智扶贫，助推乡村振兴，为建设美好社会作出应有的贡献。

浙江正泰公益基金会

正泰集团创业创新40年，凭借"勇立潮头，敢为天下先"的精神，从瓯江之畔的电器小作坊逐渐成长为全球知名的智慧能源系统解决方案提供商，始终将"为社会承担责任"的经营理念深植于企业基因，在绿色低碳高质量发展基础上，积极探索助力全面推进乡村振兴、投身公益慈善事业的创新实践，体现新时代浙商精神。

2009年，正泰集团捐赠9000万元发起设立浙江正泰公益基金会（以下简称"正泰公益"），正式开启了系统化、专业化践行公益之路，持续探索"公益＋产业"新模式，公益足迹遍布27省，正泰集团及正泰公益累计捐赠超5亿元。近年来，正泰公益积极响应国家"精准扶贫""乡村振兴""东西部帮扶"等政策号召，先后推出一系列旨在改善民生福祉的公益项目，走出了一条将慈善与产业紧密结合的特色之路。

聚力公益，涓流成海。正泰公益探索构建企业公益生态平台，引导并带动各产业及产业链上下游伙伴等参与公益，凝聚向善力量，共筑爱心社会。例如，正泰安能设立的"一度电捐赠人建议基金"，在一年内联动了近20家企业及伙伴，共捐赠700余万元用于河南、湖南、山西等地的公益事业。

明灯生辉，爱暖四方。"光暖万家"作为正泰公益在乡村振兴领域的重点项目，致力于为农村困境家庭进行老旧线路改造和亮灯提升，消除用电安全隐患。该项目已先后在浙江、安徽、重庆等多地开展，将陆续完成2000余户家庭的老旧线路改造。在重庆，"光暖万家"项目跨界联合了政府、国央企、民企和社会组织，"点"亮乡村建设，共同打造高效协作的公益生态系统。

善行致远，大爱无疆。多年来，正泰公益积极参与扶贫济困、捐资助学、抗震救灾、光彩事业、行业推动等活动，设立正泰奖助学金、电工标准·正泰创新奖、逐梦蓝天计划等，先后荣获"中华慈善奖""中华红丝带大爱之星""慈善突出贡献奖"等殊荣。

汇聚慈善力量，让爱尽其所能。正泰公益将以更加坚定的信念，继续书写正泰的责任担当与家国情怀，让"义利并举"的浙商精神在新时代熠熠生辉。

浙江省青年创业就业基金会

浙江省青年创业就业基金会（以下简称"基金会"）成立于2009年12月，为共青团浙江省委主管的公募基金会，是5A级社会组织，"中基透明度指数"长期获满分。15年来，基金会紧贴"八八战略"、"三个一号工程"、乡村振兴等中心工作，针对农村、城市等不同创业青年群体需求，构建具有共青团特色的多维帮扶体系。截至2023年底，基金会累计筹集善款1.03亿元，奖励和资助青年创业创新项目6038个，撬动银行发放优惠利率创业贷款23.28亿元。

面向农村创业青年，持续推出"扬帆工程""泰隆创业助跑计划""'浙里担·青农贷'团银担合作"等重点公益项目，坚持"融智＋融资"相结合，分层分类为山区、海岛农村创业青年提供无息低息贷款、贴息支持和大额免担保贷款等金融支持，并通过技能培训、导师帮扶、信息服务等方式，为创业青年提供全方位帮助，鼓励青年投身美丽经济，助力乡村振兴。

面向城市创业青年，重点聚焦城镇个体工商户创业者，创新实施"青年小店支持计划"，通过资金支持、赋能成长、宣传引流三个维度为浙江有特色的"青年小店"或者青年街区提供焕新基金、培训赋能、宣传推广等支持，提振小店经济，助力打造小而美、小而潮的消费新场景，积极促进个体经济蓬勃发展。目前，已与杭州武林夜市共建100余家摊位，焕新打造丽水学院夜市示范街，为杭州、台州、衢州、丽水等四地200余家青年小店焕新招牌。

在新起点上，浙江省青年创业就业基金会将继续发挥组织优势，倾情助力青年创业创新就业，引领更多创业青年在浙江高质量发展征程中展现新担当、实现新作为。

浙江圣奥慈善基金会

圣奥集团董事长倪良正出身木匠，自幼受祖父母接济贫困山民行动影响，为人朴实善良，慈心在怀。2011年11月1日，在圣奥集团成立20周年之际，倪良正捐资2000万元原始基金成立浙江圣奥慈善基金会（以下简称"基金会"），开启了圣奥的大爱之路。

一份初心，十三年坚守，基金会收获累累硕果：阳光助学、孝心敬老、脱贫攻坚、救灾抗疫……截至 2023 年底，累计捐赠 1.87 亿元，实施项目 330 个，受益人数逾 25 万，慈善足迹遍布祖国大地，惠及四方百姓。

圣奥慈善公益事迹得到社会各界的高度评价，基金会主席倪良正荣获中华慈善奖、中国光彩事业奖章、优秀中国特色社会主义事业建设者、全国政协慈善公益之星、中国十大慈善家、浙江慈善奖、浙江慈善荣誉勋章等荣誉。基金会被浙江省民政厅评为 4A 级社会组织，荣获"2012 浙商最具影响力慈善基金""浙江十佳企业慈善基金会"等荣誉。

基金会聚焦"一老一小"，关爱朝阳，守护夕阳。基金会捐赠 1 亿元支持西湖大学建设；捐赠 440 余万元在浙江大学、浙江工业大学、中南林业科技大学等高校设立圣奥助学金，资助贫困学子 1260 余人次；连续 10 年开设圣奥"小候鸟"员工子女暑期班，投入近 500 万元，接收留守员工子女 1700 余人次；在丽水市青田县、松阳县，杭州市临安区、拱墅区，金华市浦江县，湖北省恩施州，四川省阿坝州分别设立圣奥教育基金，总额逾 1000 万元，资助近万名贫困学子。

惠民不忘老，2013 年，随着首个圣奥老年之家在天台县螺溪村揭牌启用，庆元县山头村、岱山县秀山岛、台州市大陈岛、玉环市鸡山岛……49 个圣奥老年之家陆续在全省各地开花，让偏远山区、海岛的老人们老有所乐。

从捐赠 1000 万元支持丽水欠发达地区建设，捐赠 1200 多万元将浦江县塘家会村打造成美丽乡村，到在汶川、雅安地震灾区捐建两所爱心学校，再到捐赠 1000 万元支援抗击疫情……圣奥慈善的步伐从未停止。

芳心十三载，初心不变。未来，浙江圣奥慈善基金会将继续聚焦助学、助老、扶贫，把圣奥老年之家、圣奥"小候鸟"员工子女暑期班等品牌项目做深做透，同时进一步开拓创新，为经济建设和社会进步添砖加瓦。

浙江敦和慈善基金会

浙江敦和慈善基金会（以下简称"敦和基金会"）成立于 2012 年，是一家 5A 级社会组织，2021 年被民政部授予"全国先进社会组织"称号。截至 2023 年 12 月，累计合作机构 396 家，资助项目 588 个，资助金额超过 11.3 亿元。

敦和基金会以"弘扬中华文化，促进人类和谐"为使命，秉持"尊道贵德"的价值观；支持大学与教育研究机构，以"经学"为资助核心，促进中华文化的返本型研究；关注城乡脆弱人群的生计与教育均衡发展等民生问题；同时在推动公益慈善行业研究、人才培养、资助评估等系统化建设方面不断贡献力量。

生生得所，人人皆安。敦和基金会重点关注农村户籍的留守与流动儿童。因人群规模庞大，需求多元而隐形，敦和基金会通过"催化式资助"的方法在学校、家庭和社区三大儿童成长生态中搭建桥梁，打通壁垒，形成良好的支持体系。同时，引入中国传统文化中的和合思想，以建立儿童与成人之间的"和谐关系"为切入点，改善其生存和发展困境，培养未来充分就业和幸福生活的能力。

"社区守望者"作为敦和基金会的战略性新项目，致力于支持搭建以"社工站 + 社区基金会"为轴承的"五社联动"体系，精准帮扶社区中的困境流动儿童家庭。目前项目扎根于杭州九堡街道，支持社工站开展社区工作者轮训与督导，采购专业社工服务特殊困难儿童；配捐社区基金会开展公益创投，激发社区工作者和志愿骨干力量，促进校家社联动。同时，研发落地了大学生入社区服务的"美好城市支教"项目，并引入"焕新书桌""校服补助""妈妈小组"等公益项目，改善儿童学习环境，建立良好的同伴关系，培养更紧密的亲子关系。"社区守望者"计划通过全方位激活社区内生力量，协助街道探索，形成一套可推广复制的社区救助模式。

"得一善，则拳拳服膺，而弗失之矣。"敦和基金会积极回应社会治理现代化的时代背景，探寻增进民生福祉之道。以中华优秀传统文化引领公益事业，在行动中致广大而尽精微。

宁波诺丁汉大学教育发展基金会

宁波诺丁汉大学教育发展基金会（以下简称"宁诺基金会"）注册成立于 2012 年 9 月 4 日，是经浙江省民政厅及浙江省教育厅批准成立的非公募基金会。宁波诺丁汉大学是中国第一所中外合作大学，开创了我国高等教育与国外优质高等教育资源相结合的先河。宁诺基金会是 5A 级社会组织，不仅承载着教育的使命，更肩负着支持中外合作办学的试点意义。

自成立以来，宁诺基金会便根植于宁波帮"爱国爱乡、报效桑梓"的深厚情感土壤之中。得益于港籍爱国人士李达三、叶耀珍夫妇，钟瀚德先生、管乔中先生等的慷慨捐资，截至 2023 年底，宁诺基金会累计接收捐赠约 2.7 亿元人民币，累计支出约为 1 亿元人民币。这些资金在培养具有家国情怀的国际化人才、促进中外人文交流、科技创新孵化等方面发挥了积极作用。

目前，宁诺基金会每年支持 20 至 30 个项目，旨在促进在校师生的学习与科研发展，包括杨福家科研人才发展基金、李叶耀珍奖学金等；同时设立了李达三孵化园，助力 40 个教科研创新项目，推动落地技术衍生公司 3 家。宁诺基金会还响应国家精准扶贫号召推出"圆梦计划"，为欠发达地区的学子提供优质教育资源，并通过乡村英语教师培训及"点亮未来"公益项目等活动履行社会责任，传播教育理念。基金会鼓励学生参与社区发展、乡村振兴及杭州亚运会志愿服务，支持高质量发展和跨学科项目。校方程式赛车队获全国三等奖，李达三创新奖学金获得者利用数字水印与区块链技术保护 3D 打印作品知识产权。此外，宁诺基金会还为外籍学生提供汉语技能强化和中华文化素养提升支持。

宁诺基金会致力于将学校建设成扎根中国、面向世界的新时代合作办学标杆，争做浙江建设"重要窗口"模范生，为浙江省的高质量发展提供强有力的人才与科技支撑。

浙江工业大学教育基金会

浙江工业大学教育基金会（以下简称"基金会"）是 2012 年 11 月经浙江省民政厅批准登记注册的慈善组织。基金会筹集的资金主要用于支持教学与研究设施的改善，资助教学研究、科学与技术研究项目，设立奖助学金及奖教金，资助有益于学生综合素质拓展的各项活动等方面。2019 年，基金会被浙江省民政厅评为 5A 级社会组织。

基金会始终秉承"汇八方涓流、襄教育伟业"办会宗旨，优化内部机构设置，完善各项管理制度，提升科学管理水平。截至 2023 年 12 月 31 日，基金会筹集捐赠资金 2.21 亿元，支出资金 1.07 亿元。其间，捐赠设立福斯特项目、陈保华教育发展基金、日出科技创新基金、深瑞超临界流体研究基金、生工—华恒教育基金、山东泓达捐赠项目、银江基金等项目 400 余项，受益学生近 5000 人。其中，各地校友会和校友捐建落成的印象工大·安道校友空间、悦然书屋、知识灯塔、智慧之钥等文化景观已成为校园内独特的风景线。所有捐赠项目都凝聚了广大校友对母校发展的拳拳之心，更彰显了社会各界惠教泽学的大爱情怀。项目动态和成果分别在《光明日报》、新华网、潮新闻等国家级、省级媒体网站报道，社会美誉度和品牌影响力不断攀升。

站在新的历史起点上，基金会将紧紧围绕浙江工业大学发展战略目标，加强党建业务融合发展，加强项目管理改革创新，探索薪酬体系建设，开发智慧服务新平台，构建保值增值新体系，拓宽筹资渠道，创新筹资方式，全面推进学校事业高质量内涵式发展，加快建成中国特色、世界一流大学。

浙江师范大学教育基金会

浙江师范大学教育基金会（以下简称"基金会"）成立于 2012 年 12 月，是经省教育厅批准、在省民政厅登记注册的非公募基金会。2018 年获评 5A 级社会组织，2021 年获评浙江省品牌社会组织，2023 年再次获评 5A 级社会组织及全省清廉社会组织建设观察点单位，2024 年入选浙江省清廉社会组织建设百家范例（第一批）名单，1 人获评浙江省社会组织领军人物。其党支部获评省"党建工作样板支部"培育单位。

基金会始终坚持党建引领，秉持"以教育专业做公益，让教育公益更专业"工作理念，支持、推动浙江师范大学建设和教育事业发展；内部治理结构完善，理事会为决策机构，监事行使监督权。基金会成立以来得到广大校友和社会各界的大力支持，发展态势喜人；制度建设、项目管理、资产运营、信息公开、监督机制等日趋完善；广泛汇聚资源，多渠道筹集资金，捐赠收入稳步增长，为学校加快建成特色鲜明一流大学贡献更大力量。

基金会充分发挥学校专业特色，展现社会担当。先后承担省民政厅福彩公益金资助的多个项目。持续开展送书、送教等教育帮扶，支持教育有关项目经费达数百万元。先后在贵州、四川、广西等省区市 26 县开展紧缺师资支持、骨干教师质量提升、职业生涯规划辅导、图书捐赠与导读等行动，受到新华网、人民网等国家级、省级媒体关注报道，社会美誉度和影响力日益扩大。

面向未来，浙江师范大学教育基金会将继续坚持立德树人根本任务，紧紧围绕学校特色鲜明的一流大学建设目标，汇聚高质量的资源，推进基金会工作再上新台阶。

浙江工商大学教育基金会

浙江工商大学教育基金会（以下简称"基金会"）由浙江工商大学发起设立，2013年在浙江省民政厅注册成立。2020年12月被评为5A级社会组织，2022年被评为浙江省品牌社会组织。2021年至2023年连续三年获得"中基透明指数"100分（满分）。近年来，基金会围绕学校建设"立足浙江、服务国家、贡献人类"的卓越大学的目标，凝聚广大校友和社会各界惠教泽学的爱心，争取到海内外校友和社会各界给予学校在财力、物力等方面的支持。截至2023年底，基金会共募集资金15424.35万元，支持学校公益项目150项，资助金额达6695.85万元。

教育与慈善同频共振，相向而行。多年来，基金会秉持"聚爱于心 助校于行"的初心，结合浙江工商大学特色，以慈善助力人才培养，成立了泰隆金融学院、英贤慈善学院。

一是产教融合，培养金融精英。接受捐赠成立国内高校首家培养小微、普惠金融领域专家型和管理型人才的非独立设置的混合所有制二级学院——泰隆金融学院。为构建浙江特色金融标准化服务体系和我省小微金融和绿色金融高地建设提供智力支持，培养了一批社会急需并紧缺的小微、普惠金融高素质创新人才。

二是服务国家，助力社会进步。筹建成立全国首家慈善学院——英贤慈善学院，培养本、硕、博国民教育系列公益慈善人才，为探索中国慈善事业发展、培养中国公益慈善专业人才提供助力。项目入选中慈联发布的2021年度国内"十大慈善文化事件"。

三是深化立德树人宗旨，共促慈善育人。基于关心关爱每一位学生的育人初心，在校内，基金会联动校内校外发起设立"诉说与倾听——师生餐叙成长计划"，活动受到《浙江教育报》等多家知名媒体报道。在校外，基金会联合杭州同心博爱公益服务中心于2021年共同启动四川省广元市儿童平安护航计划项目，在当地开展校园减灾教育。"护航计划"获评2021年度杭州市品牌公益服务项目。

"学成致用实效彰，同表东海风泱泱"，浙江工商大学教育基金会将始终秉承"汇八方涓流，襄教育伟业"的宗旨，致力于凝聚社会各界和广大校友的心力智慧，广泛筹措资源，为浙江工商大学高水平大学建设及国家教育强国和高教强省战略贡献力量。

杭州电子科技大学教育发展基金会

杭州电子科技大学教育发展基金会（以下简称"基金会"）是经浙江省教育厅批准，于 2013 年 2 月在浙江省民政厅登记注册的非公募基金会。2020 年获评 4A 级社会组织，2022 年基金会理事长张钟蕾获得浙江省社会组织领军人物称号。基金会高度重视党建工作，将其视为引领和保障组织健康发展的重要基石，2023 年校友联络与教育发展基金会办公室党支部荣获校机关先进党支部的称号。

基金会自成立以来，始终秉持"规范、透明、效益、安全、服务"的工作理念，坚持在党的全面领导下，汇聚社会各界力量，积极支持并推动学校教育建设与发展。基金会拥有理事会以及独立的监事会，理事会下设秘书处，与杭州电子科技大学联络发展中心办公室合署办公，负责各类捐赠资金的管理，确保基金运作的透明与规范。

基金会不断完善内部治理结构，确保各项工作的有序进行。基金会通过建立健全的规章制度，加强内部管理，提高运营效率，在资金筹集、使用和管理等方面都取得了显著成效。经过多年的发展，基金会已运营超 300 个公益项目，项目涵盖学科建设、科研创新、学生奖助、师资培养和校园建设等多个层面。

基金会充分发挥学校电子信息专业特色优势，坚持教育公益的专业化与精准化。积极响应国家关于优化教育资源配置、促进教育公平的政策号召，不断探索创新教育模式与公益路径，聚焦解决欠发达地区科普教育软件资源匮乏的突出问题。开发运营"科普公益山区行"系列活动，搭建以"科学探索"为核心的平台，汇聚校内外多方资源，为山区学生带去前沿的科技知识和实践体验。项目实施取得良好的社会效益，获得国家级、省级媒体的广泛报道。

杭州电子科技大学教育发展基金会将秉持初心，进一步依托学科优势，深化教育公益实践，为推动我国教育事业的均衡发展贡献力量。

浙江中医药大学教育基金会

浙江中医药大学教育基金会（以下简称"基金会"）是浙江中医药大学根据教育事业发展和中医药传承创新发展需要发起成立的非公募基金会。基金会经浙江省教育厅批准，于 2013 年 4 月在浙江省民政厅登记注册。2017 年完成慈善组织认证；2018 年首次第三方评估，获评 4A 级社会组织；2023 年复评，获评 5A 级社会组织。

基金会聚焦中医药传承创新发展，多渠道筹集办学资金，多方汇聚资源力量，推动浙江中医药大学的建设和发展，支持中医药教育相关公益事业发展。至 2023 年底，累计接收各类公益捐赠价值总额 2.5 亿元，包括货币捐赠 2.0 亿元、实物捐赠 0.5 亿元，为该校高水平大学建设和一流中医药大学创建提供了有力支撑。

基金会坚持党建引领，不断完善内部管理制度和公益项目管理，丰富项目类别，拓展服务范围，服务民生与经济社会发展，助推高质量发展，累计公益支出 2.1 亿元。近年来，基金会深入开展"红·绿·蓝"三色工程：一是围绕抗疫、优质共享，点燃中医药服务社会民生"红色引擎"，募捐 500 万元设立"赠以良药，爱在浙里"娃哈哈抗疫专项；二是围绕绿色发展、文化传承，绘制中医药文化传承创新"绿色底图"，募捐 400 万元设立胡庆余堂冯根生奖学金专项、750 万元设立"方回春堂中医药发展"专项，推动中医药文化传承；三是围绕"创新发展、服务历史经典"激发中医药科技成果转化"蓝色动能"，募捐 3000 万元设立"春妍中医药发展"专项，推动中医药科技成果转化研究，提升公益慈善事业增值化能力。

今后，基金会将围绕中医药事业传承创新发展和学校一流中医药大学创建工作，以更加开放的姿态和务实的行动，汇聚更广大的资源和力量，为中医药事业的繁荣作出新的更大贡献。

浙江省体育基金会

浙江省体育基金会（以下简称"基金会"）于 2014 年 5 月 18 日成立。作为非营利性公募基金会，基金会致力于浙江竞技体育水平和人民群众身体素质的提高。

"1617·与你同行""1822·与你同行""2326·与你同行"系列项目作为资助奥运会、全运会、亚运会的周期性自有品牌项目，基金会成立之初便将该系列项目作为工作的重心来抓，全力为训练备战的浙江运动队提供资金支持，助力他们奋力拼搏、勇毅前行、屡创辉煌。

在项目的资助下，浙江体育健儿们取得了优异的成绩：2021年东京奥运会，我省获得7块金牌，延续浙江"届届奥运有金牌"的殊荣，同时也创造了奥运会上金牌数位列各省（区、市）第1位的成绩。2021年陕西全运会，我省获得44金35银37铜，奖牌总数116枚，金牌数、奖牌数均位居各省（区、市）第3位。2023年杭州亚运会，我省获得51金、21银、8铜，同时创造9项亚洲纪录、12项亚运会赛会纪录，创造浙江征战亚运的历史最好成绩。2024年巴黎奥运会，浙江夺得6金4银4铜，37名浙江体育健儿入选奥运中国体育代表团，人数、参赛小项均创历届之最；7人登顶，新科奥运冠军人数为历届之最；14枚奥运奖牌熠熠生辉，单届夺得奖牌数创历届之最。

"浙马路跑·与你同行"项目通过杭州马拉松慈善跑进行募捐。项目逐年资助浙江省县级及以上体育场所配置AED，助力浙江马拉松赛事活动的良性发展，为在体育场馆锻炼的市民增添一份"心"保障。

基金会2016年首次获评为5A级社会组织，2021年参加复评再次取得5A等级。在省委、省政府提出赛事强省、体育强省的重要之年，基金会将不负期待，顺势启动新一轮资助项目，助力省重点优秀运动队向更高目标发起冲击。

我们坚信，在这个向好向善的新时代里，省体育基金会一定不负重托，将更多样、更便捷、更精准的体育公益慈善服务送到运动队，送到群众身边，做好竞技体育与群众体育协调发展的有益补充，帮助更多人创造美好的人生。

中天爱心慈善基金会

中天控股集团坚守"重质量""讲诚信"的务实作风，在公益慈善领域树立了良好口碑。慈善就像流淌在中天发展脉络里的一股血液，与企业经营市场开拓并行，它始终用最温柔的声音指引着中天秉承善心善念，持正奋发奋进。

中天爱心慈善基金会（以下简称"基金会"）成立于 2015 年，由中天控股集团出资 5000 万元在民政部登记设立。基金会成为集纳资源、积德行善的重要公益平台，全方面、成规模地在助学助教、扶贫济困、应急救灾等领域开展公益行动，积极响应国家号召，展现慈善组织的责任担当。

自成立以来，基金会坚持每年 1000 万元的公益规模，实施公益项目超 100 项（次），各类慈善活动捐赠超 1.2 亿元。基金会及其发起单位曾三度获得中华慈善奖殊荣，多次荣获中国红十字人道奉献奖章。

"三真"理念入心化行，一以贯之践行长期主义。基金会始终秉持"真心、真诚、真实"的慈善理念，坚持长期开展公益活动，即使面临严峻的经济形势，也始终牢记初心。在基金会各类公益慈善项目中，开展 5 年、10 年的项目不胜枚举，"母婴平安"就是其中的典型代表。该项目自 2012 创办以来已持续实施 13 年，投入资金 2800 万元，在全省 32 个实施地、47 家定点医院累计帮扶超 1 万名来浙江务工的高危孕产妇，先后获得中华慈善奖、浙江慈善奖、中国红十字会好项目好活动奖等荣誉，社会反响强烈。

科学运作实干向善，资源整合不断升级。中天的助学事业由来已久，基金会传承了中天不附条件、不搞仪式，不为鲜花和掌声的公益基因，不遗余力深耕细耘。其中，"中天·钱报助学"由基金会联合钱江晚报社，联动慈善力量，连接爱心资源，与全省各地政府、公益组织一起，打造了信息互通、高效协作、极具项目鲜明特色的助学生态圈，近年来更是在运作中不断优化迭代，将助学范围全面覆盖到浙江省山区 26 县域，点对点开展高效助学，累计帮扶全省困难学生超 1.1 万人，帮扶金额近 6000 万元。

做公益、做好事是中天贯彻本心的价值追求，中天爱心慈善基金会将始终秉持公益初心，坚定履行社会责任，为慈善事业高质量发展贡献中天公益力量。

浙江传化慈善基金会

浙江传化慈善基金会（以下简称"基金会"）是传化集团捐资设立的一家非公募基金会，于 2017 年 5 月 18 日在浙江省民政厅注册成立。2017 年至 2023 年底，基金会捐赠收入共计 2.844 亿元，对外资助支出共计 2.6165 亿元。

基金会以"凝聚爱的力量、创造公益价值"为使命，以国家战略、社会问题解决为出发点，积极创造社会效益，精准开展公益服务。2020 年 12 月获评 5A 级社会组织，近年来荣获 2020 年全国脱贫攻坚奖创新奖、2021 年全国脱贫攻坚先进集体、全国先进社会组织、第十一届中华慈善奖、第十二届中华慈善奖等 20 余项荣誉。

在乡村，从脱贫攻坚到乡村振兴阶段，在 6 省 14 县（市）援建千所"传化·安心卫生室"，服务村民 180 万人，新时期围绕"助医扶医"与"村民健康"两条主线，形成"建室、助医、扶医"模式，联合清华大学出版《中国乡村医生：职业生涯与群体肖像》，筑牢乡村振兴健康发展根基；深耕乡村振兴领域，以政企村农合力、"产业 + 公益"模式，形成民营企业投身乡村振兴新路径，聚焦"乡村社会事业"和"乡村产业"两大议题，培育村级公益基金会，搭建慈善大棚造血式新型慈善扶困模式，提升乡村治理水平和乡村发展内生动力。同时，在浙江山区 26 县以及对口帮扶四川等地，实施"传化·农创帮扶"计划，助力乡村产业振兴。在路上，围绕产业细分领域提供解决方案，创建全国首个服务卡车司机的"传化·安心驿站"，通过"互联网 + 社区运营 + 公益"模式，研究出版"中国卡车司机调查报告"系列丛书，支持卡车司机互助和社会融入，已组建 308 个县（市）级安心驿站，服务卡车司机 7 万人，影响 50 万人。在社区，根据社区发展痛点，以"根植社区，助人自助"为使命，围绕助学助困、尊老扶幼、联乡结村、救灾赈灾、外来务工人员关爱等"六助一赈"，解决社区发展难题，共实施公益项目 92 个，服务 24520 人次。

走向未来，浙江传化慈善基金会将持续紧密结合国家战略，有效呼应时代发展的重大命题和解决民生发展中的新问题，充分利用企业的产业优势，充分运用专业的公益力量，打造乡村振兴的"传化样板"，致力成为民营企业社会责任的教科书。

浙江财通资管公益基金会

浙江财通资管公益基金会（以下简称"基金会"）成立于 2017 年 9 月，2020 年获评 4A 级社会组织。基金会始终将公益慈善视为国企担当与社会进步的桥梁，紧密融入国家高质量发展的宏伟蓝图之中，以非凡的社会责任感为驱动，不断探索公益创新之路，书写慈善事业新篇章。

截至 2023 年底，基金会累计筹款 1071 万元、累计捐赠约 670 万元，成功实施了 28

个精心策划的公益项目。从四川剑阁到甘肃张掖，从新疆阿克苏到青海果洛，再到上海以及浙江省内的多个城市，基金会以爱之名，遍撒温暖之种。公益项目广泛覆盖儿童健康保障、教育均衡发展、疫情防控支持、乡村振兴战略及浙江省山区 26 县特色发展等重大战略部署。基金会始终与时代同频共振，精准对接社会需求，用实际行动诠释"大爱无疆"的公益精神，践行"第三次分配"的社会责任，为构建更加公平、正义、繁荣的中国式现代化贡献力量。

尤为值得一提的是，在助力乡村振兴的征途中，基金会创新性地打造了"财通资管农场"模式，以遂昌县蔡源乡永兴村为试点，4 年间累计投入超 300 万元，通过完善基础设施、引进先进技术、优化茶园管理模式、新建村集体茶厂及拍摄茶主题微电影等举措，不仅显著提升了当地茶产业的竞争力，还成功构建了涵盖农场、工坊、品牌、引智的全方位帮扶体系，助力永兴村实现集体经济薄弱村的华丽蜕变。农场的建设成果得到了社会和上级单位的广泛认可，并在 2023 年度金融界"金智奖""金禧奖"评选活动中，荣获"杰出乡村振兴典范奖"和"年度卓越社会责任企业奖"等企业履行社会责任领域的重磅奖项。

展望未来，浙江财通资管公益基金会将继续秉持初心使命，深化公益慈善实践，为推动我国慈善事业高质量发展贡献更多金融国企力量。

浙江中国美术学院教育基金会

浙江中国美术学院教育基金会（以下简称"基金会"）成立于 2014 年 11 月，是经省民政厅登记注册，从事艺术高等教育公益事业的非公募基金会，2023 年获评 4A 级社会组织。

基金会紧紧围绕"服务中国美术学院战略，坚持科艺融合，加快推进创建世界一流大学步伐"的总体目标，锐意进取，团结协作，通过设立学生奖助学金、教师奖励基金、讲席教授基金、创新创业基金、学术科研资助基金、基础设施建设基金等，为学校事业发展的各个领域提供有力资金支持，成为中国美术学院事业发展的重要推动力量。

基金会坚持中国共产党的全面领导，始终秉持"汇八方涓流、襄教育伟业，全面支持和推动艺术高等教育的长远建设和发展，为国家造就更多、更优秀的栋梁之材"的宗旨，多渠道筹集资金，助力中国美术学院"双一流"建设。基金会内部治理结构完善，理事会为决策机构，监事有效行使监督权。在学校党委的坚强领导下，聚焦规范提升，加强风险防范，积极参与清廉社会组织建设。基金会成立以来得到了广大校友和社会各界的大力支持，呈现喜人发展态势，制度建设、项目管理、信息公开、监督机制等方面日趋完善。捐赠收入稳步增长，截至 2023 年末，累计接受捐赠达 7148.57 万元，累计用于支持学校建设和教育事业发展相关公益支出约 2137.39 万元。

基金会充分发挥艺术教育特色，展现社会担当。以"视觉艺术东方学"为基础，持续活化中国优秀传统，传承创新东方文化，构筑引领中国、影响世界的中国文化传播体系，支持中国美术学院学者开展面向社会的艺术普及和文化传播活动，如支持开展"中国美术学院美术馆场馆建设与展览、社会美育、学术传播"等项目。

面向未来，浙江中国美院教育基金会牢记中国美术学院使命、践行基金会宗旨，不断优化组织结构与运行机制，提升综合能力，扩大社会合作，充分发挥桥梁与纽带作用，积极吸纳社会捐赠，参与收入三次分配，助推浙江经济社会发展，为艺术教育事业高质量发展和中国式现代化精神文明建设作出积极贡献。

浙江省法律援助基金会

浙江省法律援助基金会（以下简称"基金会"）根植于浙江深厚的慈善文化和对法治精神的不懈追求，自 2018 年成立以来，致力于保障经济困难公民获得必要的法律帮助，努力维护当事人的合法权益，促进司法公正和社会公平正义，推动浙江法律援助事业高质量发展。

从生根发芽到如今枝繁叶茂，基金会始终坚持以人民为中心，心怀大爱、矢志不渝，将满腔热情投身于法律援助事业，不断加强资金的筹集和管理，积极招募和整合人才资源，广泛开展志愿服务活动，行动遍布浙江省偏远山区和海岛，为广大寻求法律援助的群众撑起一片法治的蓝天，得到了服务地党委、政府的充分肯定和社会各界的高度认可，取得了良好的政治效果、社会效果、法律效果。2021 年，基金会被省民政厅评为 5A 级社会组织。

法律援助，温暖人心。基金会以项目化为抓手，着力打造了一批具有影响力的法律援助品牌项目。2018年，基金会联合省法律援助中心、厅律师工作处和省律师协会，启动"浙江律师法律援助志愿服务行动"。该行动每年选拔热心公益的律师志愿者，派驻法律资源不足的山区海岛县开展为期一年的志愿服务。志愿律师们不畏艰苦、进村入户、上山下海，为弱势群体合法权益保护、营商环境打造和法治社会建设贡献自己的法律智慧。截至2023年底，5批次行动共会聚116人次志愿律师，为群众提供法律咨询4.6万余人次，办理法律援助案件4700余件，调解矛盾纠纷930余起。此外，基金会还打造了法律服务进革命老区等项目、在押服刑人员申诉案件项目等行业品牌，让更多群体沐浴法律光芒、感受法律温暖。

风正潮平，自当扬帆破浪。浙江省法律援助基金会将积极携手社会各界，不断创新服务方式，拓宽援助领域，提升援助效能，守护每一个需要帮助的群众，让希望在法治的护航下，绽放出最耀眼的光芒。

浙江蚂蚁公益基金会

浙江蚂蚁公益基金会（以下简称"基金会"）是由蚂蚁科技集团股份有限公司（以下简称"蚂蚁集团"）于2019年发起成立的非公募基金会。怀揣着"为世界带来微小而美好的改变"的愿景，致力于推动技术创新解决社会问题，为世界带来更多普惠和发展机会。基金会重点关注数字普惠与包容、乡村振兴、应急救灾、社区发展和探索与创新等方向。截至2023年底，已在32个省份、98个国家乡村振兴重点县落地项目，累计捐赠9.98亿元。基金会先后获得中华慈善奖、优秀慈善组织、5A级社会组织等荣誉。

本着"普惠"初心，基金会系列公益行动关注女性、老年人、残疾人等多元群体的发展，为他们带来更多安全感、成就感和幸福感。基金会联合蚂蚁集团发起"数字木兰"系列计划，在基础保障、创就业支持、多元发展等层面支持女性发展。截至2023年底，该计划通过"加油木兰"项目累计已为欠发达地区困难女性免费送出460万份公益保险；支持在欠发达县域建立了17个数字就业中心，帮助超1.5万名乡村女性获得新型职业技能培训及数字就业岗位；"十年十亿"项目除了支持中国女足，还支持了70支乡村校园女足球队。

基金会发起"蓝马甲行动"，通过"技术＋服务"模式帮助老人解决智能手机"不敢用、不会用"难题，助力弥合数字鸿沟，普及反诈知识、医疗健康常识，让老人乐享数字生活。截至 2023 年底，活动已覆盖 26 个省份，服务超 144 万人次的老人。

基金会围绕产业振兴、人才振兴、生态振兴、公益防返贫四个方向，联合各方力量共同响应国家乡村振兴战略，探索以县域为单位的整县合作帮扶示范点。截至 2023 年底，"百县百品助农行动"已支持 296 个全国脱贫县的 1400 余个农产品品牌打造，促进产业振兴。

基金会通过"寻光计划"系列项目，支持杭州动物园完成无障碍改造；联合支付宝打造数字化平台，带动市民广泛参与，推动修复了 1027 个盲道点位；支持搭建线上急救知识平台，带动 5544 名市民成为急救志愿者，超过 54 万人在线学习急救知识。与杭州市红十字会合作，为城乡社区和公共场所布设 AED（自动体外除颤器），开展应急救护培训。

未来，基金会将继续秉承初心，坚持长期主义，在技术创新下推动社会的多元平等包容和可持续发展，将与所有公益伙伴共同努力，继续为世界带来更多微小而美好的改变。

浙江省之江发展基金会

浙江省之江发展基金会（以下简称"基金会"）是经浙江省民政厅批准，于 2020 年 5 月 6 日注册成立的非公募基金会，业务主管单位为之江实验室。基金会秉承向善向美、共生共荣的价值观，用社会的力量、用非营利性的方式，汇聚社会公益慈善资源和力量，积极探索科技型特色基金会的发展路径，全面支持和推动之江实验室的建设，助力前沿技术研究及引领创新产业发展；践行有温度的科技，通过科技赋能社会，惠及民生。成立至 2023 年底，基金会共接受现金捐赠 3398.82 万元，同时还接受 4 家企业的股权捐赠；项目支出 998.03 万元。2023 年获评 4A 级社会组织。

基金会以支持和助推之江实验室的建设与发展为目标，积极拓宽筹资渠道，连接社会资源，探索大合作、多元化的捐赠模式，引导社会资本投入基础研究，助力之江实验室高质量发展和打造国家战略科技力量。积极探索现金捐赠、实物捐赠、"科技+公益"股权捐赠等多种路径，多元捐赠模式已初具雏形。股权捐赠模式引领更多企业和金融资源进入公益慈善领域，推动行业创新，共同履行社会责任。

围绕科技型基金会的特征，之江发展基金会设立了科研发展、人才建设、专项活动、社会协作和之江发展五大项目体系。聚焦之江实验室新一轮高质量发展规划，围绕实验室"1397"战略任务，坚持"一切服务于科研"与"科技向善"的理念，基金会希望凝聚多元社会力量，全力支持之江实验室的发展和科技创新，并通过科技赋能社会。科研发展旨在连接社会资源支持实验室重大前沿科研任务，助力打造开放创新、具有之江特色的创新生态。科技创新的根本在人才，人才建设支持引进高水平科研人才、建立自主培养体系和激励人才创新研究。专项活动主要支持实验室各类学术交流活动，搭建开放科学的生态平台，推动学界、产业和资本相互交流与融合。社会协作聚焦科普教育活动，积极承担社会责任，传递科学知识、弘扬科学精神。之江发展聚焦之江实验室可持续发展，创建"政产学研用"为一体，开放共享、共生共荣的之江生态体系。

展望未来，浙江省之江发展基金会将按照"锚定五年、谋准三年、扎实干好每一年"的思路，坚持以公益之心、点亮科技之光的初心，逐步将基金会打造成资源集聚突出、项目特色鲜明、品牌影响广泛、治理规范有效、具有社会公信力的5A级社会组织。

浙江九阳公益基金会

1994年，九阳股份有限公司（以下简称"九阳"）发明了世界上第一台全自动豆浆机，开创了九阳的健康事业，九阳蓬勃发展的30年也是"九阳公益"发展的30年。

创业初期开展捐资助学，改善教学设施，资助乡村大学生上学；倾心家乡建设，修建漫水桥、永泉井，解决村民生产生活实际困难。2008年，设立2000万教育慈善基金，专项用于教育事业。2010年，面对农村地区学生营养亟待提升的社会问题，立足企业在厨房领域的专业优势，九阳联合希望工程、公益媒体、营养专家探讨农村学生营养问题解决之道，设立5000万元希望基金，项目式运作九阳公益厨房项目。

2020年，随着脱贫攻坚战的全面胜利及乡村振兴战略的全面开启，九阳及其创始人团队发起设立"九阳公益基金会"（以下简称"基金会"），基金会持续聚焦"健康"和"教育"，以"凝聚善的力量，健康创造美好生活"为宗旨，开展乡村振兴、扶贫济困、助医助残、奖学助学、扶老救孤、救灾赈灾等公益慈善事业，形成九阳公益厨房、九阳食育工坊、向阳而生等核心品牌公益项目。

在云贵深山，在青藏高原，在新疆、甘肃、四川等全国28个省区市近260个县筑起超1600所九阳公益厨房，以三餐四季，守护60余万中国少年健康成长。300所九阳食育工坊，铸就每一个孩子拥有维护终身健康的能力，让他们悦享健康生活。

基金会成立以来，高度重视规范治理及工作标准化建设，2023年首次参评即获得了5A级社会组织称号，连续两年获得"基金会透明度指数"满分评价，公益厨房项目荣获第七届浙江慈善奖。

从一次次微小的善举到无尽的温暖传递，从创始团队的善念到一群九阳人的实际行动，在无数次满怀善意的前行中，九阳公益日益成长，释放一点点温暖的光芒，交织出一片灿烂的星河，守护这片大地上的微小梦想，也与时代携手，共筑伟大中国梦。

附 录

历届"浙江慈善奖"获奖名单

2006 年"浙江慈善奖"获奖名单

（排名不分先后）

一、个人奖（共 50 个）

"我想" 匿名捐赠者

包金英 松阳天工钼业有限公司

边建光 天洁集团有限公司

曹荣安 金华市退休职工

陈建成 卧龙控股集团有限公司

陈振华 浙江大华集团

邓洪如 温州市鹿城区黎一村

方光明 浙江江海利控股集团有限公司

冯根生 中国青春宝创业集团有限公司

傅国定 浙江金鹰股份有限公司

高天乐 天正集团有限公司

葛南尧 浙江乐天集团有限公司

龚大金 浙江金萨克服饰皮具有限公司

何银香 浙江金华永兴工具有限公司

胡长源 宁波兴业电子铜带有限公司

黄 斌 宁波市军分区干休所

黄善年 上海舟基（集团）有限公司

蒋敏德 杭州未来食品有限公司

李大鹏 浙江康莱特集团

励顺良 慈溪天东胶粘剂有限公司

梁　岳　台胞

楼国营　浙江省义乌稠江第一小学

楼忠福　广厦控股创业投资有限公司

吕月眉　浙江飞月进出口有限公司

罗雪华　椒江水晶厂下岗职工

毛利生　衢州市房地产管理处

茅理翔　宁波方太厨具有限公司

倪鹏富　人行台州中心支行

潘阿祥　浙江振兴阿祥集团

戚金兴　滨江房产集团有限公司

邱兴祝　宁波浙东建材集团有限公司

沈国平　湖州大港绒布织造有限公司

孙巧玲　浙江省残疾人艺术团

屠旭峰　余姚市日用工艺制品厂

王白浪　凯恩集团有限公司

王　迪　华迪钢业集团有限公司

王海斌　浙江永跃海运有限公司

王水福　西子联合控股有限公司

王振滔　奥康集团有限公司

吴良定　浙江中宝系企业集团

夏士林　升华集团控股有限公司

项道铨　爱华控股集团有限公司

徐爱娟　绍兴双保路桥工程建设有限公司

余碎斌　浙江华滨包装材料有限公司

余新建　柯城区万田乡余家山头村

詹耀良　临海耀达商场

张祥林　浙江平湖华城集团

章海燕　温州百一超市有限公司

周夏龙　玉宏房地产集团有限公司

朱贵法　嘉兴中华化工有限责任公司

二、机构奖（共 30 个）

宝业集团股份有限公司

德力西集团有限公司

方远建设集团

海亮集团有限公司

杭钢集团公司

杭州市口腔医院有限公司

杭州娃哈哈集团有限公司

湖州市残联

金华电业局

金洲集团有限公司

开元旅业集团有限公司

康恩贝集团有限公司

纳爱斯集团有限公司

宁波大发化纤有限公司

宁波市慈善总会

宁波雅戈尔集团

衢州零零壹电器有限公司

瑞安市慈善总会

上海银润投资有限公司（温岭市）

台州市佛教协会护法慈善功德会

浙江卡森实业有限公司

浙江龙盛集团股份有限公司

浙江普农家电有限公司

浙江省清华学子总裁经济合作发展促进会

浙江省烟草公司杭州余杭区分公司

浙江省烟草公司金华市公司

浙江中烟工业公司

中国联通浙江分公司

中信银行杭州分行

舟山市黎明气门锁片制造有限公司

三、项目奖（共 20 个）

"慈善关爱送万家"助困系列活动（湖州市慈善总会）

"情系楠溪，圆梦大学"慈善助学活动（永嘉县慈善总会）

困难劳模专项补助（救助）资金项目（舟山市慈善总会）

百名特困孤儿健康成长跟踪救助活动（温州市叶康松慈善基金会）

残疾人"助行工程"（浙江省残疾人福利基金会）

慈善安居工程（象山县慈善总会）

慈善年夜饭活动（全省慈善机构）

东方慈善超市项目（衢州东方商厦有限公司）

杭州市"春风行动"（杭州市总工会）

嘉烟助学活动（省烟草公司嘉兴分公司）

老年宫项目（兰溪市慈善总会）

慈善医院项目（宁波市华慈医院）

贫困生社会结对助学活动（温州市慈善总会）

绍兴市慈善助学项目（绍兴市各级慈善总会）

省建设系统援建苍南灾区临时安置房项目（省建设投资集团等 5 家单位）

台州市慈善总会医疗救助中心项目（台州市慈善总会）

台州义工（活动）（台州市慈善总会义工分会）

下城区"春风常驻"活动（杭州市下城区慈善总会）

浙江省希望工程助学进城计划（浙江省青少年发展基金会）

浙江正达青少年事业发展资金项目（丽水市团市委、正达公司）

2008年"浙江慈善奖"获奖名单

（排名不分先后）

一、个人奖（共 50 个）

陈能森	浙江正特集团有限公司
姚虞坚	浙江秋水伊人服饰有限公司
徐　莉	杭州市交通职业高级中学
孙云球	浙江登峰交通集团有限公司
罗金虎	杭州广大房地产有限公司
陆泽华	浙江太平洋房产开发有限公司
马建荣	宁波申洲针织有限公司
张忠良	浙江中兴精密工业股份有限公司
李爱良	宁波伊司达洁具有限公司
叶志金	浙江和泰包装有限公司
周绍文	温州市粮食局
吴志泽	报喜鸟集团有限公司
诸建勇	温州金帝鞋业有限公司
李光裕	平湖市光大新型墙材有限公司
唐绍福	嘉兴市富林化纤有限公司
潘阿祥	浙江振兴阿祥集团有限公司
俞锦方	金洲集团有限公司
朱建德	富鸿集团有限公司
沈树泉	湖州建业不锈钢有限公司
叶利明	浙江盛洋电缆有限公司
胡柏藩	浙江新和成股份有限公司
金　耀	巴贝集团有限公司
吕小奎	浙江海越股份有限公司
倪　捷	浙江绿源电动车有限公司
章小华	红狮控股集团有限公司
曹立新	永康市千足房产开发有限公司

虞新云　浙江新光希宝置业有限公司

谢敏瑶　龙游华茂中学

姜林祥　浙江省衢州市衢江区佳意实业有限公司

徐桂生　浙江省义乌市百颖贸易有限公司

金景全　深圳市赢家服饰有限公司

陆国伟　舟山纳海油污水处理有限公司

周建娜　岱山县宝发水产有限公司

俞黎明　浙江黎明发动机零部件有限公司

周亚国　舟山市鑫亚船舶修造有限公司

陈保华　浙江华海药业有限公司

陈财聪　浙江豪成房地产有限公司

杨天瑶　台州华天工业有限公司

李美秀　仙居县动力广告装潢有限公司

王岳诚　浙江金龙房地产投资集团

王泽厚　浙江金桥华府房地产开发有限公司

叶如平　浙江万地房产投资集团

胡金高　浙江金威实业有限公司

吴山明　中国美术学院

周虞康　浙江滨江集团

来永祥　《今日早报》

邓　丹　浙江电视台民生休闲频道

张益山　浙江中烟工业有限责任公司

谭丽娟　浙江省合唱协会

杜建平　金华市金东区残疾人劳服站

二、机构奖（共 33 个）

浙江杭州鑫富药业股份有限公司

浙江国都房产集团有限公司

浙江新安化工集团股份有限公司

宁波银亿集团有限公司

宁波市博洋纺织有限公司

宁波申洲针织有限公司

华峰集团有限公司

温州市龙湾永强供电公司

华仪电器集团有限公司

巨石集团有限公司

天通控股股份有限公司

永兴特种不锈钢股份有限公司

美欣达集团有限公司

浙江闰土股份有限公司

浙江中成控股集团有限公司

恒昌集团有限公司

浙江中国小商品城集团股份有限公司

龙游县房地产协会

捷马化工股份有限公司

舟山市电力公司

舟山世纪太平洋化工有限公司

悦华敬老基金

浙江华坤教育基金会

浙江凯恩集团有限公司

浙江青山钢铁有限公司

宁波海洋纺织品有限公司

万向集团公司

华润雪花啤酒浙江股份有限公司

胡庆余堂国药号有限公司

浙江物产集团

金都房产集团有限公司

杭州钢铁集团公司

中国移动通信集团浙江有限公司

三、项目奖（共 22 个）
杭州市上城区"零贫困家庭"工程（杭州市上城区民政局、杭州市上城区慈善总会）

杭州市外来务工人员子女意外伤害慈善救助（杭州市慈善总会）

慈善童心（宁波市慈善总会）

"同一片蓝天"工程（宁波市鄞州区慈善总会）

幸福一家（瑞安市慈善总会）

中城慈善助学基金（温州中城建设集团有限公司、温州市瓯海区慈善总会）

"海利中小学生爱心午餐"工程（海盐县慈善总会）

"造血型"救助（嘉兴市慈善总会、嘉兴市秀洲区慈善总会）

慈善助孤（长兴县慈善总会）

绍兴县冠名基金慈善助学项目（绍兴县慈善总会）

慈善冠名救助基金（绍兴市慈善总会）

义乌市现代房产慈善助学（义乌市民政局）

慈善爱心血透视（衢州市慈善总会）

大病医疗救助（舟山市慈善总会）

台州市慈善总会"爱心彩电、欢乐奥运"（台州市民政局、台州市慈善总会）

黄岩西部公益事业慈善资助项目（台州市黄岩区慈善总会）

200 万元助学、助残、助老党员基金（浙江扬帆·寿尔福化学有限公司）

爱心助成才，共圆大学梦——浙江省"希望工程圆梦大学"助学行动（浙江省青少年发展基金会）

"爱心彩电·欢乐奥运"项目（浙江省慈善总会）

"兴业慈善基金"助老项目（浙江省慈善总会）

造血干细胞捐献（浙江省造血干细胞捐献者资料库）

安童博爱救助基金〔安利（中国）日用品有限公司杭州分公司〕

第三届"浙江慈善奖"获奖名单

（排名不分先后）

一、个人奖（共50个）

丁　毅　　浙江诺力机械股份有限公司总裁

包立根　　浙江民心生态科技有限公司总经理

王利平　　浙江广博集团董事长

王国光　　旅法华侨

王苗通　　浙江华通控股集团有限公司董事长

史利英　　宁波培罗成集团有限公司原董事长

华　囡　　匿名捐赠者

冯亚丽　　海亮集团有限公司董事长

毕伟国　　宁波伟立投资集团有限公司董事长

朱昌帮　　临海市军队离退休干部休养所退休干部

孙尚见　　金华艾克医院院长

陈小华　　兰溪市马涧镇马三村党支部书记

陈伟兴　　上海晟地集团有限公司董事长

陈国云　　宁波市江北区永发运输公司董事长

陈国祥　　祥生实业集团有限公司董事长

陈建铭　　上海三盛宏业投资（集团）有限责任公司董事长

李文杰　　龙游县金秋园时尚餐厅总经理

李成义　　仙居县政协原主席

李春波　　浙江医药股份有限公司董事长

张加勇　　浙江永艺家具有限公司董事长

张　潇　　浙江省浦江县万博有限公司董事长

吴　扬　　湖州欧美化学有限公司董事长

吴良定　　浙江中宝（系）企业集团董事长

吴冠中　　已故著名画家

郑以焕　　杭州三杭蒙特费罗电梯部件有限公司董事长

郑康余　　温州市鞋材商会副会长

罗邦鹏　海翔药业股份有限公司原董事长

宗庆后　杭州娃哈哈集团有限公司董事长兼总经理

周绍文　温州市粮食局退休干部

林秀蓉　金华市精工工具制造有限公司董事长

林建勤　丽水市华侨开元名都大酒店副董事长

林　萍　太平洋寿险镇海分公司职工

单建明　美欣达集团有限公司董事长

赵其法　浙江中法投资股份有限公司董事长兼总经理

庞宝根　宝业集团股份有限公司董事长

祝浩泉　四季青服装集团有限公司党委书记兼董事长

金海峰　开化县大酒店董事长

费建明　达利（中国）有限公司董事长兼总裁

洪　俊　子墨集团总裁

姚岳良　浙江鸿翔建设集团有限公司董事长兼总裁

陶卫忠　浙江大树置业股份有限公司董事长

徐天松　杭州桐庐尖端内窥镜有限公司董事长

徐建初　金马控股集团有限公司董事长

高兴江　永兴特种不锈钢股份有限公司总经理

高克火　玉环县汽车配件实业有限公司董事长

袁国义　浙江恒大建设集团有限公司党委书记兼董事长

翁银巧　浙江康尔达新材料股份有限公司董事长

黄东海　杭州中顺房地产开发有限公司董事长

蔡清东　浙江东明不锈钢制品股份有限公司董事长

潘亚敏　浙江金昌房地产集团有限公司董事长

二、机构奖（共 30 个）

杭州市下城区新社会阶层代表人士联谊会

杭州兴耀控股集团有限公司

金富春集团有限公司

浙江大华集团

宁波乐金甬兴化工有限公司

奥克斯集团有限公司

温州华富投资管理有限公司

青山控股集团有限公司

温州金州集团

雨田集团有限公司

杭州旺旺食品有限公司温州分公司

桐乡市世贸中心

桐昆集团股份有限公司

海宁蒙努集团有限公司

浙江振兴阿祥集团有限公司

绍兴银行股份有限公司

浙江越红控股集团有限公司

浙江金盾控股集团有限公司

浙江三美化工股份有限公司

众泰控股集团有限公司

浙江广和房地产开发有限公司

普陀山佛教协会

台州曙光医院

香溢集团有限公司

中国新海薄板有限公司

上海中九投资（集团）有限公司

杭州市唯一织造厂

浙江省交通投资集团有限公司

嘉凯城集团股份有限公司

万向集团公司

三、项目奖（共20个）

杭州余杭慈善"夕阳红"工程（杭州市余杭区慈善总会）

"建德市中医院慈善救助"项目（浙江大佳控股集团有限公司、建德市慈善总会）

宁波"造血干细胞捐献"项目（宁波市红十字会）

温州"爱心温州慈善启明工程"项目（温州市慈善总会等六个单位）

嘉兴"佳源慈善医疗进万家"项目（浙江佳源房地产集团有限公司）

嘉善"关爱尿毒症血透患者"项目（嘉善县慈善总会）

湖州"贫困少儿先天性心脏病救治"项目（湖州市慈善总会）

嵊州"慈善圆你大学梦"项目（嵊州市慈善总会）

金华"慈善血透"项目（金华市慈善总会、金华市中医院）

舟山"祥生集团·关爱孤儿成长"项目（舟山市慈善总会）

舟山"关爱贫困尿毒症患者生命"项目（舟山市慈善总会）

台州椒江"有心有爱"贫困心脏病患者救助项目（台州市椒江区慈善总会等三个单位）

"春天的问候"项目（浙江省见义勇为基金会）

"捡回珍珠计划"（浙江省新华爱心教育基金会）

宁波"帮困献爱心、共度欢乐年"项目（宁波市总工会、宁波市贸易局）

宁波"爱心报卡"项目（宁波市总工会等三个单位）

浙江希望小学发展计划项目（浙江省青少年发展基金会）

浙江省"康恩贝自强奖学金"（浙江省残疾人福利基金会）

"红十字博爱送万家"项目（浙江省红十字会）

"阳光课堂"项目（浙江省慈善总会）

四、志愿服务奖（共20个）

许兆祥　嘉兴学院退休教师

刘　青　三门县税务局科员

庄松良　宁波市癌症康复协会会长

何　亮　绍兴市电机厂退休工人

郑世明　宁波市鄞州区古林舒明地板厂厂长

龚学明　蓝天下爱心工作室发起人

曾国团　洞头县档案局业务科科长

杭州楼外楼实业有限公司志愿者服务队

宁波市志愿者协会

瓯海慈善义诊列车

瑞安市慈善总会义工分会

海盐县慈善总会农技义工服务队

绍兴市志愿者协会

义乌爱心公社

磐安县志愿者协会

常山县慈善总会阳光义工队

舟山市慈善总会义工分会

舟山群岛渔农民流动医院

台州市路桥区慈善总会义工分会医疗服务队

浙江省红十字爱心名媛俱乐部

五、提名奖（共34个）

（一）个人

孙妙川　浙江置业房产集团有限公司董事长

陈方华　浙江华兴集团有限公司董事长

陈文葆　合兴集团有限公司董事长

邵　平　温州市邵氏口腔医院名誉院长

应仲树　仪邦集团有限公司董事局主席

沈　良　衢州健立石油制品有限公司董事长

张毓强　巨石集团有限公司董事长兼总裁

周志江　浙江久立集团股份有限公司董事长

郑承烈　浙江双枪竹木有限公司总经理

林福仁　杭州市退休职工

符和根　浙江富山纺织有限公司董事长

（二）机构

宁波银行股份有限公司

慈溪市城市发展有限公司

浙江大东吴集团有限公司

龙游县金龙纸业有限公司

舟基（集团）有限公司

浙江仙琚制药股份有限公司

临海市农村信用合作联社

（三）项目

淳安"慈善一日捐"项目（淳安县慈善总会）

宁波市江北区"百村慈善帮扶基金"工程（宁波市江北区慈善总会）

宁波"万人助学"项目（宁波市扶贫办）

温州"森马万客丰瓯柑扶贫基地"项目（温州森马集团有限公司）

湖州"捐资助学"项目（浙北大厦有限责任公司）

绍兴"冬日暖阳"行动（绍兴市慈善总会）

衢州市温州商会慈善助学项目（衢州市温州商会）

台州"迎祖国60华诞·送温暖情满台州"慈善项目（台州市慈善总会等）

台州黄岩"慈善医疗门诊部"项目（台州市黄岩区慈善总会）

温岭"尿毒症患者援助"项目（温岭市慈善总会）

丽水"浙江闽锋青年就业创业培育基金"项目（浙江闽锋化学有限公司）

（四）志愿服务

王　建　万向集团公司慈善工作负责人

朱存跃　舟山市正源标准件有限公司计划预算中心副主任

汪　峰　衢州市章鱼网电子商务有限公司总经理

尚贞涛　杭州易沙网络科技有限公司总监

杭州市拱墅区大塘巷社区志愿服务站

第四届"浙江慈善奖"获奖名单

（排名不分先后）

一、个人捐赠奖（共30个）

曹其镛　香港永新企业有限公司副董事长

陈爱莲　万丰奥特控股集团有限公司董事长

陈国祥　祥生实业集团有限公司董事长

储吉旺　宁波如意股份有限公司董事长

杜国强　宁波大发化纤有限公司总经理

黄长顺　温州市华顺房地产开发有限公司董事长

李达三　声宝—乐声（香港）有限公司董事会主席

李作虎　虎豪集团有限公司总裁

廖春荣　上海银润控股（集团）有限公司董事长

林垂午　平阳县善旺农业开发有限公司董事长

鲁家贤　奥中友协副会长（旅居奥地利华侨）

陆凤林　汇宇控股集团有限公司董事长

潘国平　安吉丰陵燃气有限公司董事长兼总经理

钱峰雷　环球国际控股（香港）有限公司董事长

邱光和　森马集团有限公司董事长

孙禄仁　永康市总工会离休干部

王　蓓　宁波丘盛服饰有限公司董事长

王伟明　深圳市鑫灏源电子科技实业有限公司董事长

王轶磊　广宇集团股份有限公司董事长

王振滔　浙江奥康鞋业股份有限公司董事长兼总裁

徐爱娟　浙江天宇交通建设集团有限公司副董事长

徐宪德　甘肃省金长城矿业有限公司董事长

杨以勇　巨桑控股集团股份有限公司董事长

姚新义　盾安控股集团有限公司董事长

虞一杰　兴乐集团有限公司原董事长

章鹏飞　现代联合控股集团有限公司董事长

郑超豪　瑞安市委党校常务副校长

"淡淡一笑"　仙居县匿名爱心夫妇

"天天捐"　嘉兴市匿名爱心人士

"张任和"　象山县匿名爱心人士

二、机构捐赠奖（共 26 个）

奥克斯集团有限公司

报喜鸟集团有限公司

道富信息科技（浙江）有限公司

得力集团有限公司

杭州宏胜饮料集团有限公司

康恩贝集团有限公司

宁波方太厨具有限公司

宁波滕头集团有限公司

圣奥集团有限公司

新亚控股集团有限公司

永兴特种不锈钢股份有限公司

玉环汽车配件实业有限公司

浙江德清农村商业银行股份有限公司

浙江金昌房地产集团有限公司

浙江巨人控股有限公司

浙江龙盛集团股份有限公司

浙江梦娜袜业股份有限公司

浙江三和控股集团有限公司

浙江省能源集团有限公司

浙江医药股份有限公司

浙江越红控股集团有限公司

浙江振兴阿祥集团有限公司

浙江中成控股集团有限公司

正泰集团股份有限公司

蜘蛛王集团有限公司

中天发展控股集团有限公司

三、慈善项目奖（共 30 个）

"爱心公益行"互助帮扶工程（湖州市爱心公益行服务站）

爱心温州·贫困血友病治疗救助项目（温州市人民医院）

"爱心助成才　共圆大学梦"资助贫困生上大学项目（瑞安市红十字会）

爱馨大课堂——心智障碍青少年康复训练项目（杭州市上城区爱馨互助会）

"爱在后备厢——圆梦"助学项目（浙江省阳光教育基金会等）

慈善资助农村居家养老服务站项目（富阳市慈善总会）

"滴水未来班"小义工培育项目（富阳市滴水公益关心下一代工作委员会）

海盐"造血型"生产扶贫救助项目（海盐县慈善总会）

红十字应急救护培训项目（浙江省红十字会）

《湖州晚报》"一周一心愿"栏目（湖州晚报社）

金华市慈善光明工程（金华眼科医院）

老友助老志愿服务项目（宁波市镇海区招宝山街道慈善义工大队）

鹿城援助社区居家养老服务照料中心项目（温州市鹿城区慈善总会）

"让流动花朵美丽绽放"慈善援助项目（温岭市慈善总会）

人体器官捐献项目（浙江省人体器官捐献办公室）

"尚善基金"贫困妇女儿童帮扶项目（浙江省妇女儿童基金会）

"四季沐歌"慈善救助项目（绍兴市慈善总会）

桐乡村级帮扶基金项目（桐乡市慈善总会）

万村慈善帮扶基金工程（浙江省慈善总会）

网络爱心互助平台（金华市慈善总会施乐会）

未成年人重大病救助项目（宁波市北仑区慈善总会）

"温暖囡子家，照亮新生路"项目（浙江省阳光教育基金会）

"阳光·微笑伴我行"轮椅捐赠项目（浙江省残疾人福利基金会）

义乌血液病慈善救助项目（义乌市慈善总会）

鄞州慈善扶贫产业基地救助项目（宁波市鄞州区慈善总会）

"用你的爱心，温暖老区孩子"关爱活动（绍兴市关心下一代工作委员会）

浙江儿童白血病救助项目（杭州市慈善总会）

浙江青少年医疗救助项目（浙江省青少年发展基金会）

中兴"百岁荣誉金"项目（浙江中兴精密工业有限公司）

助医绿色通道项目（杭州市拱墅区慈善总会）

四、志愿服务奖（共 20 个）

董国光　绍兴市居民

董　平　宁波大学附属医院医生

何美蓉　奉化城管义工协会副会长

胡　芳　兰溪市供电公司职工

王婉贞　岱山县阳光敬老义工队队长

章杏英　浙江省血液中心献血服务部部长

安吉县慈善总会滴水公益义工分会

杭州青年公益社会组织服务中心

杭州市慈善总会杭州网义工分会

杭州市萧山区阳光爱心志愿服务总队

湖州市中心医院南丁格尔志愿护理服务队

乐清市三角洲救援服务中心

宁波市江东区红蚂蚁助老志愿服务总队

平湖市志愿者爱心联盟

温岭市慈善总会义工分会

温州"红日亭"爱心老人

余姚市志愿者协会

云和县老李帮忙团服务中心

浙江工业大学绿色环保协会

中国狮子联会浙江管理委员会衢州南孔服务队

五、慈善工作奖（共 10 个）

金钦治　苍南县慈善总会金乡分会会长

马　琛　杭州市下城区康乃馨儿童康复中心主任

陶旭明　义乌市外来农民工法律援助工作站负责人

杨建南　永嘉县慈善总会义工分会会长

湖州《阿奇讲事体》栏目团队

普陀山佛教协会

衢州市助老助残助学爱心协会

温岭市慈善总会

温州雪君工作室

浙江省慈善总会

第五届"浙江慈善奖"获奖名单

（排名不分先后）

一、个人捐赠奖（共 30 个）

陈保华　浙江华海药业股份有限公司总经理

陈　刚　杭州科地资本集团有限公司董事长

陈国祥　祥生实业集团董事长

陈觉因　苍南县金乡镇居民

程在良　嘉兴港区乍浦派出所社区民警

丁武杰　卓尚服饰（杭州）有限公司董事长

范文超　浙鑫投资集团有限公司董事长

方海明　宁波全兴投资实业有限公司董事长

冯定献　温州滨海大酒店有限公司董事长

冯海良　海亮集团有限公司集团董事局主席

干丽君　杭州市滨江区西兴街道西陵社区居民

郭胜华　法国亚美杰国际投资集团董事长

何志均、薛艳庄夫妇　浙江大学原教授和杭州大学原党委书记、校长

李本俊　声宝—乐声（香港）有限公司主席

陆树芬　原丽水市中心医院护理部主任

钱定慧　平湖市交通学校教师

舒策城　五洲国际控股有限公司董事局主席

孙小敏　西班牙华侨华人协会副主席

王永泉　浙江中成控股集团有限公司董事长

魏爱民　湖州市吴兴区东林镇残联理事长

吴树良　浙江广和房地产开发有限公司董事长

席传喜　杭州市上城区望江街道居民

叶晓亮　成都皇玛梦丽莎投资有限公司董事长

俞俊海　瑞丰银行党委书记、董事长

俞黎明　浙江黎明发动机零部件有限公司董事长

张汉鸣　温州商学院创办人

章义龙　安吉美颂旅游开发有限公司董事长

赵雪芬　新昌县南明街道居民

周明明　超威集团董事长

朱丽华　嘉兴市南湖区丽华推拿诊所中医师

二、机构捐赠奖（共30个）

传化集团有限公司

公牛集团有限公司

杭州市江干区天使布衣慈善援助会

杭州市温州商会

杭州娃哈哈集团有限公司

开化县农村信用合作联社

龙游爱在人间协会

内蒙古自治区红十字会朝聚眼科医院集团

宁波方太厨具有限公司

宁波如意股份有限公司

宁海农村商业银行股份有限公司

平湖市福陵园公墓有限责任公司

三生（中国）健康产业有限公司

森马集团有限公司

上海泰然互联网金融信息服务有限公司

绍兴市茂林染料有限公司

台州市路桥农村合作银行

万丰奥特控股集团有限公司

温州市水上莲花社工社

雅戈尔集团股份有限公司

浙江红鹰集团股份有限公司

浙江吉利控股集团有限公司

浙江佳源房地产集团有限公司

浙江科华集团有限公司

浙江临海农村商业银行股份有限公司

浙江闰土股份有限公司

浙江司太立制药股份有限公司

浙江仙琚制药股份有限公司

浙江义乌农村商业银行股份有限公司

中天发展控股集团有限公司

三、慈善项目奖（共30个）

爱晚亭——临终关怀志愿服务项目（宁波市海曙区乐慈老年发展服务中心"北斗心灵"生命关怀社）

"爱心亭"（温州市瓯海区慈善总会）

"彩虹盒子"助学项目（杭州滴水公益服务中心）

"彩虹计划"（浙江省爱心事业基金会）

崇德公益慈善（瑞安崇德书院）

慈善"造血型"扶贫基地（绍兴市上虞区慈善总会）

慈善"造血型"扶贫基地（浙江省慈善总会）

"慈剡家园"安居工程（嵊州市慈善总会）

F+young 计划（浙江馥莉慈善基金会）

"关心桥计划"（浙江省关心桥教育公益基金会）

豪成慈善儿童之家（温岭市慈善总会）

"华东宁波·爱心助医"残疾人大病医疗救助项目（浙江省残疾人福利基金会）

"汇仁聚爱——传递文明慈善公益"项目（温州仁爱义工协会）

渴望阳光的"花儿"——残障儿童康复教育项目（浙江省阳光教育基金会）

困难农民大病重病救助工程（台州市路桥区慈善总会）

乐善 365 温州网络公益捐助平台（温州爱心屋网络公益宣传服务中心）

绿色共享·助学行动（浙江绿色共享教育基金会）

绿源"关爱孤儿成长冠名基金"项目（金华市慈善总会）

"美丽基金——扬帆起航"女大学生助学行动（《浙商》杂志、浙商财智女人会）

"母婴平安"项目（浙江省红十字会）

"暖心工程"项目（杭州市余杭区慈善总会）

亲情家书传真情（浙江省妇女儿童基金会）

"青春暖流——关爱农民工子女"志愿服务项目（共青团绍兴市委）

"三百对接"公益集市项目（宁波市公益服务促进中心）

失智老人关爱项目（宁波市健康促进与教育协会、宁波市心理卫生协会）

苏泊尔小学乡村教育公益项目（浙江苏泊尔股份有限公司）

"天天向善"急难救助项目（绍兴市慈善总会）

星宝援助计划项目（宁波市慈善总会）

血透项目（江山市慈善总会）

"衣循环·爱循环"绿蛙废旧衣服回收公益项目（绍兴市越城区民政局、绍兴舒维纺织品再生利用有限公司）

四、志愿服务奖（共 20 个）

李光亮　云和县老李帮忙团服务中心团长

谢莹艳　舟山市阿拉义工协会会长

姚小民　浙江开化合成材料有限公司工人

海宁市慈善总会义工委员会

杭州市志愿者协会

乐清市一心一意公益联合会

丽水市中心医院"白翼"志愿者委员会

丽水市蓝天救援队

宁波市北仑区红领之家社会服务中心

宁波市红十字人体器官捐献协调员团体

平湖市曙光应急救援中心

瑞安市爱心顺风车志愿者协会

绍兴市慈善义工联合会

嵊州市慈善阳光志愿者服务队

台州市春天里公益助学团

义乌市民间紧急救援协会

浙江省大爱老年事务中心志愿服务团

浙江省公羊会公益救援促进会

浙江省红十字会应急搜救队

浙江省医师协会医学专家志愿者队（省医学专家志愿者队）

五、慈善工作奖（共10个）

陈九兰　浙江省阳光教育基金会副理事长兼秘书长

康益民　东阳市慈善总会会长

吴永安　浙江邦泰机械有限公司总监

海宁市慈善总会

"快公益"团队

宁波市慈善总会

绍兴广播电视总台

绍兴市一米阳光爱心服务社

浙江省慈善总会

浙江省妇女儿童基金会

第六届"浙江慈善奖"获奖名单

（排名不分先后）

一、慈善事业突出贡献奖（共2个）

阿里巴巴（中国）有限公司

万向集团公司

二、慈善楷模奖（共10个）

陈立群　贵州省黔东南台江县民族中学校长

李本俊　新加坡卡尔登城市酒店董事、总经理

陆章铨　宁波太平洋产业开发集团原董事长

阮俊华　浙江大学公共管理学院党委副书记、副教授

释净芳　绍兴市炉峰禅寺慈善联合会会长

王振滔　浙江奥康鞋业股份有限公司董事长

都市快报快公益

浙江省慈善联合总会

浙江省妇女儿童基金会

浙江新湖集团股份有限公司

三、个人捐赠奖（共30个）

程志骏　双发国际贸易进出口有限公司董事长

储吉旺　宁波如意股份有限公司董事长

单曹素玉　香港居民、宁波市荣誉市民

冯海良　海亮集团有限公司董事局主席

高兴江　永兴特钢股份有限公司党委书记、董事长、总经理

过鑫富　杭州市临安区政协委员

蒋兆悦　杭州市中华职业教育专修学校副校长

金粟缘人　慈善捐赠匿名人士

李　绛　浙江原诚投资管理有限公司董事长

林大忠　温州桃源陵园董事长

林　皓　北京北信源软件股份有限公司董事长

刘建鑫　浙江崇豪汽车配件有限公司执行总经理

鲁建仁　温州金川置业有限公司董事长

吕新民　上海永冠众诚新材料科技（集团）股份有限公司董事长

倪良正　圣奥集团有限公司董事长

邱建林　浙江恒逸集团有限公司董事长

阮静波　浙江闰土股份有限公司董事长

阮立平　公牛集团股份有限公司董事长兼总裁

苏维锋　杭州纵横通信股份有限公司董事长

孙荣良　建业五金塑料厂有限公司副董事、总经理

汪　敏　慈善捐赠匿名人士

王春文　兴华实业有限公司总经理

吴锦华　万丰锦源控股集团有限公司总裁

徐润江　商务部离休干部

杨玉英　浙江卫星石化股份有限公司党委书记

叶竣棓　超竣电器制造（宁波奉化）有限公司董事

周永利　浙江永利实业集团有限公司董事长

朱丽华　嘉兴市南湖区丽华推拿诊所所长

宗馥莉　宏胜饮料集团有限公司总裁

张伟胜等匿名爱心人士群体

四、机构捐赠奖（共30个）

超威电源集团有限公司

富通集团有限公司

海天塑机集团有限公司

杭州市城市建设投资集团有限公司

和润集团有限公司

美欣达集团有限公司

敏实集团有限公司

宁波好阳光集团有限公司

宁波鄞州农村商业银行股份有限公司

森马集团有限公司

绍兴银行股份有限公司

申洲国际集团控股有限公司

桐昆集团股份有限公司

浙江五芳斋实业股份有限公司

祥生实业集团有限公司

亚德客（中国）有限公司

浙江稠州商业银行股份有限公司

浙江富春江通信集团有限公司

浙江恒峰国际控股有限公司

浙江华通控股集团有限公司

浙江巨人集团有限公司

浙江荣盛控股集团有限公司

浙江赛得健康产业投资管理集团有限公司

浙江升华控股集团有限公司

浙江寿仙谷医药股份有限公司

浙江泰顺农村商业银行股份有限公司

浙江天圣控股集团有限公司

浙江温州龙湾农村商业银行股份有限公司

浙江仙居农村商业银行股份有限公司

浙江永康农村商业银行股份有限公司

五、慈善项目奖（共 30 个）

"彩虹助学"项目（宁波市慈善总会）

"慈善医疗救助·点亮贫困生活"项目（嘉兴市慈善总会）

"海亮·雏鹰高飞"孤儿培养工程（浙江海亮慈善基金会）

"锦·源"教育公益工程（浙江锦江公益基金会）

"我们在一起"关爱农村留守儿童公益项目（共青团绍兴市委）

"我愿益"诸暨市公益性社会组织培育计划（诸暨市慈善总会）

"一次也不用跑"慈善医疗衔接救助项目（温岭市慈善总会）

"以慈为怀助医惠民"项目（宁波市华慈医院）

爱的抱抱——助力困境儿童成长计划（永康市阳光爱心义工协会）

爱心助残 1+1 接力行动（浙江省残疾人福利基金会）

川藏青健康光明工程（温州医科大学附属眼视光医院）

传化·安心驿站（浙江传化慈善基金会）

村淘文化角（杭州市余杭区云上公益服务中心）

关心桥扶贫项目（浙江省关心桥教育公益基金会）

湖州市"慈善暖军心"项目（湖州市双拥办、湖州市慈善总会）

华茂·彩虹计划（宁波华茂教育基金会）

焕新乐园（浙江省妇女儿童基金会）

康乐·大病关爱救助项目（绍兴市柯桥区慈善总会）

龙盛助学基金（浙江龙盛集团股份有限公司）

绿色共享·助教行动（浙江绿色共享教育基金会）

马云乡村人才计划（浙江马云公益基金会）

美欣达慈善超市（湖州市慈善总会）

梦想课堂——关爱留守儿童（浙江省阳光教育基金会）

梦想足球场（浙江省青少年发展基金会）

善荷青年公益支持计划（宁波鄞州银行公益基金会）

天港公益基金橙计划——关爱服务行业留守儿童（天港控股集团有限公司）

微笑明天医疗救助项目（浙江省微笑明天慈善基金会）

为了明天——关爱儿童之家项目（浙江省慈善联合总会）

"我要圆大学梦"慈善助学行动（温州市瓯海区慈善总会）

宁波市鄞州区慈善"关爱生命工程"（宁波市鄞州区慈善总会）

六、志愿服务奖（共 20 个）

舒淑君　兰溪市义工服务队队长

孙兰香　温州市红日亭义工队负责人

叶兰花　衢州市柯城区兰花热线工作室主任

朱存跃　舟山市普陀志愿者之家主任

慈溪市群狼公益救援队

国家电网浙江电力红船共产党员服务队

湖州师范学院商学院关爱自闭症儿童志愿服务团

丽水市莲都区沈姐无偿献血造血干细胞志愿者协会

丽水市人民医院大众志愿服务队

宁波市鄞州区银巢养老服务中心银巢积极养老公益服务队

台州市慈善总会义工分会

微笑明天医疗救助项目志愿者团体

温岭市慈善义工协会

温州仁爱义工协会

温州市慈善总会义工分会

温州医科大学红十字生命之光器官捐献宣传志愿服务团

永康市志愿者协会

云和县蓝天救援队

浙江省无偿献血志愿者协会

诸暨市越民生义工团

七、扶贫攻坚奖（共10个）

沈宏邦　慈溪育才中学董事长

吴坚韧　金华眼科医院院长

徐爱娟　浙江天宇交通建设集团有限公司副董事长

周伟力　义乌市来料加工联合会会长

阿里巴巴（中国）有限公司

杭州娃哈哈集团有限公司

瑞安市慈善总会

浙江传化慈善基金会

浙江吉利控股集团有限公司

浙江省青螺公益服务中心

第七届"浙江慈善奖"获奖名单

（排名不分先后）

一、慈善事业突出贡献奖（2个）

传化集团有限公司

浙江省慈善联合总会

二、慈善楷模奖（10个）

鲍文陆　台州市路桥区桐屿中学退休教师

高　央（奥地利）　中静实业（集团）有限公司董事长、浙江青田之家公益基金会理事

李如成　雅戈尔集团股份有限公司董事长

李香如（女）　浙江巨香食品有限公司总经理

王本清　绍兴市直机关工委退休干部

严立森　天津亿联控股集团有限公司、泰顺亿联投资控股有限公司、泰顺立安控股有限公司董事长

姚宝熙　中国石油物资装备（集团）总公司退休高级工程师

张国标　富春控股集团有限公司、张小泉股份有限公司董事长

朱丽华（女）　嘉兴市南湖区丽华中医诊所所长

浙江安福利生慈善基金会

三、个人捐赠奖（30个）

陈连弟　柳州市万和房地产开发有限公司董事长

陈文明　浙江省武警总队原总队长

陈小英（女）　汇泉健康管理有限公司董事长

储　江　宁波如意股份有限公司董事长

侯军呈　珀莱雅化妆品股份有限公司董事长

胡柏藩　新和成控股集团有限公司董事长

胡耀之　宁波大旸文化艺术发展有限公司总经理

黄庆苗　香港安泰集团有限公司主席

李丏腾　上海飞科电器股份有限公司董事长

林凯文　上海凯泉泵业（集团）有限公司董事长

鲁建仁　平阳县昆阳镇水塔村居民

吕　亚（女）　深圳市三德冠精密电路科技有限公司总经理

马仕秀　浙江华天实业有限公司董事长

邱均平　杭州电子科技大学中国科教评价研究院院长

阮水龙　浙江龙盛控股有限公司董事长

邵法平　绿都控股集团有限公司董事长

王　芳（女）　浙江省关心桥教育公益基金会主任

王　熊　宁波家联科技股份有限公司董事长

王世忠　亚德客（中国）有限公司董事长

吴良定　中宝系企业集团董事长

吴志泽　报喜鸟控股股份有限公司董事长

夏克同　杭州市科协离休干部

徐既仁　宁波市北仑区白峰街道小门村居民

徐新喜、俞林林夫妇　兆山新星集团有限公司董事长、副总经理

张　虹（女）　浙江云澜湾旅游发展有限公司董事长

赵建荣　杭州东恒石油有限公司董事长

郑品海、蔡建霞夫妇　法国服装世界国际贸易有限公司董事长、总经理

钟晓晓（女）　农夫山泉股份有限公司工会副主席、杭州市残疾人福利基金会理事长

朱叶俊杰（西班牙）　加泰罗尼亚洁具（宁波）有限公司董事长

宗庆后　杭州娃哈哈集团有限公司董事长

四、机构捐赠奖（30 个）

迪安诊断技术集团股份有限公司

海天塑机集团有限公司

杭州老板电器股份有限公司

杭州银行股份有限公司

华峰集团有限公司

嘉兴市新都控股有限公司

久立集团股份有限公司

巨化集团有限公司

康诚石矿（湖州）有限公司

丽水华宏钢铁制品有限公司

宁波方太厨具有限公司

宁波市天普橡胶科技股份有限公司

普陀山佛教协会

青山控股集团有限公司

台塑企业宁波厂区

太平鸟集团有限公司

万里扬集团有限公司

祥生实业集团有限公司

亚厦控股有限公司

浙江大华建设集团有限公司

浙江乐清农村商业银行股份有限公司

浙江乔治白服饰股份有限公司

浙江森马服饰股份有限公司

浙江省交通投资集团有限公司

浙江省能源集团有限公司

浙江圣达生物药业股份有限公司

浙江泰隆商业银行股份有限公司

浙江元垄控股集团有限公司

中天控股集团有限公司

众安集团有限公司

五、慈善项目和慈善信托奖（30个）

"崇军惠民"公益项目（温州市鹿城区惠民社会工作服务中心）

"扶农 e 帮"塔峙大阿嫂结对帮扶项目（宁波市北仑区大碶街道塔峙岙社区）

"古咕丁"医疗知识普及计划（台州市青公益服务协会）

"暖巢"行动（嘉兴市慈善总会）

"情暖四季"慈善救助项目（义乌市慈善总会）

"人人 3 小时"公益平台（阿里巴巴公益基金会）

"心灵花园"——重性精神病患者关爱项目（诸暨市慈善总会）

"幸福阜溪"慈善项目（德清县阜溪街道办事处）

"益立方"公益慈善人才培养项目（"益立方"公益学院）

"甬泉"大病医疗救助项目（宁波市慈善总会）

巴拉巴拉盒子礼物（温州森马教育基金会）

大爱无尘（温岭市慈善总会）

德不孤——事实孤儿成长关爱志愿服务项目（丽水市莲都区侠姐调解工作室）

肤生工程（温州医科大学）

湖畔魔豆慈善信托（万向信托股份公司）

九阳乡村振兴厨房（浙江九阳公益基金会）

康乃馨女性健康关爱计划（浙江省妇女儿童基金会）

南浔区"病有助"项目（湖州市南浔区慈善总会）

融爱星面馆（浙江省海亮融爱心智障碍人士就业服务中心）

山海同心向未来——海基金东西部教育帮扶协作项目（和海建设科技集团有限公司）

万好慈善"造血"项目（海盐县慈善总会）

五老伴你成才（绍兴市关心下一代工作委员会）

西藏那曲红船教育项目（浙江省北京师范大学南湖附属学校教育基金会）

向阳花少儿医疗救助项目（浙江省青少年发展基金会）

幸福蜗居——给残疾人一个明亮温暖的家（国网东阳市供电公司）

以体树人体育教育计划（浙江省蔡崇信公益基金会）

浙江援疆"点亮万个微心愿"爱心行动（浙江广电集团、省教育厅、省民政厅、

省援疆指挥部、团省委）

　　智慧雨花敬老助餐（浙江雨花老年公益事业发展中心）

　　助患儿重生，冉未来希望——实体肿瘤儿童的重生（浙江省壹加壹公益基金会）

　　助学恤孤圆梦项目（平阳县慈善总会）

　　六、志愿服务奖（20个）

　　陈　忠　温州都市报陈忠慈善工作室主任

　　程青梅（女）　义乌市红水晶公益协会秘书长

　　宁茂水　江山市启梦公益促进会会长

　　沈红平（女）　嵊州市两头门爱心志愿服务队理事长

　　沈香姑（女）　丽水市莲都区沈姐社会工作室主任

　　张亚芬（女）　国网浙江宁波市鄞州区供电有限公司班长

　　苍南县壹加壹公益联合会

　　东海渔嫂巾帼志愿者队

　　杭州手语姐姐无障碍交流服务中心

　　湖州市爱飞扬公益事业促进会

　　金华市幸福家人公益协会

　　兰溪市心舞社会工作服务中心

　　宁波市"甬尚老兵"退役军人志愿服务总队

　　宁波市奉化区小草电力志愿服务队

　　宁波市镇海区九龙湖黄背包志愿者协会

　　衢州市众合帮公益服务中心

　　仙居"猎鹰"救援队

　　永嘉县红十三爱心社

　　浙江大学医学院附属第二医院"广济之舟"志愿服务联盟

　　浙西南生态环境健康体检中心

　　七、乡村振兴奖（10个）

　　王金良　海盐县农业农村局四级调研员

安吉县黄杜村党员帮富群体

慈溪市钱海军志愿服务中心

康恩贝集团有限公司

宁波市鄞州区慈善总会

庆元县慈善总会

天能控股集团有限公司

浙江萧山农村商业银行股份有限公司

浙江新湖集团股份有限公司

浙江子久文化股份有限公司

浙江省地图

1 : 2 500 000

图 例

◎ 省级行政中心	高速铁路
◉ 设区市行政中心	铁路
○ 县级行政中心	高速公路
○ 乡级驻地	规划、在建高速公路
省级界线	国道
设区市界线	在建国道
轮渡	● 国家级风景名胜区
河流、水库、湖泊	✈ 机场
运河、干渠	▲ 山峰

注：本图界线不作划界依据　　地图审核号：浙S(2024)38号

感谢

图片提供 浙江日报全媒体视频影像部、各设区市及所辖县（市、区）慈善总会

图书在版编目（CIP）数据

浙江慈善名片 / 浙江省慈善联合总会编 . -- 北京：
红旗出版社，2025. 2. -- ISBN 978-7-5051-5456-8

Ⅰ . D632.1

中国国家版本馆 CIP 数据核字第 2025WC1924 号

书　　名　浙江慈善名片
　　　　　ZHEJIANG CISHAN MINGPIAN

编　　者　浙江省慈善联合总会

出 版 人　蔡李章　　　　　　　　　　　　出版统筹　赵　洁　吴琴峰
责任编辑　吴琴峰　徐娅敏　　　　　　　　责任校对　郑梦祎
责任印务　金　硕
出版发行　红旗出版社
地　　址　北京市沙滩北街2号　　　　　　邮政编码　100727
　　　　　杭州市体育场路178号　　　　　邮政编码　310039
编 辑 部　0571-85310467　　　　　　　　发 行 部　0571-85311330
E-mail　hqcbs@8531.cn
法律顾问　北京盈科（杭州）律师事务所　钱　航　董　晓
图文排版　浙江新华图文制作有限公司
印　　刷　浙江海虹彩色印务有限公司
开　　本　710毫米×1000毫米　1/16
字　　数　400千字　　　　　　　　　　　印　　张　24.375
版　　次　2025年2月第1版　　　　　　　印　　次　2025年2月第1次印刷
ISBN 978-7-5051-5456-8　　　　　　　　定　　价　100.00元
地图审核号：浙S（2024）38号